월파집
月波集

해붕집
海鵬集

동국대학교 불교기록문화유산아카이브사업단(ABC)
본서는 문화체육관광부 지원으로 동국대학교 불교학술원에서 간행하였습니다.

한글본 한국불교전서 조선 49
월파집 · 해붕집

2019년 3월 25일 초판 1쇄 인쇄
2019년 4월 5일 초판 1쇄 발행

지은이 월파 태율 · 해붕 전령
옮긴이 이상현 · 김두재
펴낸이 윤성이
펴낸곳 동국대학교출판부

주소 04620 서울시 중구 필동로 1길 30
전화 02-2260-3483~4
팩스 02-2268-7851
Homepage http://dgpress.dongguk.edu
E-mail book@dongguk.edu
출판등록 제2-163(1973. 6. 28)
편집디자인 나라연
인쇄처 네오프린텍(주)

ⓒ 2019, 동국대학교(불교학술원)

ISBN 978-89-7801-947-7 93220

값 28,000원

이 책의 무단 전재나 복제 행위는 저작권법 제98조에 따라 처벌받게 됩니다.

한글본 한국불교전서 조선 49

월파집
月波集

월파 태율 | 이상현 옮김

해붕집
海鵬集

해붕 전령 | 김두재 옮김

동국대학교출판부

차례

월파집 月波集

월파집 해제 / 9
월파집 서序 / 37

월파집 ……… 43

발문 / 234
간기 / 235

옮긴이의 말 / 242

찾아보기 / 244

해붕집 海鵬集

해붕집 해제 / 249

해붕집 ……… 263

[부록] 해붕 대사 시축의 운을 따서 짓다 / 513

찾아보기 / 554

월파집

| 月波集* |

월파 태율 月波兌律
이상현 옮김

* ㉑ 저본은 건륭乾隆 36년(1771) 묘향산 견불암見佛庵 개각본開刻本(동국대학교 소장)이다. 갑본甲本은 건륭 38년(1773) 묘향산 견불암 간본刊本(동국대학교 소장)이다.

월파집月波集 해제

원 법
운문승가대학 강사, 대한불교조계종 교육아사리

1. 개요

『월파집月波集』은 월파 태율月波兌律(1695~?)의 시문집으로 1권 1책으로 되어 있다. 월파 자신이 직접 '월파집'이라 이름하고 서문을 구하였으며, 자신의 행적도 스스로 기록하였다. 문인門人 정인井印이 후세에 전할 뜻을 품고, 흩어져 없어진 것 가운데에서 간추려 엮어 간행하였다.

이 책은 거의 시詩로만 편집되어 있는데 오언, 칠언 절구와 율시 164편이며, 문文은 「향산지香山誌」한 편과 자술한 「월파평생행적月波平生行跡」한 편이 실려 있다. 1771년 월파 자신이 이공李龔에게서 구한 서문과 허임許任이 강린康獜에게서 구한 서문, 그리고 육탄陸坦의 발문跋文이 수록되어 있다. 영조英祖 47년(1771)에 견불암見佛庵에서 판각板刻하여 판전板殿에 보관하였다가 영조 49년(1773)에 간행刊行하였다. 감역監役은 천양天陽, 탄영綻英이 하고, 편록編錄은 해월海月과 도일道一이 하였다.

2. 저자

월파 대사의 생애에 대해서는 월파 자신이 직접 서술한 「월파평생행적」과 이공과 강린의 서문, 육탄의 발문에서 그 대략을 살필 수 있다.

월파 태율은 본래 호남 전주 사람으로 속성은 김씨金氏이다. 아버지는 이름이 종건從建, 어머니는 이씨李氏로 그 선조는 대대로 관서關西 청북淸北 가평군嘉平郡에서 살았다.

'월파'는 대사의 호인데, 이공이 쓴 서문에는 "그 사람됨을 살펴보니 맑기가 월파月波 같았고, 그 말을 들어 보니 맑기가 월파 같았으며, 그 시를 음미해 보니 또 맑기가 월파 같았다."라고 하여 대사의 성품이 곧 호와 같았음을 알 수 있다.

대사는 강희康熙 34년(1695, 숙종 21) 을해 12월 24일 진시辰時에 4형제 중에 막내로 태어났다. 15세에 출가하여 향산香山의 삼변 장로三卞長老를 은사恩師로 정하고 불지암佛智菴에 들어가서, 처음에 『사기史記』를 배웠다. 1년 반쯤 겨우 지났을 무렵 부친상을 당하여 장례를 지낸 뒤 삭발염의削髮染衣하고 운봉 화상雲峰和尙에게서 구족계具足戒를 받았다.

나이가 약관弱冠이 되었을 때 운봉雲峯·혜월慧月·운파雲坡·환암幻庵 등 여러 대종사大宗師의 법석法席을 두루 참알參謁하고 사교四敎·사집四集 등의 경전經典을 수학하였다. 명성이 점차 알려지게 되어 나이 29세 때 안심사安心寺에서 처음 입실入室하였는데, 또 겨우 1년이 지났을 무렵 모친상을 당하였다.

이후 환몽 법사幻夢法師에게 나아가 겨울과 여름을 그 곁에서 참학하였다. 다시 법사를 따라 청룡靑龍·은적隱寂·문수文殊 등에서 한 철씩 안거安居하면서 사집四集·『기신起信』·『반야般若』 등의 경전을 배우고 난 후 남쪽으로 영호嶺湖 양남兩南의 승경勝境을 유력遊歷하였다. 신흥사神興寺의 적조寂照, 강천사江川寺의 연대蓮臺, 관음사觀音寺의 무설無說, 실상사實相

寺의 내원內院, 군자사君子寺의 영원靈源, 안국사安國寺의 서암西庵, 송광사松廣寺의 보조普照, 선암사仙岩寺의 남암南菴, 해인사海印寺의 관음觀音 등이 대사가 유력한 사찰들이다.

이때 당대의 석덕碩德인 무경無竟·남악南岳·호암虎巖·영해影海·상월霜月 등 여러 대종사大宗師의 법석法席에 두루 나아가, 『화엄華嚴』·『원각圓覺』·『능엄楞嚴』·『반야般若』·『기신起信』·『현담玄談』·『염송拈頌』 등을 배웠다. 대사는 특히 호암 법사虎巖法師의 공功이 매우 깊어 해묵海墨으로 써도 다 기록하기 어렵다고 자술하고 있는데, 호암 체정虎巖體淨(1687~1748)은 환성의 제자로서 대흥사 12대 강사의 한 분으로, 당시 영호남에서 영향력이 상당한 선사였다.

대사는 이후 종풍을 세워 30여 년 동안에 향산香山의 불지佛智와 내원內院, 약산藥山의 수국守國, 양화陽和의 원적圓寂과 화장華藏, 송림松林의 내원內院, 송악松岳의 반룡盤龍, 용문龍門의 내원內院과 청정淸淨과 학수鶴樹 등 여러 사암寺庵의 요청을 받아, 혹은 1~2년 혹은 3~4년씩 보내며 안거하였으며 법회를 열어 대중을 교화하였다. 대사의 법회는 '북방北方의 거회巨會'라고 일컬어질 정도였다고 하는데, 대사는 화엄법회에 대하여 묘사한 작품 〈화엄대회華嚴大會〉에서 "남북이 동참하여 대회를 개최했나니, 법계가 하나의 영대임을 알려 주려고. 묘향의 선경은 여러 신들이 옹호하고, 수월의 선당엔 사부대중이 모였어라. 빈암에 다시 회합하니 기쁜 마음 발하고, 설곡을 재차 들으니 미간이 활짝 펴지네. 인천 칠처의 화엄을 설한 곳에, 무한한 춘풍이 옥매를 흩날리네."라고 법회의 상황을 보여 주고 있다.

대사는 자신의 행적을 기술하면서 죽으면 진심으로 다비茶毘하고 사리舍利를 거두어서 탑과 비를 세우지 말라고 하였다. "승려가 입적하면 다비를 하고 탑비를 세워 기도하여 영험을 얻기도 하지만, 평소에 신심이 없는 이들이 탑과 비에 대고 기도한다고 하여 무슨 영험이 있을 것인가. 종사들도 예전과 행동이 다르기 때문에 분수에 넘치는 일을 하지 말라."라고 당부하였다. 형식에 치우치는 것을 우려한 것이다.

대사가 쓴 자신의 행적에 "초분初分과 중분中分에는 문인門人이 많았는데, 말분末分의 시절에 와서는 문운門運이 불행하여 연소年少한 자들이 죽지 않으면 잘못되어 남아 있는 자가 또한 적었다."라고 기술하였듯 그 문하가 적막하였음을 알 수 있다. 그래서인지 그 제자들에 대한 기록이 나타나지 않는다.

대사는 자신의 행적을 서술한 끝에 마지막 서원을 남겼는데, "평생 번경飜經한 공력功力으로 도솔천兜率天에 올라가서, 백옥루白玉樓 위에서 미륵彌勒과 함께 소요逍遙하고, 내원궁內院宮 안에서 제불諸佛과 함께 유희하다가, 다 같이 자씨불慈氏佛을 따라 용화龍華의 법회法會에 강생降生하여 법계法界의 진경眞經을 거듭 듣고, 같은 인연을 맺은 자들과 함께 향화香火의 인연을 다시 잇기를 발원하나이다."라고 하여 교教와 염불정토를 동시에 추구하였음을 알 수 있다.

대사의 입적 연대는 분명하지 않다. 그러나 『월파집』이 판각된 시기가 1771년이고 월파 자신이 1771년 이공에게 구한 서문이 실려 있는 것으로 보아 대사는 적어도 1771년까지는 생존하였다고 볼 수 있다.

한편, 육탄이 쓴 발문에는 "화상和尙은 바로 서산西山의 제7세世 적통嫡統이시다. 학문은 오종五宗에 도저搗杵했고 안목은 일척一隻으로 드높으니, 실로 선림禪林의 비조鼻祖요 도류道流의 표준表幟이시다."라고 그의 생애에 대해 기록하였다. 이를 통해 보면 대사는 서산 문하 7세손이며 선禪과 교教, 그리고 염불수행도 겸비한 대중의 지남指南 역할을 하였음을 알 수 있다. 이러한 생평에 대해 강린은 서문에서 "공문空門을 자부하며 산중山中에 거한 승려"라고 평가하였다. 『월파집』에 실린 시들은 이러한 평가에 부합하는 삶이었음을 보여 준다.

3. 서지 사항

『월파집』은 건륭乾隆 36년(1771) 신묘년 5월 견불암에서 판각하고, 그곳의 판전에 보관하였다. 건륭 38년(1773)의 간본刊本이 있다. 동국대학교·국립중앙도서관·서울대규장각 등에 소장되어 있으며, 『한국불교전서』에 수록된 텍스트는 동국대학교 중앙도서관 소장본을 저본으로 하였다. 이에 따라 그 서지 사항을 정리하면 다음과 같다.

- 서명 : 월파집月波集
- 저자 : 태율兌律 저; 해월海月, 도일道一 (조선) 편록
- 판본 : 목판본(발문 목활자)
- 발행 : 견불암見佛庵, 영조 47년(1771) 판각, 영조 49년(1773) 간행
- 형태 : 불분권不分卷 1책 40장: 사주쌍변四周雙邊, 반곽半郭 20.0× 15.7cm, 유계有界, 반엽半葉 10행 20자, 내향이엽內向二葉, 화문어미花紋魚尾; 29.2×18.6cm
- 서문 : 숭정崇禎 기원후 세 번째 신묘(1771) 계춘季春 하한下澣 월성후인月城後人 동곽우객東郭寓客 이공李龏 서序, 연곡산인蓮谷散人 강린康獜 서序
- 간기 : 건륭 36년(1771) 5월 일 향산香山 견불암見佛庵에서 간행하고 판전板殿에 보관

4. 내용과 성격

『월파집』은 1권 1책이다. 오언절구 37편, 칠언절구 37편, 오언율시 39편, 칠언율시 51편 등 164편 180여 수가 수록되어 있으며 차운한 시의 원

운元韻이 세 편 실려 있다. 문文은 「향산지香山誌」 한 편과 〈세 분 큰 선생인 은와와 천진과 보봉의 높은 궤안 아래에 삼가 바치다(謹呈隱窩天眞寶峰三大先生高案下)〉에 기록된 병서幷序, 그리고 자술한 「월파평생행적月波平生行跡」이 실려 있다. 「향산지」에는 대사가 명승지를 유람하고 그 내력을 서술하며 읊은 오언·칠언 절구와 율시 20여 수가 함께 수록되어 있다.

대사는 묘향산에서 삭발염의한 이후 영호남의 승경과 사찰을 많이 유관遊觀하고 유력遊歷하였으며 또 30여 년을 묘향산에서 수행하였다. 180여 수의 시와 「향산지」는 이러한 대사의 행적과 무관하지 않다.

월파 대사의 시는 그 내용으로 보아 크게 승려로서의 견처見處와 산거山居에서 느끼는 자락自樂을 읊은 시, 운수행각雲水行脚을 통해 읊은 시, 동도자와 유자들과 주고받은 시, 임금의 안위를 염려하며 읊은 시 등으로 크게 나눌 수 있다.

1) 천진天眞의 견처와 임운등등任運騰騰의 산거자락 시

대사는 『화엄華嚴』·『원각圓覺』·『능엄楞嚴』·『반야般若』·『기신起信』·『현담玄談』·사집四集 등의 경經과 『염송拈頌』 등을 배웠으며, 청룡靑龍·은적隱寂·문수文殊 등의 제방諸方에서 수행 정진하였다. 또 29세 때 이미 안심사에 입실하였으며 30여 년을 묘향산에서 후인들을 교화하여 대사의 법회는 '북방의 거회'라 일컬어질 정도였다고 한다. 후인들을 제접하는 대사의 견처와 산에 거하며 느끼는 즐거움이 작품에 형상화되어 있다.

대사는 〈한가로이 지내며 즉흥으로 짓다(閑居卽事)〉에서 "한가히 앉아 달리 할 일은 없고, 그저 격외의 선만 참구할 따름. 만 가지 인연 모두 적막해지니, 한 꿈속에서 서천에 도달한다네."라고 하였으며, 〈봄꿈에서 깨어나(春眠覺)〉에서 "오경에 봄꿈에서 깨고 보니, 만물이 모두 다 천진이로세."라고 읊었다. 대사는 한가히 앉아 격외도리格外道理를 참구하였으며,

모든 인연이 쉬어진 상태, 즉 꿈같은 전도된 상을 벗어던지니 모든 것이 천진天眞이라고 하였다. 대사가 본 실상의 세계는 곧 천진이며, 천진은 곧 대사의 깨달음의 자리인 것이다. 천진의 세계는 〈산중즉사山中即事〉에서 드러난다. "향악의 산당이 어디보다 적요해서, 상계에 올라 단소에 앉아 있는 듯. 기심機心 잊고 삼매에 들어 선구를 참구하니, 새들이 꽃을 물고 문밖에서 문안하네."라고 하여 새들이 꽃을 물고 문안하는 것이 곧 천진의 세계라 표현하고 있다. 이 천진의 세계는 기심을 잊고 삼매 속에서 선구를 참구할 때라야 가능하다. '천진'은 바로 대사에게 있어 유정 무정이 모두 둘이 아닌 원융의 경지이기도 함을 이 시를 통해 드러내고 있다. 이러한 경지에 이르기 위한 수행법으로는 격외선格外禪뿐만 아니라 경전 공부를 통해서도 가능하다고 하였다. 〈송경의 시에 차운하다(次誦經韻)〉에서는 "사십구 년의 부처님 설법, 근기에 따라 얕고 깊나니. 말씀 밖의 뜻을 제대로 알면, 본래의 진심에 계합契合하리라."라고 하여 경전을 통해서도 본래 자리에 합치할 수 있음을 시사하였다.

위 시들을 통해 볼 때 대사는 항상 격외선을 참구하고 화엄 등 제 경전을 연구하는 등 선禪·교敎에 능통하였음을 알 수 있다. 대사는 항상 선을 참구하고 경전을 가까이하며 산에 거하는 수행자의 모습을 시로 담아내고 있다.

〈삼가 월저당의 시에 차운하다(敬次月渚堂韻)〉에서 "해와 달은 두 개의 촛불이 되고, 하늘과 땅은 하나의 대청이로세. 목마르면 맑은 냇물을 떠 마시며, 해장의 경전을 탐구한다오."라고 하여 해와 달로 촛불을 삼고 하늘과 땅으로 대청을 삼아 해장에서 얻어 온 화엄을 연구하는 모습을 보여준다. 〈완성의 시에 차운하다(次玩星韻)〉에서는 "좌선하며 활구를 참구하다가, 흥이 나면 솔바람 소리 들을 뿐. 홍진 세상에 내려가지 않으니, 대도의 마음이 분명하도다."라고 하여 분명한 도심을 가지고 활구참선하며 솔바람이 들려주는 거문고 소리를 듣고 홍진 세상에 연연해하지 않고 천진을 즐기는 모습을 묘사하였다. 〈산중의 그윽한 회포(山中幽懷)〉를 읊은 시에서는 "뜬구름 세상일 모조리 망각하고, 산림에 버려두어 한 몸을 기르도다. 나무가 푸르니 구하를 만남을 알겠고, 꽃이 붉으니 삼춘을 만남을 알겠도다. 구름 깊은 돌길에도 객 만나기 어렵고, 달빛 막은 솔 창에도 사람 보기 드물도다. 목마르면 물 마시고 추우면 풀 옷 입고, 선암에 높이 누워 시끄러움 피하도다."라고 하여 모든 일을 잊고 자연이 갈아입는 색깔에서 계절의 변화를 읽어 내는 자연인의 모습과 사람 만나 보기 어려운 산중생활의 고요함, 더불어 욕심을 내려놓은 자연스러운 일상을 통해 모든 시끄러움이 침범할 수 없는 대사의 조촐한 살림살이를 들여다보게 한다. 바로 천진도인의 모습과 다름이 없다. 〈삼가 월저당의 시에 차운하다(敬次月渚堂韻)〉에서는 "동서남북으로 유람하는 나그네라, 천만층 명산을 모두 답사하였다네. 종일 진경 찾다가 돌아가는 길, 등등하게 운에 맡긴 한가한 중이로세."라고 하여 많은 명산대찰을 두루 답사하고 나서 진리를 탐구하는 임운등등한 종사의 활계를 드러내고 있다. 이렇게 대사는 천진의 세계에서 격외선을 참구하거나 경전을 탐구하는 등 임운등등한 활계종사活計宗師의 삶을 드러내 보였다. 대사는 활계종사로서의 등등한 삶을 살면서 또 한편으로는 물상에 대해서도 시선을 두고 있는데, 대사의 영물시詠物詩로는 〈산중의 바람과 해(山中風日)〉, 〈눈 속의 푸른 솔(雪裡靑松)〉, 〈가을의 눈(秋雪)〉, 〈옥玉〉, 〈금金〉, 〈달(月)〉, 〈대(竹)〉, 〈매화(梅)〉, 〈두견이(杜鵑)〉, 〈불(火)〉, 〈뜰의 소나무(庭松)〉, 〈국화菊花〉, 〈목동牧童〉 등 그 사물의 덕을 찬탄하는 시들을 남겼다. 〈대(竹)〉에서는 "맑은 절개를 굳게 지키며, 푸른 산속에 홀로 서 있네. 된서리 내려도 변함이 없이, 고아한 음색 만고에 웅장하도다."라고 하여 어떠한 고난에도 그 푸름을 지키는 대나무의 절개를 읊었는데, 푸름을 예찬할 뿐만 아니라 대나무의 고아한 음에 대해서 귀를 열어 놓고 있는 모습이 특이하다. 또 〈옥玉〉에서는 "온윤한 그 덕 비할 데 없고, 오로지 형산에서만 생산되는데. 초왕이 일찍이 알아

보지 못하고, 발을 베었으니 무슨 공이 있으랴."라고 하여 결국 초왕이 천하제일의 보배인 화씨벽和氏璧을 알아보지 못하고 화씨의 발을 벤 고사를 인용하여 옥의 덕을 찬탄하였다.

이렇게 사물의 덕과 그 사물이 간직한 고사故事 등을 끌어와 물건이 그 물건 됨을 표현하였다.

2) 운수행각을 통해 읊은 시

대사는 자신을 책려하는 시 〈주인공을 책려하다(策主人公)〉에서 "사생에 출몰하며 악연 만들고, 삼계를 오가며 심한 허물 짓는구나. 아 언제나 마음 이치 통달하여, 천하에 주류하며 대도를 전할거나."라고 하였다. 대사는 마음의 이치를 통달하고 나서 주유천하하며 중생을 교화하겠다는 서원을 세웠던 것이다. 실제로 대사의 행적에는 29세에 안심사에 입실하고 나서 영호남의 많은 사찰을 주유한 기록이 있으며, 대사가 남긴 작품의 상당 부분이 운수행각하며 읊은 시들이다.

우선 자연의 경치를 읊은 시들을 보면, 보이는 사물을 읊은 기유류紀遊類로는 〈월궁의 항아(月宮姮娥)〉, 〈뜰 앞의 작약(庭前藥芍)〉, 〈용문사龍門寺〉, 〈산 경치를 즉흥으로 읊다(即吟山景)〉, 〈산 경치(山景)〉, 〈가을 경치(秋景)〉, 〈향산의 보현사(香山普賢寺)〉, 〈산중(山中)〉, 〈도솔암兜率庵〉, 〈다시 수국사에 도착하여 즉흥으로 읊다(重到守國寺即吟)〉 등이 있다.

우음류偶吟類의 시에는 〈비 갠 뒤의 산 경치(雨後山景)〉, 〈기성의 경치(箕城景)〉, 〈향산팔경香山八景〉, 〈산중의 경치(山中景)〉, 〈풍악의 경치(楓岳景)〉, 〈지리산의 경치(智異山景)〉, 〈구월산의 경치(九月山景)〉 등이 있다. 이들 시에는 "속진俗塵의 일 모두 잊고서, 한나절 한가하게 읊조리네."라거나 "밝은 달은 동쪽 서쪽 시내에, 흰 구름은 왼쪽 오른쪽 산에. 한 구역의 무한한 이 흥취여, 하늘이 이 중에게 한가함 주셨네."라거나 혹은 "배회하며 홀로 서 있노라니, 그윽한 흥을 다잡기 어려워라."라는 등 사물을 바라보는 자신의 흥취와 심정을 노래하고 있는 것들이 많다.

이 가운데 특히 〈구월산의 경치(九月山景)〉에서는 "향각이라고 이름한 곳은 선실이요, 범궁이라고 부르는 곳은 강당이라. 한없이 선경의 경치가 좋기에, 소객이 그냥 길게 읊조리노라."라고 하여 자신을 '소객騷客'이라고 표현하고 있다. 또 〈상원의 경치(上院景)〉에서 "시의 흥치는 천 겹으로 솟구치고, 도의 마음은 만 길로 유유하도다. 진경을 찾고서 돌아가는 길, 긴 학 울음소리 자주 들리네."라고 하고 있어 대사는 자신을 '선사'이면서, '강사'이면서, '선인仙人'이면서, 또 '시인'이라 여기고 있었던 듯하다.

대사의 시에는 차운시가 상당 부분 차지하는데 이 또한 승경을 유람하거나 사찰을 방문했을 때 차운하여 읊은 시이다. 〈소상팔경의 시에 차운하다(次瀟湘八景韻)〉, 〈상원의 시에 차운하다(次上院韻)〉, 〈산영루의 시에 차운하다(次山影樓韻)〉, 〈육승정 시에 차운하다(次六勝亭韻)〉, 〈향봉의 시에 차운하다(次香峯韻)〉, 〈병풍 경치의 시에 차운하다(次屛風景韻)〉, 〈금강산의 시에 차운하다(次金剛山韻)〉, 〈지리산 시에 차운하다(次智異山韻)〉, 〈부벽루의 시에 차운하다(次浮碧樓韻)〉, 〈강선루의 시에 차운하다(次降仙樓韻)〉, 〈백상루의 시에 차운하다(次百祥樓韻)〉 등은 운수행각을 통해 읊은 시들이다. 〈내원암의 시에 차운하다(次內院庵韻)〉에서는 "별 보고 달을 보며 마음을 수련하고, 촛불 쥐고 등불 밝혀 불선에 예배하네. 이 속의 맑은 바람에 선학이 들어 있나니, 달마의 의발을 이곳에 응당 전하리라."라고 하여 달과 별빛 속에서 마음을 닦고 촛불 켜고 부처님께 예배하는 모습, 맑은 바람조차도 선을 배울 수 있기에 조사가 서쪽에서 온 뜻이 내원암에 계승되고 있음을 읊었다. 또 〈삼가 청허당의 시에 차운하다(敬次淸虛堂韻)〉에서는 "부용의 문하에서 의발을 전해 받고, 견성할 당년에 한낮의 닭 소리 들었네. 불세출의 고풍을 만고에 드날렸으니, 청허한 도덕을 누가 능히 견주리오."라고 하여 청허 대사가 부용 영관으로부터 법을 전해 받은 사실과 청허 대사의 오도송悟道頌 일부인 "지금 닭 소리 한번 듣고서, 장부의 할 일을 모두 마쳤도다.(今聽一聲雞。丈夫能事畢。)"를 읊고 청허의 도덕은 누가 따를 수 없다고 그 덕을 칭송하였다. 〈용담의 시에 차운하다(次龍潭韻)〉에서는 "구름 깊은 적요한 이곳에, 백의의 납자가 들어와서는. 한가히 앉아서 꼼짝도 하지 않고, 잣나무 가지 보며 화두를 참구하네."라고 하여 용담 조관 선사의 '정전백수자화庭前柏樹子話'를 참구하는 모습을 특별한 미사여구 없이 담박하게 그려 내고 있다. 〈남파당의 시에 차운하다(次南坡堂韻)〉에서는 "구멍 없는 피리 부니 삼제가 여름이요, 줄 없는 거문고 타니 시방이 가을이라. 건곤 만 리에 한껏 맑게 노닐면서, 어딜 가나 생애가 자유를 얻는도다."라고 하여 무공적, 몰현금 등 언어도단言語道斷의 선종어禪宗語를 사용하여 선사로서의 자취를 드러내고 곳곳에서 진정한 자유인으로서의 멋을 보여 주었다.

특히 〈견불암의 시에 차운하다(次見佛庵韻)〉에서는 "세상 밖 향산의 끝없는 정취가, 백납이 읊는 소리에 모두 들어오네."라고 읊고 있어 대사가 자신의 시작詩作에 상당한 자부심을 가지고 있었음을 보여 준다. 이렇게 차운시에는 본래 시 작품을 남긴 선사들의 덕을 칭송하거나 수행자로서의 삶을 보여 주고 있다.

이상 명승지를 유행하며 자연의 경치를 읊은 기유류紀遊類·우음류偶吟類의 시와 차운시를 살펴보았다. 이들 기행시에서는 승려로서의 신분을 잃지 않음과 동시에 순수 시인으로서 작시하고 있음을 볼 수 있다.

3) 동도자同道者와 유자儒者들과 주고받은 시

대사의 시에는 증시贈詩가 상당 부분 차지하는데, 동도자인 후래後來에게 주는 시들이다. 〈경활 사미에게 주다(贈敬活沙彌)〉라는 시에서는 "자연 그대로 도의 모습이 바로 참사람, 세상 밖에서 법계의 봄을 항상 읊노라.

붉은 먼지 이는 도성 거리 향하지 말라, 네가 잘못 밟아 정신 잃을지도 모르니."라고 하여 자연스러움이 곧 도의 모습이요, 참사람이라고 하여 물외인物外人으로서의 삶을 살아갈 일이지 먼지 날리는 도성을 기웃거리지 말라는 선배로서의 고구한 자비심을 보여 주었다. 또 〈천양의 선안에 부치다(寄天陽禪案)〉에서는 "대중을 구제함엔 고하가 없고, 앉아서 참선함엔 왕래를 끊었다. 연하가 참으로 정토세계이기에, 노래하며 마음대로 배회하노라."라고 하여 출가자로서의 본분사는 중생구제이며 참선수행을 할 때에는 인사를 끊어야 한다고 했다. 〈계익 사미에게 주다(贈戒益沙彌)〉에서는 "소년으로 재주가 이미 노성해서, 사방 인근에 소문이 자자해라. 승도가 된 것을 한탄하지 말라, 세상의 영웅보다 그래도 나으리니."라고 하여 명성이 자자한 사미에게 승려가 된 것은 세상의 영웅보다도 더 나은 것이니 세간의 명성을 부여잡을 일이 아니라고 경책하고 있다. 〈궤영 대사에게 주다(贈軌永大師)〉에서는 "영령한 재기 홀로 뛰어난 영웅호걸이, 청산에 깊이 들어가 도를 크게 단련했네. 필법과 문장을 감히 겨룰 자 없으니, 앞으로 석가여래 종지宗旨를 전파하리라."라고 하여 그 뛰어난 필법과 문장을 통해 불법佛法을 홍포하리라는 기대감과 더불어 소명을 부여하고 있다.

이러한 시들에는 〈궤총 상인에게 주다(贈軌摠上人)〉, 〈등린 상인에게 주다(贈等獜上人)〉, 〈규 대사에게 주다(贈圭大師)〉, 〈송암의 선안에 부치다(寄松岩禪案)〉, 〈천암 대사에게 부치다(寄天岩大師)〉, 〈능허 스님에게 부치다(寄凌虛師)〉, 〈침운 스님에게 부치다(寄枕雲師)〉, 〈원혜 스님에게 주다(贈圓慧師)〉, 〈해월의 강헌에 부치다(寄海月講軒)〉, 〈휴암의 경안에 부치다(寄鵂巖經案)〉, 〈영월 스님에게 주다(贈影月師)〉, 〈용암의 선안에 올리다(呈龍岩禪案)〉, 〈향악의 선안에 부치다(寄香岳禪案)〉, 〈연월의 선안에 부치다(寄淵月禪案)〉, 〈계익 사미에게 주다(贈戒益沙彌)〉, 〈추광 대사에게 부치다(寄秋光大師)〉, 〈남월 장실에게 부치다(寄覽月丈室)〉, 〈인봉당에게 부치다(寄仁峰堂)〉, 〈인 장실에 부치다(寄仁丈室)〉, 〈완월의 선안에 부치다(寄翫月禪案)〉 등이 있다.

한편, 이 사바娑婆가 곧 정토세계이며 그러한 정토세계에서 노닐 일이지 정토를 멀리서 구하지 말 것을 당부하거나 정토업 닦기도 가르친다. 〈현오에게 주다(贈賢悟)〉에서 "은근히 정업 이루길 부탁하노니, 시비의 경계에 떨어지지 마시기를."이라 하였고, 〈향악의 선안에 부치다(寄香岳禪案)〉에서는 "세상 밖 건곤이 참으로 정토세계라서, 느긋이 운에 맡기고 오래 배회하노라."라고 정업 닦기를 권하고 있다. 〈선천 청암당에게 부치다(寄宣川淸岩堂)〉에서도 "참선하면 삼관의 길을 뚫을 수 있고, 염불하면 구품의 연대에 응당 오르리."라고 하였으며, 〈완성의 강안에 부치다(寄玩星講案)〉에서는 "속진俗塵의 인연 뿌리치고 정업을 닦으며, 풍악에도 오르고 아미에도 오른다네."라고 하여 염불수행과 정토업 닦기를 권하고 있다.

이상 동도자에게 주는 시들에서는 선배로서 후인들이 명예나 세속적인 일과는 거리를 둘 것과 불법을 홍포하고 정업 닦기를 권하는 등 경책의 말들을 시로 표현해 놓았다.

대사는 유자들과 수답酬答하기도 하였다. 〈세 분 큰 선생인 은와와 천진과 보봉의 높은 궤안 아래에 삼가 바치다(謹呈隱窩天眞寶峰三大先生高案下)〉 병서幷序에 "월파月波의 진면목眞面目을 보지 못한 것이 두 번째 한이다."라고 한 유자들의 탄식이 있었듯 대사의 명성이 유자들에게도 상당히 알려져 있었다고 보인다. 이들과 수답한 시 가운데 〈본부 원님의 행차에 삼가 증정하다(謹呈本府倅行軒下)〉에서 "도를 얘기하는 맑은 자태 대하였고, 구름까지 잇닿는 명곡을 또 들었소. 이틀이나 합하께서 현담을 논하시니, 영산의 옛 석가를 만난 듯하오."라고 하였고, 〈김 상사의 시에 차운하다(次金上舍韻)〉에서도 "청산 꼭대기에 홀로 앉아서, 일미선을 끝까지 참구하다가. 다행히 김 상사 만난 덕분에, 귀 기울여 청담을 듣게 되었네."라고 하였다. 또 〈삼가 은와, 천진, 보봉 세 분 선생께 증정하다(謹呈隱天寶三高案)〉에서도 "수천여 년 이어진 군왕의 땅에서, 삼걸이 계속 나왔으니 만고의 현인이라. 성현이 먼저 전해 준 주옥같은 구절을, 기쁘게 펼쳐 읽으며 하늘처럼 우러르네."라고 유자들의 덕을 칭송하였다. 조선조 억불하에서 명승을 유람하는 관료들과 수답하는 승려들의 시는 왕왕 고양羔羊을 본받는 것이었다. 『시경』「소남召南」편에 나오는 벼슬아치들을 찬미하고 있는 〈고양羔羊〉과 같이 유자들을 찬미하는 시를 짓고 있는데, 대사의 시에도 이러한 찬미시의 성격이 묻어나 있음은 어쩔 수 없는 시대적 상황이었다고 할 수 있겠다. 유자들과의 수답시로는 〈한 진사가 부르는 운자에 맞춰 짓다(和韓進士呼韻)〉, 〈다시 김 수재를 만나 즉흥으로 읊다(再逢金秀才卽吟)〉, 〈삼가 이 학사에게 증정하다(謹呈李學士)〉, 〈김 학사가 부르는 운에 화하다(和金學士呼韻)〉, 〈삼가 강 참봉의 도안에 올리다(謹呈康叅奉道案)〉, 〈삼가 순상 대감의 유헌 아래에 올리다(謹呈巡相大監遊軒下)〉, 〈삼가 본부의 구 사또 합하에게 올리다(謹呈本府具使道閤下)〉, 〈유원 첨사의 정안에 올리다(呈柔院僉使政案)〉 등이 있다.

이와 더불어 임금에 대한 축수祝壽와 안위를 염려하는 시들이 있다. 우선 〈완성의 시에 차운하다(次玩星韻)〉, 〈설연의 시에 차운하다(次設宴韻)〉를 들 수 있다. 그리고 〈옥체가 편안치 못함을 탄식하며(歎玉體不安)〉에서 "옥체가 바야흐로 병의 근심 있어서, 관원과 백성들 모두 수심에 잠겼네. 산인 역시 막중한 은혜를 입었기에, 밤낮으로 향 사르며 만수무강 축원하네."라고 하거나 〈자회自懷〉에서 "적막한 선방에서 굴신을 뜻대로 하며, 마음을 관하니 세상 생각에 물들지 않네. 오경의 고요한 밤 밝은 등불 아래, 군왕 위해 만세의 봄을 축수한다오."라고 하여 세상의 인정에 물들지 않지만 임금을 위해 축수를 하는 대사의 마음은 〈춘설의 시에 차운하다(次春雪韻)〉에서 "옥가루 눈발이 분분히 떨어지며, 푸른 산을 모두 하얗게 장식했네. 밭갈이할 때 눈이 내리다니, 장차 농사 망칠까 걱정일세."라고 백성의 농사일을 걱정하는 보살심으로 나타나기도 한다. 동도자에게 주는 시에서는 불제자에게 고구정녕苦口丁寧한 마음을 보여 주었으나, 당시

핍박받는 백성들을 핍진하게 그려 내는 사회시 계열은 거의 남기지 않고 있는 한계가 있다.

이렇게 출가자로서, 방외인으로서의 삶이지만 대사는 인정이 많았나 보다. 그의 작품에는 이별에 즈음하여 아쉬움을 많이 내비친 시들이 있다. 〈각혜 스님과 헤어지며(別覺慧師)〉에서는 "오늘 아침 우리 헤어진 뒤에는, 어느 곳에서 다시 정신을 쉴까."라고 하였고, 〈몽견 스님과 헤어지며(別夢見師)〉에서는 "지금 향악에서 헤어지고 나면, 이별의 한에 정신을 잃으리라."라고 하였다. 또 〈최한 사미와 헤어지며(別最閑沙彌)〉에서는 "돌아가겠다니 마음이 우울하고, 헤어지려니 아쉬움이 길고 길도다."라고 하였으며, 〈벽파당과 헤어지며(別碧波堂)〉에서도 "손잡고 헤어지려니 울적한 이 마음이여, 떠나는 길에 섭섭한 생각 금할 수 없도다."라고 하여 승려이지만 인정이 농후하였음을 볼 수 있게 한다. 이러한 시로는 〈법해 스님과 헤어지며(別法海師)〉, 〈영오 스님과 헤어지며(別靈悟師)〉, 〈청암당과 헤어지며(別淸巖堂)〉, 〈누암당과 헤어지며(別陋庵堂)〉 등의 작품이 있다.

이상 대사의 작품에 대하여 그 내용과 성격을 살펴보았다. 육탄은 발문에서 "그가 만년에 근기에 맞춰 고창高唱하고 흐름에 따라 방하放下하며 음풍농월吟風弄月한 것으로 말하면, 간혹 심상尋常한 사이에 빠지기도 하였다."라고 그의 시에 대해 평가하고 있다. 평범하다고 한 육탄의 발문은 인위적이거나 작위적이지 않은 천진을 추구하는 대사의 삶에 비추어 볼 때 어찌 보면 당연한 평가일 수도 있다. 어쩌면 이공의 서문에 시가 맑기가 '월파月波' 같다고 한 평가가 대사의 삶과 시 작품에 대한 바른 이해일 수 있을 것이다.

4) 「향산지香山誌」 — 불연佛緣의 묘향산에 대한 기록

대사는 출가를 묘향산으로 하고, 또 제방을 유력하다가 묘향산으로 돌

아가 30여 년을 지냈다. 「향산지」에는 대사가 "이 중에서 만약 일만 이천 봉一萬二千峯의 기승奇勝과 팔만 구 암자八萬九庵子의 존망存亡을 논한다면 모두 서술하기 어렵기 때문에, 대략 봉만峯巒과 사암寺菴 중에서 가장 승경인 곳을 들어 기록하고 평해서 뒷사람에게 보이려 한다."라고 그 저술 동기를 밝히고 있다. 즉 「향산지」는 묘향산의 진면목을 후인들에게 남겨 보여 주려 한 의도로 기술된 것이다.

봉만으로 향로봉香爐峰·법왕봉法王峯·비로봉毘盧峯에서 동남쪽으로 설령봉雪嶺峰과 석가釋迦·미륵彌勒·칠성七星·관음觀音·지장地藏·나한羅漢 등을 들고 아육왕阿育王이 세존世尊의 사리舍利를 분포할 때 금탑에 넣어 보관한 아육봉阿育峯, 의상 조사義湘祖師가 안거安居하여 천신天神의 공양을 받은 의상암義湘庵, 편양 선사鞭羊禪師가 강경講經하며 교화敎化하던 천수암天授菴, 퇴계 선생退溪先生이 친필親筆로 쓴 내원암內院菴의 '향산운사香山雲舍' 등의 내력을 기록하였다. 또 두타頭陀·은선隱仙, 혜미굴慧尾窟 등은 터만 남았다고 기록하고 33조사祖師의 영정影幀을 봉안한 조원암祖院菴, 서산西山·나옹懶翁·운봉雲峰·월저月渚 등 여러 대종사大宗師의 탑비塔碑가 늘어서 있는 안심사安心寺, 보현보살普賢菩薩이 상주常住하며 설법한다고 하는 보현사普賢寺 등의 사암을 열거하였다. 이때 대사는 곳곳에서 자신의 감회를 시로 표현해 내었다. 이 가운데 월저 화상月渚和尙이 입적한 계조암繼祖菴에 대하여 시를 읊기를 "탐밀봉 앞에 큰 사암이 있나니, 뛰어난 경치와 정취는 말로 하기 어렵네. 기거하는 스님들 모두 마음 밝힌 객으로서, 길 잃은 사람에게 지남이 된다네."라고 하여 당시 향산에 머물던 승려들이 길 잃은 사람들에게 지남이 되어 준다고 읊고 있다. 또 법왕봉에 대해 "부처는 원래 이름이 법왕으로, 언제나 어디서나 선의 도량을 베푸나니. 아미산 은색의 연화세계에, 중생을 교화하려 법당을 세웠다네."라고 하는 등 사찰과 봉우리들이 가진 의미를 시로 잘 표현해 놓았다. 이 「향산지」에는 오언절구 1수, 오언율시 2수, 칠언절구 14수, 칠언율시 3

수 등 20수의 시가 수록되어 있어, 대사가 바라보는 향산의 모습과 더불어 당시 향산의 상황을 알게 하는 사료적 가치가 있다.

5. 가치

월파 태율은 청허의 7대 적손으로 시문집인 『월파집』을 남겼다. 그 속에 담긴 대사의 행적은 선禪과 교敎, 염불을 함께 수행한 당시의 삼문수업三門修業의 수행풍토와 서방정토관西方淨土觀과 유심정토관唯心淨土觀을 동시에 인정하였던 당시의 상황을 알게 하는 자료가 된다.

대사의 시는 조선 중·후기에 미약하게나마 불법의 존재를 인정하였던 집권층의 의식 변화와 더불어 같은 지식인으로서 또는 시인으로서의 공유가 가능했음을 보여 준다. 이는 승려 자신이 시인적 기질을 인정하는 인식 전환을 보여 주는 것으로서 순수 시문학을 구가하였다는 것을 뜻한다. 그의 시 〈원혜 스님에게 주다(贈圓慧師)〉에서 "도의 자세는 범인을 초월하여 깨끗하고, 시의 정취는 무리를 벗어나 분명해라."라거나 〈삼성암의 시에 차운하다(次三聖庵韻)〉에서 "솔 풍금은 슬슬 시흥을 더하고, 시냇물은 졸졸 도정을 북돋우네."라고 한 것은 시가 곧 도라는 선시일여禪詩一如의 시관詩觀이다. 대사가 시에서 읊었던 도태道態와 시정詩情은 부처의 소리, 즉 진여로 귀결된다. 도태에서 우러난 시정이기에 그러한 것이다. 또한 도정道情은 선승禪僧과 소객騷客의 마음을 맑히는 공용을 가지고 있다. 그런데 모두 그 귀결점이 진여眞如이며, 근원이 마음에서 비롯되기 때문에 같다는 뜻일 뿐이다. 여기서 시정은 도의와 더불어 개체 감성으로 각각 인정되고 있다. 선禪과 시詩가 만나는 자리에서는 일여一如이지만 엄연히 선과 시가 따로 존재함을 인정한 것이다. 이는 도를 드러내기 위한 도구적 효용에서 이탈된, 시 자체를 인정하고 있는 것을 보여 준다. 이렇게 시정을 인정하다 보니 자연 그 문장 표현에도 관심을 가지게 된다. 대사가 선사로서 선심禪心과 어우러진 시심詩心을 그대로 보여 준 시 작품은 18세기 선시의 경향을 알게 하는 가치를 지닌다.

유자들과의 수답시는 유자들과의 소통의 도구로서 시가 어떻게 사용되는지 직접적으로 드러내 보여 준다. 이는 생계와 더불어 불법佛法 홍포에 결정적 역할을 미치고 있다는 뜻이기도 하다. 또 몇 수에 지나지 않지만 임금에 대한 축수와 백성에 대한 염려를 표한 작품들도 있다. 이는 현실 극복의 논리로서 조선 시대를 일관한 승려들의 주장인 유불일치儒佛一致 사상이 시기가 거듭될수록 승려들 사이에 여과 없이 받아들여지고 있었기 때문이기도 하다. 이는 영조가 승려 또한 구휼해야 할 백성으로 인식하였듯이, 승려 자신들도 스스로를 당시의 한 백성으로 인정하고 그러한 현실에 안주하여 불법을 홍포하려는 경향이 지배적이었기 때문일 수도 있겠다.

17~18세기에는 순수 기행시가 다작多作된다. 승려들의 대표명사가 '운수납자雲水衲子'이다. 승려들의 생활 공간인 산수에 대한 음영吟詠은 모든 승려들의 문집에서 발견되는 공통된 양상이다. 산수는 수도자의 생활 공간이었으며 구도자求道者의 삶을 살아가는 승려들에게 있어 제방의 선지식을 찾아 유력遊歷하는 것은 보편적인 문화였기에 그러한 과정에서 읊은 시들이 산수시의 형식을 띠었다. 그러하던 것이 청나라 공안파公安派의 유기 소품류遊記小品類의 유입과 밀접한 관련을 가진 백악시단白岳詩壇의 활동 이후 기행류紀行類와 산수유기 소품문의 발전은 승려들에게도 기행시의 다작을 가져오는 한 계기로 작용되었던 것 같다. 대사의 시 또한 기행시가 상당 부분 차지한다. 이렇게 기행을 위한 유력이 행해지고 이에 따라 기행시가 지어진 것이 이 시기의 한 흐름임을 대사의 시에서 확인할 수 있다. 이렇게 대사의 시 작품의 특성은 18세기 선시의 편폭을 풍부하게 하였고 이후 시기 선시문학에 꾸준히 계승되어 선시문학사의 구도를

알게 하는 가치가 있다.[월파 태율의 문학적 가치에 대하여는 권동순, 「조선조 18세기 선시연구」(성균관대 박사논문, 2011)를 일부 재인용하였음을 밝혀 둔다.]

6. 참고 문헌

권동순, 「조선조 18세기 선시연구」, 성균관대 박사논문, 2011.
김용태, 『조선 후기 불교사 연구』, 신구문화사, 2010.
이종찬, 「道態와 詩情이 어울린 月波」, 『한국불가 시문학사론』, 불광출판부, 1993.
이진오, 『한국불교문학의 연구』, 민족사, 1997.

차례

월파집月波集 해제 / 9
일러두기 / 35
월파집月波集 서序 / 37

주 / 42

오언절구五言絶句-37편
한가로이 지내며 즉흥으로 짓다 閑居即事 43
봄꿈에서 깨어나 春眠覺 44
삼가 월저당의 시에 차운하다 敬次月渚堂韻 45
삼가 상월의 시에 차운하다 敬次霜月韻 46
영악의 노숙에게 증정하다 呈靈岳老宿 47
비 갠 뒤의 산 경치 雨後山景 48
완성의 시에 차운하다 次玩星韻【二】......... 49
송경의 시에 차운하다 次誦經韻 50
낙화의 시에 차운하다 次落花韻 51
촉목교의 시에 차운하다 次欘木橋韻 52
무릉의 경치 武陵景 53
용담의 시에 차운하다 次龍潭韻 54
산 경치 山景 55
월궁의 항아 月宮姮娥 56
뜰 앞의 작약 庭前藥芍 57
월송헌에 부치다 寄月松軒 58
궤총 상인에게 주다 贈軌摠上人 59
계익 사미에게 주다 贈戒益沙彌 60
김 상사의 시에 차운하다 次金上舍韵 61
용문사龍門寺 62
김 학사의 시에 차운하다 次金學士韵 63

설연의 시에 차운하다 次設宴韵 **64**
춘설의 시에 차운하다 次春雪韵 **65**
또 별시別詩에 차운하다 又次別韵 **66**
유객의 시에 차운하다 次遊客韵 **67**
산 경치를 즉흥으로 읊다 即吟山景【二】......... **68**
산중의 바람과 해 山中風日 **69**
이 학사의 시에 차운하다 次李學士韵 **70**
의상암의 시에 차운하다 次義相庵韵 **71**
이별시 別詩 **72**
눈 속의 푸른 솔 雪裡青松 **73**
가을의 눈 秋雪 **74**
옥 玉 **75**
금 金 **76**
달 月 **77**
대 竹 **78**
매화 梅 **79**

칠언절구 七言絶句 - 37편

삼가 청허당의 시에 차운하다 敬次清虛堂韵 **80**
삼가 청월당의 시에 차운하다 敬次清月堂韵 **81**
산 경치 山景 **82**
본부 원님의 행차에 삼가 증정하다 謹呈本府倅行軒下 **83**
다시 수국사에 도착하여 즉흥으로 읊다 重到守國寺即吟 **84**
두견이 杜鵑 **85**
환술을 부리는 사람 幻術人 **86**
삼가 월저당의 시에 차운하다 敬次月渚堂韵 **87**
전 생원의 시에 차운하다 次田生員韵 **88**
종사의 활계 宗師活計 **89**
다시 김 수재를 만나 즉흥으로 읊다 再逢金秀才即吟 **90**
가을 경치 秋景 **91**
한 진사가 부르는 운자에 맞춰 짓다 和韓進士呼韵 **92**

옥체가 편안치 못함을 탄식하며 歎玉體不安 93
삼가 이 학사에게 증정하다 謹呈李學士 94
산중山中 95
경활 사미에게 주다 贈敬活沙彌 96
도솔암兜率庵 97
산중즉사山中即事 98
송림 내원의 시에 차운하다 次松林內院韵 99
주인공을 책려하다 策主人公 100
본분本分 101
자회自懷 102
은부隱夫 103
삼가 천진의 시에 차운하다 謹次天眞韵 104
삼가 은와隱窩, 천진天眞, 보봉寶峰 세 분 선생께 증정하다 謹呈隱天寶三高案 105
기성의 경치 箕城景 106
삼재가 처음 나뉘다 三才肇判 107
불 火 108
향산의 보현사 香山普賢寺 109
소상팔경의 시에 차운하다 次瀟湘八景韻 110
향산팔경香山八景 112
등린 상인에게 주다 贈等獜上人 114
규 대사에게 주다 贈圭大師 115
궤영 대사에게 주다 贈軌永大師 116
송암의 선안에 부치다 寄松岩禪案 117
천암 대사에게 부치다 寄天岩大師 118

오언율시五言律詩-39편

삼가 화은 선생의 시에 차운하다 敬次花隱先生韻 119
세상 밖의 도인 物外道人 120
삼가 권 도사의 시에 차운하다 敬次權都使韻 121
상원의 시에 차운하다 次上院韻 122
선비들이 모여서 읊다 儒士會吟 123

중국 사신이 읊은 연광정의 시에 차운하다 次唐天使鍊光亭韻 **124**
능허 스님에게 부치다 寄凌虛師 **125**
산영루의 시에 차운하다 次山影樓韻 **126**
침운 스님에게 부치다 寄枕雲師 **127**
백마강 회고시에 차운하다 次白馬江懷古韻 **128**
육승정 시에 차운하다 次六勝亭韻 **129**
향봉의 시에 차운하다 次香峯韻 **130**
병풍 경치의 시에 차운하다 次屛風景韻 **131**
금강산의 시에 차운하다 次金剛山韻 **132**
한 모임에 같이 거하다 一會同居 **133**
지리산 시에 차운하다 次智異山韻 **134**
산중의 경치 山中景 **135**
상원의 경치 上院景 **136**
풍악의 경치 楓岳景 **137**
지리산의 경치 智異山景 **138**
구월산의 경치 九月山景 **139**
백상루의 시에 차운하다 次百祥樓韻 **140**
원혜 스님에게 주다 贈圓慧師 **141**
천양의 선안에 부치다 寄天陽禪案 **142**
현오에게 주다 贈賢悟 **143**
해월의 강헌에 부치다 寄海月講軒 **144**
휴암의 경안에 부치다 寄鵂巖經案 **145**
영암의 경안에 부치다 寄寧岩經案 **146**
법해 스님과 헤어지며 別法海師 **147**
각혜 스님과 헤어지며 別覺慧師 **148**
몽견 스님과 헤어지며 別夢見師 **149**
최한 사미와 헤어지며 別最閑沙彌 **150**
계철 스님에게 주다 贈桂喆師 **151**
영오 스님과 헤어지며 別靈悟師 **152**
통군정의 시에 차운하다 次統軍亭韻 **153**
뜰의 소나무 庭松 **154**

진여산의 실제암 眞如山實際庵 155

국화菊花 156

목동牧童 157

칠언율시 七言律詩-51편

세 분 큰 선생인 은와와 천진과 보봉~ 謹呈隱窩天眞寶峰三大先生高案下【幷序】 158

삼가 은와의 시에 차운하다 謹次隱窩韻 161

삼가 천진의 시에 차운하다 謹次天眞韻 162

삼가 보봉의 시에 차운하다 謹次寶峰韻 163

삼가 환암 법사의 도안에 바치다 謹呈幻庵法師道案 164

남파당의 시에 차운하다 次南坡堂韻 165

삼성암의 시에 차운하다 次三聖庵韻 166

부벽루의 시에 차운하다 次浮碧樓韻 167

강선루의 시에 차운하다 次降仙樓韻 168

극락전의 시에 차운하다 次極樂殿韻 169

진불암의 시에 차운하다 次眞佛庵韵 170

은선암의 시에 차운하다 次隱仙庵韵 171

금강산의 시에 차운하다 次金剛山韻 172

영월 스님에게 주다 贈影月師 173

오산 김 학사와 헤어지며 別五山金學士 174

양열 스님의 장시에 차운하다 次良悅師長韻 175

김 학사가 부르는 운에 화하다 和金學士呼韵 176

용암의 선안에 올리다 呈龍岩禪案 177

오봉사의 시에 차운하다 次五峰寺韻 178

보혈사 관해루의 시에 차운하다 次寶穴寺觀海樓韻 179

삼가 강 참봉의 도안에 올리다 謹呈康叅奉道案 180

향악의 선안에 부치다 寄香岳禪案 181

연월의 선안에 부치다 寄淵月禪案 182

삼가 순상 대감의 유헌 아래에 올리다 謹呈巡相大監遊軒下 183

벽파당과 헤어지며 別碧波堂 184

청암당과 헤어지며 別淸巖堂 185

누암당과 헤어지며 別陋庵堂 186
관 대사의 시에 차운하다 次寬大師韵 187
견불암의 시에 차운하다 次見佛庵韻 188
벽해 시축의 시에 차운하다 次碧海軸韵 189
완성의 강안에 부치다 寄玩星講案 190
두일 동지의 죽음을 애도하며 挽斗日同知 191
견불암의 경치 見佛庵景 192
계익 사미에게 주다 贈戒益沙彌 193
추광 대사에게 부치다 寄秋光大師 194
남월 장실에게 부치다 寄覽月丈室 195
화엄대회 華嚴大會 196
인봉당에게 부치다 寄仁峰堂 197
산중의 그윽한 회포 山中幽懷 198
석암의 시에 차운하다 次石庵韵 199
내원암의 시에 차운하다 次內院庵韵 200
백상루의 시에 차운하다 次百祥樓韻 201
무용당의 지리산 시에 차운하다 次無用堂智異山韻 202
비 온 뒤의 가을 경치 雨後秋景 203
인 장실에 부치다 寄仁丈室 204
선천 청암당에게 부치다 寄宣川淸岩堂 205
삼가 본부의 구 사또 합하에게 올리다 謹呈本府具使道閤下 206
이 학사의 시에 차운하다 次李學士韻 207
유원 첨사의 정안에 올리다 呈柔院僉使政案 208
함양당을 송별하며 차운하다 次送別涵陽堂 209
완월의 선안에 부치다 寄翫月禪案 210

문文-1편
향산지 香山誌 211

월파의 평생 행적 月波平生行跡 / 226

발문 / 234

간기 / 235

주 / 236

옮긴이의 말 / 242

찾아보기 / 244

일러두기

1 '한글본 한국불교전서'는 문화체육관광부의 지원을 받아 동국대학교 불교학술원에서 수행하고 있는 '불교기록문화유산아카이브(ABC)사업'의 결과물을 출간한 것이다.
2 이 책은 『한국불교전서』(동국대학교출판부 간행) 제9책의 『월파집月波集』을 번역한 것이다.
3 번역문에 이어 원문을 수록하고 고리점(。)을 삽입하였다.
4 원문은 『한국불교전서』를 기본으로 하되, 그 저본이 되는 목판본을 대교하여 제시하였다. 역자의 교감 내용에서 '저본'이라 함은 『한국불교전서』의 저본(목판본)을 말한다.
5 원문의 교감 사항은 번역문의 미주와 별도로 원문 아래 부분에 제시하였다.
    ㉠은 『한국불교전서』 편찬자가 교감한 내용이다.
    ㉡은 번역자가 교감한 내용이다.
6 약물은 다음과 같다.
    『 』: 서명
    「 」: 편명, 산문 작품
    〈 〉: 시 작품

월파집月波集 서序

옛날 우리 선군先君이 살아 계실 적에 내가 서울에서 돌아왔더니, 선군께서 "저번에 늙은 선승禪僧 한 사람이 태백산太白山에서 나를 찾아왔는데, 그 사람됨을 보니 선풍도골仙風道骨이었다. 내가 그 사람을 보지 못하는 것이 한스럽다."라고 하셨다.

이듬해 선군이 돌아가셨을 때에 예전에 사귀던 사람들 모두가 소원疏遠해져서 문항門巷이 적막하였는데, 홀연히 늙은 선승 한 사람이 조문하러 왔으니, 그가 바로 그 사람이었다. 그가 조문을 한 뒤에 하룻밤을 묵고 나서 시축詩軸 하나를 꺼내어 보여 주었는데, 그 이름을 '월파집月波集'이라고 하였다.

그 사람됨을 살펴보니 맑기가 월파月波 같았고, 그 말을 들어 보니 맑기가 월파 같았으며, 그 시를 음미해 보니 또 맑기가 월파 같았다. 그러고 보면 그 시집을 '월파'라고 이름 붙인 것도 참으로 허탄한 것이 아니었다. 이 시집을 장차 간행하여 세상에 전하려고 하면서 나에게 서문을 요청하였는데, 내가 거상居喪 중이기 때문에 사양하고 돌려보내었다. 그런데 지난겨울에 글을 보내고 올봄에 또 글을 보내어 기필코 한 글자의 서문을 얻으려 하였다. 돌아보건대 내가 재주가 없어서 실로 부끄러우면서도, 오히려 느껴지는 점이 있는 것은 어찌된 일인가.

전당錢塘의 혜근 상인惠勤上人이 구 공歐公(歐陽脩)을 따라 노닌 것이 30여 년이었는데, 공이 죽은 뒤에 공에게 말이 미치면 눈물을 흘리지 않은 적이 없었다.

그래서 동파자東坡子(蘇軾)가 그 사람됨을 어질게 여겨 그 시에 서문을 짓기를 "혜근은 본디 세상에 구하는 것이 없고, 공도 혜근에게 은덕을 입힌 것이 있지 않으니, 그가 눈물을 흘리며 잊지 못하는 것이 어찌 이익 때문이겠는가. 그가 사대부 사이에 줄을 서서 공명功名에 종사했다면 공을 저버리지 않았을 것이 분명하다."라고 하였고, 또 "시가 글을 기다려서 전해질 것은 아니지만, 그 사람됨의 대략과 같은 것은 이 글이 아니면 전할 수 없을 것이다."라고 하였다.[1]

지금 월파와 나의 선군은 얼굴을 한 번 본 연분이 있을 뿐이다. 일면一面의 그 연분이 삼십 년 동안 종유從遊한 것보다 꼭 후하지는 않겠지만, 백 리 길을 달려와 조문하고 양 세兩世를 위로해 준 것은 혜근 상인이 말을 듣고 눈물을 흘린 것보다 더한 점이 있다. 그러고 보면 월파가 혜근 상인보다 훨씬 어진 점이 있다고도 하겠다.

동파東坡는 구 공歐公의 후생인데도 뭔가 느껴지는 점이 있어서 글을 지어 세상에 전하였다. 그렇다면 내가 선군을 생각할 때에 어찌 느껴지는 점이 없어서 끝내 한 글자의 서문을 쓰지 않을 수가 있겠는가.

숭정崇禎 기원후紀元後 세 번째 신묘년(1771, 영조 47) 3월 하순에 월성후인月城後人 동곽우객東郭寓客 이공李龏은 쓰다.

月波集序

昔我先君之在世。余自洛而還。先君曰。昨有一老禪。從太白山來訪我。其人也。仙風而道骨。余以不見爲恨矣。越明年。先君之喪也。故交皆踈。門巷寂寞。忽有一老禪來吊。乃其人也。旣吊而仍宿。出示一詩軸。其名曰月波集也。觀其人。淸如月波。聽其語。淸如月波。玩其詩。又淸如月波。則月波之名其集者。信不虛也。將欲鋟於梓。傳於世。而要余以序。余以居憂。辭之而送之矣。去冬有書。今春又有書。必欲得一字之文。顧余不才。實有所愧。而反有所感者。何也。錢塘勤上人。從歐公遊者。三十有餘年。而公薨之後。語及於公。未嘗不流涕。故東坡子。賢其人而序其詩曰。勤固無求於世。而公非有德於勤。則其所以流涕不忘。豈爲利哉。使其得列於士大夫之間。而從事於功名。其不負公也審矣。又曰。詩非待文而傳者也。若其爲人之大略。則非斯文。莫之傳也。今月波與我先君。有一面者也。一面之分。未必厚於三十年之逝。而百里之吊。兩世之慰。有以過於聞語流涕。則月波之賢於勤上人者。盖亦遠矣。東坡以歐公之後生。猶有所感。而爲之文。以傳於世。則余以先君之思。其可無所感。而終不爲一字之序耶。

　崇禎紀元後三辛卯季春下澣。月城後人東郭寓客李糞序。

『월파집』권지합일.
月波集卷之合一。

묘향산에 월파月波가 있다는 말을 내가 이미 오래전에 들었지만, 그가 어떤 사람인지는 알지 못하였다.

지난 가을에 한 납승衲僧이 연곡蓮谷의 한거閑居로 나를 찾아왔다. 한가히 지내는 중에 불승佛僧을 만나는 것도 기이한 일이라고 할 것인데, 더구나 이 사람이야말로 20년 전에 천성산天聖山에서 독서할 적에 서로 시를 논하고 차를 달이며 친애親愛하던 허임 상인許任上人임이겠는가.

몇 마디 나눈 뒤에 상인이 두 권의 책자를 꺼내 보여 주며 말하기를 "이것은 바로 월파당月波堂의 시문詩文이오. 내년 봄에 간행하려 하는데, 책머리를 장식할 서문序文이 없으면 안 되겠기에 부탁하러 왔소."라고 하기에, 내가 웃으며 대답하기를 "산인山人이 어찌 그리도 일이 많으신가. 나는 문묵文墨 사이의 일을 내팽개친 지 이미 오래되었소. 그대를 보니 그저 기쁠 뿐이오. 서문을 쓸 생각은 없소이다."라고 하였다.

그러자 상인이 침울해하며 원망을 하기에 내가 그만둘 수 없어서 그 책자를 펼치고 열람해 보니, 그 사람됨이 어떠한지 상상할 수가 있었다. 그는 신심이 깊고 가르침에 근실하며 그 밖의 일에도 온축蘊蓄한 바가 많았으니, 대개 공문空門을 자부하며 산중山中에 거하는 자였다. 이와 같고 보면 비록 시문이 없다고 하더라도 충분히 산중에 전해질 것인데, 더구나 또 이런 시문이 있음에랴.

그래서 상인에게 말하기를 "부처의 가르침은 공空을 주된 것으로 삼으니, 어디를 간들 공하지 않음이 있겠는가. 시도 공하고 문도 공할 것인데, 어찌하여 공하고 공한 것에 그렇게 부지런히 애쓰는가."라고 하고는, 마침내 주고받은 말을 기록하여 서문으로 삼는다.

연곡산인蓮谷散人 강린康獜은 쓰다.

妙香之有月波。余聞之已久。而不識其何狀焉。庚之秋有一衲。訪余于蓮谷之閑居。閒中遇僧可謂奇矣。而況是二十年前。讀書天聖山時。所相與論詩煎茶。愛而親之者。許任上人也。數語之後。上人以二冊子。出而示之曰。此乃月波堂之詩若文也。明年春。欲爲剞劂。而不可無弁卷之序。故來請焉。余笑而應之曰。山人何多事也。余於文墨間事。抛放已久。見君只有喜而無序也。上人郁之仇之。余不能已攬其冊而披閱。則可想其爲人。深於信勤於敎。而蓄於外餘。[1] 大抵自空門居於山中者也。如是則雖無詩若文。足以傳於山中。況又有乎此。謂上人曰。佛之敎以空爲主。惡往而不空哉。詩亦空矣。文亦空矣。何爲其勤勤於空空者也。遂記其酬答之語。以爲之序焉。

蓮谷散人康獜序。[2]

1) ㉹『韓國佛敎全書』에는 '外餘'로 되어 있으나, 저본에는 '餘外'로 되어 있다. 번역은 후자(저본)를 따른다.　2) ㉹ 이 서문은 저본에는 발문 앞에 있으나, 편자가 이곳으로 옮겨 놓았다.

주

1 동파자東坡子(소식蘇軾)가 그~것이다."라고 하였다 : 『古文眞寶』 후집에 소식의 「錢塘勤上人詩集序」가 실려 있다.

오언절구
五言絶句

한가로이 지내며 즉흥으로 짓다
閑居即事

한가히 앉아 달리 할 일은 없고 　　　　閑坐無他事
그저 격외의 선만 참구할 따름 　　　　叅詳格外禪
만 가지 인연 모두 적막해지니 　　　　萬緣俱寂寞
한 꿈속에서 서천에 도달한다네 　　　　一夢到西天

봄꿈에서 깨어나
春眠覺

허깨비와 꿈같은 풍진 세상에서	幻夢風塵界
누가 능히 크게 깨달은 사람일까	誰能大覺人
오경에 봄꿈에서 깨고 보니	五更春睡罷
만물이 모두 다 천진이로세	物物摠天眞

삼가 월저당의 시에 차운하다
敬次月渚堂韻

해와 달은 두 개의 촛불이 되고   日月爲雙燭
하늘과 땅은 하나의 대청이로세   乾坤作一廳
목마르면 맑은 냇물을 떠 마시며   渴飮淸溪水
해장의 경전[1]을 탐구한다오   探看海藏經

부록 원운 附元韻

옛날과 지금은 며칠간의 밤낮이요   古今幾晝夜
하늘과 땅은 하나의 빈 대청이라   天地一虛廳
해와 달의 등불이 비치는 아래에서   日月燈明下
보안의 경전[2]을 흘려 보노라   流觀普眼經

삼가 상월의 시에 차운하다
敬次霜月韻

달은 솔 창 밖에 찾아오고	月到松窓外
바람은 석실 가에 불어오네	風來石室邊
밤 깊어 인적도 적막한 이때	夜深人寂寞
하릴없이 임천에 누워 있노라	無事臥林泉

영악의 노숙에게 증정하다
呈靈岳老宿

일찌감치 티끌세상 일이 싫어서	早嫌塵世事
세상 밖에 오래도록 자취 숨겼네	象外久潛蹤
꿈에서 깨어나니 삼경의 달빛	夢罷三更月
한밤중 종소리에 마음이 깨네	心惺半夜鍾

비 갠 뒤의 산 경치
雨後山景

비 갠 뒤의 용문의 저녁이요	雨霽龍門夕
바람 맑은 작수의 가을이라	風淸鵲樹秋
배회하며 홀로 서 있노라니	徘徊仍獨立
그윽한 흥을 다잡기 어려워라	幽興自難收

완성의 시에 차운하다 【2수】
次玩星韻【二】

[1]

좌선하며 활구를 참구하다가	坐禪叅活句
흥이 나면 솔바람 소리 들을 뿐	乘興聽松琴
홍진 세상에 내려가지 않으니	不下紅塵界
대도의 마음이 분명하도다	分明大道心

[2]

푸른 산 정상에 홀로 서서	獨立靑山頂
임금님 만세의 봄을 축원하노라	祝君萬歲春
비록 방외의 객이라 하더라도	雖云方外客
측근의 시종신에게 어찌 부끄러우랴	何愧近陪臣

송경의 시에 차운하다
次誦經韻

사십구 년의 부처님 설법	四十九年說
근기에 따라 얕고 깊나니	隨機淺與深
말씀 밖의 뜻을 제대로 알면	能知言外旨
본래의 진심에 계합契合하리라	冥合本眞心

낙화의 시에 차운하다
次落花韻

비 온 뒤에 지기는 불어나고	雨經增地氣
꽃이 짐에 천기는 줄어드네	花落減天機
열흘 붉었던 봄날의 빛이	十日紅春色
바람에 날려 사립을 때리네	因風打竹扉

촉목교의 시에 차운하다
次欘木橋韻

외나무다리를 지나갈 때	欘木橋邊過
위험해도 발걸음이 가벼웠는데	臨危步自輕
다행히 신불의 힘을 입어서	幸蒙神佛力
건너고는 속으로 새삼 놀랐네	渡了意重驚

무릉의 경치
武陵景

밤이 고요하니 산은 꼼짝하지 않고	夜靜山無動
사람이 한가하니 도의 마음 우러나네	人閑發道情
이 속에 진정 멋진 흥취 있나니	箇中眞勝趣
옥구슬 부서지는 저 폭포 소리	玉瀑散珠聲

용담의 시에 차운하다
次龍潭韻

구름 깊은 적요한 이곳에	雲深寥寂處
백의의 납자가 들어와서는	白衲入觀時
한가히 앉아서 꼼짝도 하지 않고	閑坐無喧動
잣나무 가지 보며 화두를 참구하네	叅看栢樹枝

산 경치
山景

밝은 달은 동쪽 서쪽 시내에 　　　　　明月東西澗
흰 구름은 왼쪽 오른쪽 산에 　　　　　白雲左右山
한 구역의 무한한 이 흥취여 　　　　　一區無限趣
하늘이 이 중에게 한가함 주셨네 　　　天與此僧閑

월궁의 항아
月宮姮娥

달나라 궁전 항아 선녀가	月殿姮娥女
인간 세상에 내려오지 않고	人間不下之
맑은 절개를 굳게 지키면서	守持淸節槪
계수나무 꽃가지에 홀로 잠드네	獨宿桂花枝

뜰 앞의 작약
庭前藥芍

꽃가지에 붉은 점 하나	花枝紅一點
봄빛이 꼭 많을 필요 없지	春色不須多
아끼는 사람 없다 말하지 말라	莫道無人愛
오고 가며 모두들 쓰다듬으니	去來摠手摩

월송헌에 부치다
寄月松軒

정에 들어 현묘한 의취를 탐구하고	入定探玄趣
경을 보며 설해진 내용을 이해하고	看經解所詮
바람 맑고 달 밝은 밤에는	淸風明月夜
범궁 앞에 한가히 앉아 있고	閑坐梵宮前

궤총 상인에게 주다
贈軌摠上人

성품의 하늘에 마음 달이 환하고	性天心月白
깨달음의 바다에 도의 바람 시원하니	覺海道風凉
푸른 산 꼭대기에 한가로이 앉아	閑坐靑山頂
좌선하며 바라보니 홀로 향기로워	禪觀獨自香

계익 사미에게 주다
贈戒益沙彌

소년으로 재주가 이미 노성해서	少年才已老
사방 인근에 소문이 자자해라	傳播四隣中
승도가 된 것을 한탄하지 말라	莫恨爲僧道
세상의 영웅보다 그래도 나으리니	猶勝世英雄

김 상사의 시에 차운하다
次金上舍韵

청산 꼭대기에 홀로 앉아서	獨坐靑山頂
일미선[3]을 끝까지 참구하다가	叅窮一味禪
다행히 김 상사 만난 덕분에	幸逢金上舍
귀 기울여 청담을 듣게 되었네	側耳聽玄玄

용문사
龍門寺

절 이름은 용문사요	寺號龍門寺
산 이름은 태백산이라	山名太白山
적요하여 사람은 보이지 않고	寂寥人不見
종소리 몇 마디 한가히 전송하네	鍾送數聲閑

김 학사의 시에 차운하다
次金學士韵

유림에선 상객이요	儒林爲上客
선원에선 귀빈이라	禪院作高賓
해후하여 청담을 모두 토로하니	解逅淸談盡
새 정이 옛 친구보다 갑절이로세	新情倍舊親

설연의 시에 차운하다
次設宴韵

무려 며칠이나 은혜를 받고	受恩經幾日
일천 인이나 잔치에 모였네	設宴會千人
마루 위에서는 풍악이 울리며	堂上絃歌曲
임금님 만수무강을 축원하누나	祝君歲萬春

춘설의 시에 차운하다
次春雪韵

옥가루 눈발이 분분히 떨어지며	玉雪紛紛落
푸른 산을 모두 하얗게 장식했네	靑山盡素容
밭갈이할 때 눈이 내리다니	臨畔還降雪
농사 망칠까 앞으로 걱정일세	將患失農功

또 별시別詩에 차운하다
又次別韻

인자의 산과 지자의 물 근처	仁山智水畔
깨달음의 나무에 꽃이 많이 피었네	覺樹綻花多
한결같이 밝은 마음으로 따서	一向明心摘
항상 우리 부처님께 공양 올리네	常供我釋迦

유객의 시에 차운하다
次遊客韵

어제는 용문의 길손이요	昨日龍門客
오늘은 학수의 손님이라	今朝鶴樹賓
동서남북 어느 길에서나	東西南北路
운에 맡기는 한가한 사람	任運一閑人

산 경치를 즉흥으로 읊다【2수】
即吟山景【二】

[1]
봉황은 삼청의 달에 춤추고	鳳舞三淸月
학은 오류의 바람에 난다	鶴飛五柳風
금모래를 깐 보배로운 땅[4]에서	金沙眞寶地
중이 흰 구름 속에 눕는다	僧臥白雲中

[2]
산은 하늘 받치는 기둥이 되고	山作撐天柱
골은 물 흐르는 문을 열어 놓았네	洞開出水門
이 속에 소사[5]가 들어 있어서	筒中蕭寺在
경쇠 소리 멀리 구름을 뚫는다	淸磬遠穿雲

산중의 바람과 해
山中風日

바람이 부니 강산이 움직이고	風動江山動
해가 밝으니 천지가 환하여라	日明天地明
하늘과 땅 사이 천만 리 지역이	乾坤千萬里
바람과 해에 움직이고 밝아지네	風日動兼明

이 학사의 시에 차운하다
次李學士韻

세상 밖에 소요하는 신선 나그네가	物外騷仙客
옥류동 주변에서 느긋하게 노니네	懶遊玉洞邊
시가 읊으면서 돌아가는 길에	詠詩歸去路
목마르면 무릉의 샘물 마시기를	渴飮武陵泉

의상암의 시에 차운하다
次義相庵韻

조사가 짚신 한 짝 들고 가시어[6]	祖師携隻履
나의 이별의 슬픔 길게 하는데	令我別愁長
적막하게 텅 빈 마루 너머에	寂寞空堂外
백화가 난만하게 향기로워라	百花爛熳香

이별시
別詩

해가 서산에 떨어지는 때	日落西峰時
양관[7]을 어떻게 불러드리리	陽關何告曰
길이 어두워서 걷기 어려우니	暗程難作行
새벽의 밝은 달 기다리시도록	須待曉明月

눈 속의 푸른 솔
雪裡靑松

묘향산이라 천년 고찰에	香岳千年寺
늙은 솔이 바깥뜰에 서 있네	老松立外庭
사계절 그 모습 변함이 없이	四時無變態
눈 속에 홀로 푸르고 푸르러라	雪裡獨靑靑

가을의 눈
秋雪

가을 밤중에 찬 눈이 내려	秋夜落寒雪
일천 숲에 흰색과 노란색이 반반	千林半白黃
가을 귀신은 변덕이 하 심하니	西君多變化
북쪽 하늘 바람을 굳이 기다리랴	何待此[1]天風

---

1) ㉠『韓國佛敎全書』에는 '此'로 되어 있으나, 저본에 '北'으로 되어 있다. 번역은 후자를 따른다.

옥
玉

온윤한 그 덕 비할 데 없고　　　　　　　　溫潤德無比
오로지 형산에서만 생산되는데　　　　　　偏生荊岳中
초왕이 일찍이 알아보지 못하고　　　　　　楚王曾不識
발을 베었으니 무슨 공이 있으랴[8]　　　　刖足有何功

금
金

덕이 곤산의 옥에 견주어져	德比崑山玉
부귀한 집안에 오고 가면서	去來富貴家
천불의 얼굴에 바르기도 하고	能塗千佛面
어전의 꽃잎이 되기도 하고	或作御前花

달
月

누가 맑고 둥근 거울 만들어	誰作淸圓鏡
만 길 허공 속에 높이 걸었나	高懸萬丈空
밝은 그 빛이 한량이 없어	光明無限量
시방세계를 두루 비추네	遍照十方中

대
竹

맑은 절개를 굳게 지키며   守持淸節槪
푸른 산속에 홀로 서 있네   獨立碧山中
된서리 내려도 변함이 없이   不受寒霜變
고아한 음색 만고에 웅장하도다   雅音萬古雄

매화
梅

푸른 산 정상에 홀로 서서	獨立靑山頂
눈 속에 꽃을 잘도 피웠네	能開雪裡花
천추에 그 모습 변하지 않고	千秋無變態
저 보랏빛 운하에 숨어 있구나	隱彼紫雲霞

칠언절구
七言絶句

삼가 청허당의 시에 차운하다
敬次淸虛堂韵

부용의 문하에서 의발을 전해 받고	芙蓉門下傳衣鉢
견성할 당년에 한낮의 닭 소리 들었네[9]	見性當年聽午鷄
불세출의 고풍을 만고에 드날렸으니	不世高風揮萬古
청허한 도덕을 누가 능히 견주리오	淸虛道德孰能齊

부록 원운[10] 附元韵

만국의 도성은 개미 둑과 같고	萬國都城如蟻垤
천 가의 호걸은 초파리와 같도다	千家豪傑若醯鷄
창가의 명월은 청허의 베개를 비추는데	一窓明月淸虛枕
끝없는 솔바람은 운이 각기 다르구나	無限松風韻不齊

삼가 청월당의 시에 차운하다
敬次淸月堂韻

대명천지에 집 없는 나그네로	大明天地無家客
산뿌리와 물가를 두루 밟았네	踏徧山根與水邊
묘향산에 돌아와 달 아래 누워	歸臥妙香峯上月
선경 읽고 나서 찬 샘물 마시네	禪經讀罷飮寒泉

산 경치
山景

달은 금가락지 되어 하늘에 걸리고	月作金環掛碧天
물은 옥가루 되어 냇물에 떨어지네	水爲玉屑落長川
이 가운데 한없는 참다운 풍경들을	箇中無限眞風景
어찌 산인의 붓으로 쉽게 표현하랴	豈易山人筆下宣

본부 원님의 행차에 삼가 증정하다
謹呈本府倅行軒下

도를 얘기하는 맑은 자태 대하였고	幸對淸儀談道處
구름까지 잇닿는 명곡을 또 들었소	又聞白雪憂雲歌
이틀이나 합하께서 현담을 논하시니	二天閤下論玄久
영산의 옛 석가를 만난 듯하오	如遇靈山古釋迦

다시 수국사에 도착하여 즉흥으로 읊다
重到守國寺即吟

이십 년 전에는 주인이었는데	二十年前曾作主
다시 온 오늘은 손님이로세	重來此日却爲賓
절은 비고 사람은 없고 친지는 적어	寺空人散親知少
나그네의 수심이 갑절이나 새로워라	客裡愁情轉倍新

두견이
杜鵑

전생의 무슨 인연으로 지금 새가 되어   前作何緣今作鳥
시름 안고 한 품고서 정신없이 우는가   含愁抱恨喪精神
산중에서 피눈물 흘려도 소용없으니   血淚山中無用處
입 닫고 시든 봄 보내느니만 못하리라   不如緘口過殘春

환술을 부리는 사람
幻術人

봉장작희[11]하며 구경꾼을 웃기나니	逢場作戲笑傍觀
고관이 되기도 하고 소관이 되기도 하고	或現高官或小官
온갖 모양 바꿔 가며 홀린다마는	做皃幻形雖百態
그 속의 사나이가 재주 부림일 뿐	裡頭一漢弄多般

삼가 월저당의 시에 차운하다
敬次月渚堂韵

동서남북으로 유람하는 나그네라	東西南北淸遊客
천만층 명산을 모두 답사하였다네	踏盡名山千萬層
종일 진경 찾다가 돌아가는 길	終日探眞歸去路
등등하게 운에 맡긴 한가한 중이로세	騰騰任運一閑僧

전 생원의 시에 차운하다
次田生員韵

나는 향산의 절간에 있는 중으로서	我是香山淨界僧
지금은 일곱 집 걸식하는 승려[12]인데	今爲乞食七家僧
다행히 시인 만나 오래 얘기하다 보니	幸逢騷客談玄久
속진俗塵의 인연 잊고 도승이 되었소그려	忘却塵緣作道僧

종사의 활계
宗師活計

하늘은 선실이고 땅은 방석이요   天爲禪室地爲席
산은 장성이고 바위는 문이로세   山作長城石作門
그 안의 종사 도덕을 겸하였으니   中有宗師兼道德
신장이 마군을 쳐부수게 해야 하리   應敎神將破魔軍

다시 김 수재를 만나 즉흥으로 읊다
再逢金秀才卽吟

백옥의 선동이 갔다가 또 왔나니	白玉仙童去復還
연하의 절간을 한가히 내키는 대로	烟霞淨界任心閑
진시황과 한 무제도 선경을 보지 못했는데	秦皇漢武皆無見
나는 무슨 인연으로 이 산을 만났는지	我有何緣遇此山

가을 경치
秋景

가을바람 처음 부는 산문은 고요한데 　　　金風始到山門靜
내 낀 나무 짙푸르고 저녁노을 짙어라 　　　烟樹蒼蒼晚色濃
일만 이천 봉우리 위로 머리 돌리니 　　　　回頭萬二千峰上
금수강산 가을빛이 눈에 붉게 비치네 　　　錦繡秋光照眼紅

한 진사가 부르는 운자에 맞춰 짓다
和韓進士呼韵

이 몸이 향산에 들어와서 이십 년 동안　　　身入香山二十秋
용문 깊이 빗장 걸고 성유[13]도 내려놓았는데　龍門深鎖下城遊
다행히 상사를 만나 시를 논하다 보니　　　幸逢上舍論詩久
어느새 저녁 햇빛이 산머리에 기울었네　　　不覺斜陽已嶺頭

옥체가 편안치 못함을 탄식하며
歎玉體不安

옥체가 바야흐로 병의 근심 있어서	玉體方今有病憂
관원과 백성들 모두 수심에 잠겼네	千官百姓摠含愁
산인 역시 막중한 은혜를 입었기에	山人亦是蒙恩重
밤낮으로 향 사르며 만수무강 축원하네	子午焚香祝萬秋

삼가 이 학사에게 증정하다
謹呈李學士

해동의 시부객 중 독보적인 분이	獨步海東詩賦客
진경을 찾아 향악의 동중천[14]에 왔네	探眞香岳洞中天
혀끝으로 천 권의 책 능히 암송하니	舌端能誦千書卷
이 적선[15]이 다시 온 것 아닐는지	無乃重來李謫仙

산중
山中

산속에 달력이 없다 말하지 마오 莫道山中無曆日
꽃이 피고 잎이 지면 때를 아는 걸 花開葉落可知時
옛 성현의 음양의 술법도 필요 없나니 不須古聖陰陽術
선림은 원래 수명을 느긋하게 누리니까 自有禪林享壽遲

경활 사미에게 주다
贈敬活沙彌

자연 그대로 도의 모습이 바로 참사람　　　　天然道態是眞人
세상 밖에서 법계의 봄을 항상 읊노라　　　　物外長吟法界春
붉은 먼지 이는 도성 거리 향하지 말라　　　　莫向紅塵紫陌路
네가 잘못 밟아 정신 잃을지도 모르니　　　　恐而誤着喪精神

도솔암
兜率庵

골짜기 속엔 일천 옥 시내가 숨어 있고　　　洞裡深藏千玉澗
땅 옆엔 일만 옥 봉우리가 솟아 있네　　　　地邊高聳萬圭山
원래 이곳엔 신비한 이적異蹟이 많으니　　　元來是處多靈異
분명히 신선이 이 사이에 사는가 봐　　　　想必仙翁在此間

산중즉사
山中即事

향악의 산당이 어디보다 적요해서	香岳山堂最寂寥
상계에 올라 단소[16]에 앉아 있는 듯	如登上界坐丹霄
기심機心 잊고 삼매에 들어 선구를 참구하니	忘機入之參禪句
새들이 꽃을 물고 문밖에서 문안하네	百鳥含花戶外朝

송림 내원의 시에 차운하다
次松林內院韵

세상 밖 귀암의 이름을 일찍이 들었는데	曾聞物外貴庵名
오늘 올라와 굽어보니 서초가 푸르도다	此日登臨瑞草靑
주객이 서로 만나 불도를 논하다 보니	主客相逢論佛道
올 적에 고생하며 찾아온 것도 잊었도다	却忘來路苦尋行

주인공을 책려하다
策主人公

사생에 출몰하며 악연 만들고	出沒四生造惡緣
삼계를 오가며 심한 허물 짓는구나	去來三界作深愆
아 언제나 마음 이치 통달하여	堪嗟何日通心理
천하에 주류하며 대도를 전할거나	天下周流大道傳

본분
本分

사십구 년 동안 금구로 설한 것은   四十九年金口說
그저 언어로 진기를 흘린 것일 뿐   謾將言語洩眞機
비로의 정상에 앉아 끊을 수 있다면   若能坐斷毘盧頂
불조의 스승 되어 만고토록 빛나리라   佛祖爲師萬古輝

자회
自懷

적막한 선방에서 굴신을 뜻대로 하며	寂寞禪房任屈伸
마음을 관하니 세상 생각에 물들지 않네	觀心不染世情塵
오경의 고요한 밤 밝은 등불 아래	五更靜夜明燈下
군왕 위해 만세의 봄을 축수한다오	祝壽君王萬歲春

은부
隱夫

소음 피해 고요함 구한 지 어느새 몇 년	避喧求靜已多年
갈증 심하면 석천을 스스로 달게 마시네	渴極自甘飮石泉
인간 세상 재미는 모두 잊어버린 채	人間滋味都忘却
푸른 산 보랏빛 안개 옆에 높이 누웠다오	高臥靑山紫霧邊

삼가 천진의 시에 차운하다
謹次天眞韵

다행히 섬계 옥엽의 종이를 얻어	幸得剡溪玉葉箋
붓 끝으로 솜씨 부려 산천을 그렸네	毫頭巧弄畫山川
봄 귀신[17]의 조화가 제아무리 묘해도	東君造化雖云妙
시승의 붓 아래 천지만은 못하리	莫若詩僧筆下天

삼가 은와隱窩, 천진天眞, 보봉寶峰 세 분 선생께 증정하다
謹呈隱天寶三高案

수천여 년 이어진 군왕의 땅에서	數千餘載君王地
삼걸이 계속 나왔으니 만고의 현인이라	三傑續生萬古賢
성현이 먼저 전해 준 주옥같은 구절을	僉哲先傳珠玉句
기쁘게 펼쳐 읽으며 하늘처럼 우러르네	欣然披讀仰如天

기성의 경치
箕城景

기성은 경치가 기이하고 또 기이해서	箕城奇勝又奇勝
성주와 명군이 도읍하고 또 도읍했네	聖主明君都復都
앞뒤로 유람한 하고많은 사람들이	前後遊人知幾許
시필을 가지고 영험한 땅을 그렸어라	浪將詩筆畫靈區

삼재가 처음 나뉘다
三才肇判

천지는 자회子會와 축회丑會에 개벽되었는데	開闢乾坤子丑時
길지 않은 그 사이에 구주가 더디게 나왔다네	其間無長九洲遲
사람과 만물은 인회에 나왔는데	人兼萬物生寅會
삼황과 오제가 차례로 출현했다네	次第三皇五帝來

불
火

누가 불[18]의 공을 제대로 알아주랴　　　　　孰能知得八人功
그 공이 시방의 만물에 미쳤는걸　　　　　　功及十方萬類中
수황[19]씨가 불을 피우지 않았더라면　　　　若匪燧皇繩鑽力
고금에 한없이 굶고 얼어 죽었으리　　　　　古今飢凍死無窮

향산의 보현사
香山普賢寺

아미의 선경을 등반하지 못하다가	峩嵋仙境未曾攀
오늘 등림하니 도심道心이 한가로워	此日登臨道意閑
남쪽 봉우리와 북쪽 봉우리 돌아보니	回首南峯兼北嶂
안개와 구름 걷혀 나의 귀환 기다렸군	霧收雲捲待余還

소상팔경의 시에 차운하다
次瀟湘八景韻

평사낙안 平沙落鴈

만 리 강 하늘에 해가 지려 하는데	萬里江天日欲斜
석양 따라 새들이 백사장에 내려앉네	隨陽群鳥下平沙
의연히 한바탕 차가운 바람 기운이	依然一陣陰風氣
연산의 흰 눈꽃을 불어서 보내 주네	吹送燕山白雪花

원포귀범 遠浦歸帆

오나라 초나라 배 그림자 서로 겹치고	吳檣楚帆影重重
돌아오는 뱃노래는 저녁 바람 띠었네	欸乃歸聲帶晚風
양쪽 기슭 상가의 많은 부녀자들이	兩岸商家多少婦
석양 멀리 바라보며 여기저기 물어보네	夕陽遙望問西東

산시청람 山市晴嵐

비 갠 뒤 붉은 해에 아침 추위 걷히고	雨餘紅旭捲朝寒
아른아른 아지랑이 흰 깁을 짜 놓은 듯	婀娜遊絲織似紈
온종일 산들바람 쉬지 않고 불어와	盡日微風吹不斷
여리고 부드럽게 푸른 산을 감싸네	纖纖藹藹絅靑山

동정추월 洞庭秋月

동정의 가을 달빛 끝 간 데 없이	洞庭秋月光無際
만 섬의 황금 흩어져서 넘실거리네	萬斛黃金散作濤
물 밑의 어룡도 다투어 출몰하는 때	水底魚龍爭出沒
어부의 피리 소리 초나라 하늘에 높아라	一聲漁笛楚天高

죽사야우 竹祠夜雨

절서는 대숲의 만년의 가을인데	序屬篁林晚歲秋
장강 만 리에 외로운 배 떠 있네	長江萬里泛孤舟
찬 하늘 밤비에 바람 불고 차가우니	寒天夜雨風兼冷
먼 길 나그네 처연히 시름 금치 못하네	遠客悽然不勝愁

산사모종 山寺暮鍾

골짜기를 연하가 막고 또 막았는데	洞裡烟霞封又封
붉은 꽃 푸른 나무가 산에 가득 짙어라	紅花碧樹滿山濃
승경 찾아 배회하니 어느새 저녁나절	徘徊探勝斜陽晚
예불하는 선승이 저녁 종소리 울리네	禮佛禪僧動暮鍾

강천모설 江天暮雪

원근의 강 하늘에 날이 차츰 저물고	遠邇江天暮色遲
일천 숲 누런 잎은 벌써 낙엽 지네	千林黃葉已離離
북풍이 거세게 불어 얼굴이 차갑더니	北風吹緊寒人面
동쪽 서쪽 고개 위에 눈발이 흩날리네	雪洒東西嶺上時

어촌낙조 漁村落照

지는 햇빛 발갛게 버들 언덕 비끼고	落照拖紅斜柳岸
한 마을 어망을 모래밭에 말리는 때	一村漁網曝沙汀
서쪽 바위 밖에는 소상강瀟湘江의 초나라 반죽斑竹	淸湘楚竹西岩外
원근의 밥 짓는 연기 저녁에 더욱 푸르네	遠近炊烟晚更靑

향산팔경
香山八景

보현범찰 普賢梵刹

보현사 전각은 푸른 하늘에 잇닿았고	普賢梵宇接靑空
일만 경치는 별천지 중에 벌여 있도다	萬景森羅別界中
골물은 졸졸 남포로 멀리 흐르고	洞水潺潺南浦遠
솔바람은 솔솔 북산까지 웅장해라	松風瑟瑟北山雄

안심층탑 安心層塔

안심사 밖에는 여러 영탑들이	安心寺外諸靈塔
층층이 우뚝 서서 만고토록 전해지네	屹立層層萬古長
동서남북 봉우리를 머리 돌려 바라보면	回首東西萬北嶂
바람과 햇빛 온화하여 온갖 꽃이 향기롭네	風和日暖百花香

상원용연 上院龍淵

흩날리는 구슬이 폭포에 떨어져 용담 만드니	散珠瀑落作龍潭
푸른 절벽 남쪽에는 인호대가 드높아라	引虎臺高翠壁南
좌우의 단풍 산엔 가을 기운 느지막한데	左右楓岑秋氣晚
반은 황색 반은 백색 그리고 감색	半黃半白又能紺

단군유적 檀君遺跡

봉황이 떠난 조양[20]에는 찬 달만 남아 있고	鳳去朝陽餘冷月
학이 돌아온 요해[21]는 찬 구름으로 막혔네	鶴歸遼海鎖寒雲
선대의 나무는 봄에 잎이 피었는데	仙臺有樹春開葉
향각엔 사람 없이 낮에도 문 닫혔네	香閣無人晝掩門

향봉추월 香峰秋月

달 비치는 향봉의 금수의 가을	月照香峰錦繡秋
무궁한 승경을 붓으로 담기 어려워라	無窮勝槩筆難收
천년 세월 흘러온 세상 밖 참소식을	千年物外眞消息
벗과 함께 읊어 옥동에 흘려보내노라	與友同吟玉洞流

만폭층류 萬瀑層流

만 폭이 층층으로 흐르는 옥동의 세계	萬瀑層流玉洞天
사람들은 세상 밖 대영천이라 칭하네	人稱世外大靈泉
조계도 바로 여기에서 발원한 물	曹溪也是原頭水
금모래 흩어 내어 뭇 인연 씻어 주네	散出金沙滌衆緣

향산운사 香山雲舍

소쇄하기 그지없는 향산의 운사	香山雲舍劇瀟灑
세세히 뜯어보면 흥취가 만 겹일세	細細探看興萬重
무한한 영구의 참다운 승취여	無限靈區眞勝趣
그 모습 붓으로 그려 내기 어려워라	難將一筆畫其容

무릉선폭 武陵仙瀑

긴 하늘에 걸린 무릉의 날리는 폭포여	武陵飛瀑掛長天
그야말로 은하수가 구천에서 떨어졌네	正是銀河落九天
천고의 멋진 풍경 누가 말할 수 있으리오	千古勝觀誰解道
적선[22]은 시상이 물처럼 솟아나련마는	謫仙詩思湧如川

등린 상인에게 주다
贈等獜上人

향악에서 오늘에야 그대를 보았지만 香岳今朝始見君
드높은 법호는 벌써 일찍이 들었다네 凌霜道號已曾聞
벼락처럼 만났다 번개처럼 헤어져 귀로[23]를 재촉하니 雷逢電別歸節促
하늘 끝에 머리 돌려 가는 구름 바라보네 回首天涯望去雲

규 대사에게 주다
贈圭大師

오래 약산에 머물러 도를 빛나게 단련하고 久住藥山鍊道光
법계의 범련당에서 소요하다가 逍遙法界梵蓮堂
지금 향악 무릉의 동천洞天을 찾아와서 今來香岳武陵洞
나와 함께 선불장[24]에 참여하는도다 與我同叅選佛場

궤영 대사에게 주다
贈軌永大師

영령한 재기 홀로 뛰어난 영웅호걸이 　　　英靈才氣獨超雄
청산에 깊이 들어가 도를 크게 단련했네 　　深入靑山鍊道洪
필법과 문장을 감히 겨룰 자 없으니 　　　　筆法文章無與作
앞으로 석가여래 종지를 전파하리라 　　　　可望當來播釋宗

송암의 선안에 부치다
寄松岩禪案

바람 맑고 달 밝은 가장 좋은 계절에	風淸月白最佳節
불조의 아음을 또 길게 늘여 독송하네	佛祖雅音誦又遲
팔부의 용천[25]이 항상 옹호하는 분	八部龍天常擁護
고결한 그 도덕을 누가 감히 미치리오	凌霜道德孰敢追

천암 대사에게 부치다
寄天岩大師

송풍과 나월²⁶로 정신을 기르고	松風蘿月養精神
옥동의 청류로 때와 먼지 씻어 내네	玉洞淸流洗垢塵
목마르면 영천 마시고 추우면 풀 옷 입고	渴飮靈泉寒衣草
남쪽 북쪽 오가면서 천진을 깨우친다네	去來南北覺天眞

오언율시
五言律詩

삼가 화은 선생의 시에 차운하다
敬次花隱先生韻

아미의 길을 지팡이 짚고	杖尺峨嵋路
몸소 선불장에 올랐나니	身登選佛場
성품의 하늘은 번뇌가 없고	性天無熱惱
깨달음의 바다는 청량하도다	覺海得淸凉
천년토록 중한 암자의 이름이요	菴號千年重
만고에 향기로운 산의 이름이라	山名萬古香
무슨 인연으로 이 경내에 와서	何緣來此境
범련의 전당에 높이 누워 있는고	高臥梵蓮堂

부록 원운 附元韻

흥겹게 승경을 유람하다가	爛熳遊靈境
심상히 도량을 지나게 됐소	尋常過道場
얼음 암자에서 오늘 밤 묵으니	氷庵今夜宿
화택도 내일 새벽엔 시원하리라	火宅卽晨凉
단풍잎은 부질없이 색깔을 더하고	錦葉空添色
국화꽃은 술잔 속에서 향미를 내네	黃花味觴香
참선하며 스스로 계합됨이 있기에	叅禪自有契
빈 당에 단정히 앉아 완미하노라	齋坐玩虛堂

세상 밖의 도인
物外道人

세상 밖에서 맑게 노닌 지 오래	物外淸遊久
신선의 흥취를 뱃속으로 전하네	仙興腹中傳
손으로 돌리는 염주는 일백팔 개요	手回珠百八
발로 밟는 세계는 삼천이로세	足踏界三千
선정에 들면 눈앞의 경계가 없어지고	入定無前境
경전을 보면 설해진 내용이 이해되네	看經解所詮
바른 길이 마치 곧은 활줄 같으니	正路如絃直
응당 구품의 연대蓮臺[27]에 왕생하리라	當生九品蓮

삼가 권 도사의 시에 차운하다
敬次權都使韻

옥당 금마[28]의 손님이	玉堂金馬客
범련의 궁전을 찾아왔네	來踏梵蓮宮
골짜기 길에 피리 소리 비꼈나니	洞路橫吹笛
산골 행차에 지팡이 한가히 들었네	山行懶擧筇
맑은 모습은 참으로 도사요	淸儀眞道士
현묘한 태도는 반쯤 신선이라	玄態半仙容
두 손 맞잡고 멀리 우러러보니	拱手遙瞻望
뛰어난 자태가 푸른 산보다 장중하네	神姿重碧峰

상원의 시에 차운하다
次上院韻

상원의 가장 기이한 경치가	上院最奇勝
올라 보니 눈앞에 홀연히 열리네	登臨眼忽開
북쪽 산은 구름을 맞으러 가고	北岑迎雲去
남쪽 대는 범을 이끌고 오네	南臺引虎來
산야의 꽃들은 일만 점으로 붉고	山花紅萬點
골의 폭포는 천 번 휘돌며 희도다	洞瀑白千廻
한밤중에 머리 돌려 바라보니	夜半回頭望
하늘가에 칠대[29]가 모습을 드러내네	天邊露七台

선비들이 모여서 읊다
儒士會吟

학수 선림의 아래에	鶴樹禪林下
방금 어진 선비들이 모였네	方今會衆賢
김 공은 달을 읊으며 서 있고	金公吟月立
최 자는 시를 외우며 전하누나	崔子誦詩傳
해가 뜨면 문자를 연습하고	習字朝陽後
한밤중 전에는 글을 읽는다네	讀書午夜前
얼마나 다행인가 여러 석사 만나서	幸逢諸碩士
손을 잡고 현묘한 얘기들을 나누니	握手說玄玄

중국 사신이 읊은 연광정의 시에 차운하다
次唐天使鍊光亭韻

신선 누각 위에 올라 굽어보니	登臨仙閣上
마치 흰 구름 사이에 앉은 듯	如坐白雲間
서쪽으로는 효성의 재를 끌어오고	西引曉星岾
남쪽으로는 구월의 산을 제압하네	南控九月山
비단 병풍에는 봉과 학이 날고	錦屛飛鳳鶴
그림 벽에는 강과 산이 줄지었네	畫壁列江巒
얼마나 다행인가 참풍경 만나	幸遇眞風景
한나절 한가히 이렇게 읊조리니	沈吟半日閑

능허 스님에게 부치다
寄凌虛師

하늘과 땅 가없는 그 사이에	天地無邊際
붕새가 박차고 만 리 길에 올랐어라	鵬搏萬里程
눈은 추월의 그림자를 머금고	眼含秋月影
정신은 수운의 정과 계합했어라	神契水雲情
복사꽃 색깔에 성품을 보았고	見性桃花色
대 맞춘 소리에 마음을 깨우쳤네	惺心擊竹聲
남북의 길을 오고 가면서	去來南北路
운에 맡겨 평생을 보낸다네	任運過平生

산영루의 시에 차운하다
次山影樓韻

선루는 높고 또 크고	仙樓高且大
풍경은 삼한의 으뜸이로세	風景冠三韓
창밖에는 천 층의 산악이요	窓外千層岳
섬돌 앞에는 십 리의 여울이라	階前十里灘
꽃을 보고 시구 만들긴 쉬워도	看花成句易
중을 만나 시를 답하긴 어렵네	逢釋和詩難
종일토록 오래 배회하노라니	終日盤桓久
석양이 푸른 산에 시드네	斜陽老碧巒

침운 스님에게 부치다
寄枕雲師

일찍이 춘당의 길에서 헤어져	早別春堂路
신선의 산에 한 몸을 기탁했네	仙山寄一身
향해의 물로 정신을 씻고	洗神香海水
소림의 봄에 흥을 일으킨다네	乘興少林春
새는 꽃을 문 도반이 되고	鳥作含花伴
돌은 법을 듣는 사람이 되네	石爲聽法人
송풍과 나월 그 아래에서	松風蘿月下
세상의 홍진을 자주 씻노라	頻掃世紅塵

백마강 회고시에 차운하다
次白馬江懷古韻

고도에서 먼 감회가 일어나	古都起遠感
나도 몰래 눈물을 흘렸네	不覺涕堪流
무너진 성가퀴엔 군대의 한이 남아 있고	廢堞遺軍恨
황량한 누대에는 장수의 수치가 남았어라	荒臺剩將羞
서쪽 동산엔 열흘 피는 꽃이요	西園花十日
동쪽 산에는 천추의 달이로세	東嶺月千秋
앞에 흐르는 강물을 굽어보니	俯觀前江水
공연히 나그네의 배가 떠 있네	空然泛客舟

육승정 시에 차운하다
次六勝亭韻

멋진 풍경을 보고 싶어서	欲覩仙風景
육승의 누대에 몸소 올랐네	身登六勝塘
손은 푸른 버들 솜털을 잡고	手攀靑柳絮
발은 흰 연꽃 향기를 밟네	足踏白蓮香
삼산이 떠 있는 섬의 형세요	島勢三山泛
사면을 단장한 누각의 모습이라	樓容四面粧
객 가운데 옛 친구가 없어서	客中無舊伴
술을 사서 홀로 잔을 기울이네	沽酒獨傾觴

향봉의 시에 차운하다
次香峯韻

다행히 도인의 뗏목 빌려서	幸借道人槎
등림하여 자하를 밟았다네	登臨踏紫霞
옛 자취는 천 개의 탑이요	古蹤千箇塔
새 흥취는 만 가지 꽃이로세	新興萬般花
백옥은 층층이 쌓인 바위요	白玉層層石
청산은 점점이 찍힌 달팽이라	靑山點點蝸
지팡이 짚고 머리 돌려 바라보니	住筇回首望
해질 녘에 남몰래 탄식이 나오네	日暮暗生嗟

병풍 경치의 시에 차운하다
次屛風景韻

봉래와 방장[30]의 경치가	蓬萊方丈景
병풍 속에 모두 담겨 있네	屛裡捴收觀
봄날의 물은 겹겹이 푸르고	春水重重綠
산야의 꽃은 점점이 아롱졌네	山花點點班
폭포는 반석 밖으로 흐르고	瀑流盤石外
새는 무성한 숲 사이에 묵네	鳥宿茂林間
속진의 일 모두 잊고서	忘却塵埃事
한나절 한가하게 읊조리네	沈吟半日閑

금강산의 시에 차운하다
次金剛山韻

흥에 겨워 선경을 찾으니	乘興訪仙景
산 빛이 최고로 기특하네	山光最絶奇
연꽃 궁전에는 사람 자취 적막하고	蓮宮人寂寞
소나무 고개에는 달빛이 들쭉날쭉	松嶺月參差
이슬 맞은 국화는 향기로운 잎 드리우고	露菊垂香葉
서리 맞은 단풍은 늙은 가지 솟아 있네	霜楓聳老枝
이 가운데 뛰어난 나그네 있나니	箇中有上客
이르기를 '대선사'라 한다네	云是大禪師

한 모임에 같이 거하다
一會同居

향림의 동천에서 모임을 갖고	聚會香林洞
대도의 마음을 함께 수련하네	同修大道心
등불 앞에는 옥 경쇠 울리고	燈前鳴玉磬
달 아래엔 솔 풍금 소리 들리네	月下聽松琴
서쪽 동산 꽃이 얼굴에 스며들고	西苑花侵面
동쪽 누대 이슬이 소매를 적시네	東臺露滴襟
선원 밖에서 어슬렁거리면서	徘徊禪院外
옛 선인의 말씀을 함께 읊조리네	共詠古仙音

지리산 시에 차운하다
次智異山韻

한량없이 좋은 풍광을	風光無限好
어떻게 시구로 형용하리오	詩句豈形容
달이 나오니 유리처럼 하얗고	月出琉璃白
가을이 깊으니 비단처럼 붉어라	秋深錦繡紅
땅이 열어 놓은 일천 옥의 폭포수라면	地開千玉瀑
하늘이 지은 일만 규의 봉우리로세	天作萬圭峰
세계 밖에서 속진의 인연이 적막하니	象外塵緣寂
우리 해동에서 홀로 뛰어나도다	獨超我海東

산중의 경치
山中景

흥이 일어 선경을 찾으니	乘興訪仙境
풍광이 해동에 으뜸이로세	風光冠海東
옥 골짜기에선 냇물 소리 나오고	澗聲生玉洞
푸른 하늘에선 달그림자 흩어지네	月影散靑空
방에 들어가선 진불을 보고	入室看眞佛
산에 올라가선 도옹을 본다네	登山見道翁
풍진 세상의 일 모두 잊고	却忘塵世事
범궁 안에서 머무른다네	寄宿梵宮中

상원의 경치
上院景

애써 올라온 신선의 구역	强上仙丘境
풍광을 어떻게 쉽게 담으리오	風光豈易收
언덕 위엔 봄 그림자 흩어지고	岸頭春影散
하늘 끝에는 해가 떠 있어라	天末日陽浮
시의 흥치興致는 천 겹으로 솟구치고	詩興千層聳
도의 마음은 만 길로 유유하도다	道情萬丈悠
진경을 찾고서 돌아가는 길	探眞歸去路
긴 학 울음소리 자주 들리네	頻聽鶴聲脩

풍악의 경치
楓岳景

다행히 봉래의 경내에 올라서서	幸陟蓬萊境
풍광을 모두 우러러 부여잡네	風光摠仰攀
연궁에는 가을 달이 하얗고	蓮宮秋月白
향원에는 국화꽃이 흐드러졌네	香苑菊花闌
골이 깊어서 선의 마음 고요하고	洞邃禪心淨
산이 높아서 도의 뜻이 한가해라	峰高道意閑
풍진 세상의 길 모두 잊고서	却忘塵世路
자운 사이에서 그냥 노래하노라	浪詠紫雲間

지리산의 경치
智異山景

다행히 들어온 삼청의 동천이여	幸入三淸洞
선풍을 어떻게 쉽게 거두리오	仙風豈易收
별빛은 일천 언덕에 흩어지고	星光千岸散
달그림자는 일만 산에 떠 있네	月影萬岑浮
옥 고개엔 원숭이 소리 어지럽고	玉嶂猿聲亂
솔 봉우리엔 학의 꿈 유유해라	松峰鶴夢悠
커다란 호로병 속의 천지[31]여	壺中天地大
낙엽 지니 서리 내리는 가을이로군	落葉是霜秋

구월산의 경치
九月山景

가파르고 하얀 옥 봉우리여	玉嶂峭兼白
신령한 빛이 도량에 비치네	靈光影佛場
바람 부는 산엔 원숭이 소리 어지럽고	風岑猿韻亂
달빛 계곡엔 학 울음소리 썰렁하네	月峽鶴聲凉
'향각'이라고 이름한 곳은 선실이요	香閣名禪室
'범궁'이라고 부르는 곳은 강당이라	梵宮號講堂
한없이 선경의 경치가 좋기에	無窮仙景好
소객이 그냥 길게 읊조리노라	騷客浪吟長

백상루의 시에 차운하다
次百祥樓韻

소매를 떨치며 선경에 오르니	拂袖上仙境
때는 바야흐로 가을철 구월이라	時維九月秋
산머리엔 단풍 비단이 어지럽고	山頭楓錦亂
성곽 밑에는 옥 물결이 흐르네	城底玉波流
등왕각[32]이라고는 할 수 없어도	不是滕王閣
양자강 물가와는 걸맞다고 하리라	也應楊子洲
풍광이 참으로 이와 같기에	風光眞若此
먼 길 나그네 문득 시름을 잊도다	遠客却忘愁

원혜 스님에게 주다
贈圓慧師

운문과 산문 양쪽 다 우수하고	文筆兩兼勝
공부의 깊이도 매우 정결하다네	做工甚潔精
뜻은 빼어난 향악처럼 드높고	志高香岳秀
마음은 맑은 월파에 계합하도다	心契月波淸
도의 자세는 범인을 초월하여 깨끗하고	道態超人白
시의 정취는 무리를 벗어나 분명해라	詩情出類明
천년이나 오래된 절간 위에서	千年蕭寺上
부처의 참소리를 읊조린다네	朗詠佛眞聲

천양의 선안에 부치다
寄天陽禪案

깨달음의 나무엔 마음 꽃이 피고	覺樹心花發
성품의 하늘엔 도의 달이 뜨네	性天道月開
꿈속에서 선계의 자부[33]를 유람하고	夢遊仙紫府
깨어나선 세상의 향대에 눕는도다	惺臥世香臺
대중을 구제함엔 고하가 없고	濟衆無高下
앉아서 참선함엔 왕래를 끊었다	坐禪絶往來
연하가 참으로 정토세계이기에	煙霞眞淨界
노래하며 마음대로 배회하노라	朗詠任徘徊

현오에게 주다
贈賢悟

천성이 재기를 보듬어서	天性抱才氣
맑은 빛이 눈 가득 열리네	淸光滿眼開
도골은 차가운 옥돌과 같고	道骨如寒玉
선향은 눈 속의 매화 같아라	仙香等雪梅
손으로는 왕희지王羲之의 붓을 농하고	手弄王羲筆
입으로는 이태백李太白의 시를 읊누나	口吟李白詩
은근히 정업 이루길 부탁하노니	慇懃成淨業
시비의 경계에 떨어지지 마시기를	莫墮是兼非

해월의 강헌에 부치다
寄海月講軒

뱃속에는 서책이 들어 있고	肚裡藏書卷
주장자엔 밝은 눈이 걸렸도다	杖頭掛明眼
남쪽 하늘에선 이름값이 중하였고	南天名價重
북쪽 바다에선 세상 욕심 가벼웠네	北海世心輕
교학을 열면 청향이 발하고	開敎生淸響
선법을 설하면 범성이 나온다네	弄禪出梵聲
문도가 점점 더 많아지면서	聽徒稍益進
반드시 교화를 이루게 되리라	想必化將成

휴암의 경안에 부치다
寄鵂巖經案

붓을 휘두르면 용이 꿈틀거리고	弄筆生龍動
현담을 얘기하면 활구가 청신해라	談玄活句淸
입으로는 일천 게송을 외우고	口吟千佛偈
눈으로는 일백 선경을 본다네	眼覩百禪經
가을 달은 시의 흥치를 더하고	秋月添詩興
서리 하늘은 도의 마음을 배가하네	霜天倍道情
향악의 속에서 한가로이 노니는데	優遊香岳裡
발걸음이 중해야지 어찌 가벼울 수야	行重孰能輕

영암의 경안에 부치다
寄寧岩經案

향산이라 참다운 법계에서	香山眞法界
한가히 누워 세월을 보내네	閑臥過春秋
마음은 삼청동에서 재계하고	心潔三淸洞
몸은 만세루 위에 오르도다	身登萬歲樓
경을 강하면 옥을 뿜어 뿌리는 듯	講經噴玉洒
도를 논하면 구슬을 흩어 흘리는 듯	論道散珠流
청정한 행이 원래 중하니	淨行元來重
제천이 길이 옹호하리라	諸天擁護悠

법해 스님과 헤어지며
別法海師

방금 만났다가 금방 헤어지다니	雷逢還電別
어느 곳에서 다시 함께 노닐거나	何處再同遊
옷깃 나눠 헤어지는 마음 급하더라도	分袂離情促
잔 권하는 한스러움 유유하도다	勸盃恨意悠
외로운 지팡이 아침 이슬에 젖고	孤筇朝露濕
외그림자 석양에 떠돌아다니리	隻影夕陽浮
남과 북이 워낙 떨어졌으니	南北元來屬
다시 찾을 날 언제일는지	重尋在幾秋

각혜 스님과 헤어지며
別覺慧師

아미의 경내에서 해후한 뒤로	邂逅峨嵋境
경전을 자꾸 묻고 또 물었네	問經頻又頻
향악의 달을 함께 읊조렸고	同吟香岳月
무릉의 봄날을 같이 노래했네	共詠武陵春
고요한 자태는 호로병 속의 객이요	玄態壺中客
청정한 마음은 세상 밖의 사람이라	淸心物外人
오늘 아침 우리 헤어진 뒤에는	今朝離我後
어느 곳에서 다시 정신을 쉴까	何處更怡神

몽견 스님과 헤어지며
別夢見師

다행히 도원의 동천에서 만나	幸遇桃源洞
달 아래서 청담을 자주 나눴네	淸談月下頻
도는 삼제의 여름에 이루었고	道成三際夏
시는 시방의 봄날을 읊었도다	詩弄十方春
각해에서 낚시질하는 길손이요	覺海能釣客
선림에 한가히 누운 사람이라	禪林懶臥人
지금 향악에서 헤어지고 나면	今離香岳路
이별의 한에 정신을 잃으리라	別恨喪精神

최한 사미와 헤어지며
別最閑沙彌

한 철 여름을 함께 유숙하며	一夏同留宿
산에 올라 멋진 유희 즐겼지	登山辦勝遊
돌아가겠다니 마음이 우울하고	告歸心鬱鬱
헤어지려니 아쉬움 길고 길도다	惜別恨悠悠
외그림자는 구름 따라 흩어지고	隻影隨雲散
외로운 지팡이 햇빛 띠고 떠다니리	孤節帶日浮
물결 뒤채는 인간 세상 위에	波翻人世上
오고 가는 것은 바로 봄과 가을	來去是春秋

계철 스님에게 주다
贈桂喆師

도를 배움에 신심이 매우 깊어	學道多深信
아침저녁으로 자주 묻고 또 묻네	朝暮問又頻
서릿달 뜬 밤에는 경을 뒤적이고	經翻霜月夜
설매 핀 봄에는 마음을 꿰뚫었네	心透雪梅春
지금은 자기 몸을 지키는 객이지만	今作持身客
앞으로 세상을 구제하는 사람 되리	將爲濟世人
동서남북 어느 길로 가든 간에	東西南北路
운에 맡기고 정신을 기르기를	住[1]運養精神

---

1) ⑨『韓國佛敎全書』에는 '住'로 되어 있으나, 저본에는 '任'으로 되어 있다. 번역은 후자를 따른다.

영오 스님과 헤어지며
別靈悟師

처음에 서로 만나 기뻤었는데	初喜相逢着
다시 떠나보내려니 시름겨워라	又愁送別違
우울하도다 바람재로 떠남이여	深憂風嶺去
유감이로다 돌길로 돌아감이여	長恨石程歸
대지팡이를 산그늘에 내던지고[34]	竹杖山陰擲
가사를 해그림자에 휘날리겠지	裟衣日影飛
납승의 행리에 관한 일인걸	衲僧行李事
누가 옳으니 그르니 말하리오	誰說是兼非

통군정의 시에 차운하다
次統軍亭韻

먼 나그네가 타향의 길을 갈 때는	遠客他鄕路
석장錫杖과 정병淨甁만 따를 뿐	只隨杖與瓶
아침에는 영사관을 유람하고	朝遊迎使館
저녁에는 통군정을 방문했네	暮訪統軍亭
압수는 천 길 깊이로 푸르고	鴨水千尋綠
호산은 만 점으로 찍혀 푸르네	胡山萬點靑
진경 찾고 다시 돌아가는 곳	探眞歸去處
경치에 취해 또 깨어나지 않네	醉景又無醒

뜰의 소나무
庭松

저 진왕의 벼슬[35]이 우스꽝스러워	笑彼秦王爵
깊은 산에서 눈과 서리 벗 삼았다네	深山友雪霜
무더운 날씨에는 일산日傘이 되고	炎天爲傘盖
바람 불면 생황을 연주한다네	風日作笙簧
우뚝 서서 높은 절개 지니고서	特立持高節
은자가 서늘함을 얻게 한다네	隱居得大凉
사시에 태도 변하는 일이 없어	四時無變態
언덕 위에서 곧은 지조 지킨다네	嶺上守貞良

진여산의 실제암
眞如山實際庵

진여를 얻는다는 산의 이름이요	山號眞如得
실제를 찾는다는 절의 이름이라	庵名實際尋
냇물 소리는 미묘한 곡조 연주하고	溪聲生妙曲
솔바람은 청아한 음률 흩뿌리네	松韻散淸音
부처님 홀로 삼각[36]을 밝히셨고	佛獨明三覺
스님은 겸해서 일심을 깨쳤구나	僧兼悟一心
호로병 속의 풍경이 좋아서	壺中風景好
종일토록 선림에 누워 있노라	終日臥仙林

국화
菊花

점점이 찍혀 증감하는 일도 없이	點點無增減
푸른 산모퉁이에 많이 피어 있네	多在碧山隈
바람이 불면 꽃들도 움직이고	風動花箂動
벌이 찾아오면 나비도 날아오네	蜂來蝶亦來
웃는 소리는 듣기 어려워도	開笑聲難聽
풍기는 향미는 삿되지 않네	生香味不回
신령스러운 그 빛 붉고 또 희어	神光紅且白
찾아보고 가면서 다시 돌아보네	探看去重廻

목동
牧童

시골 들판의 여러 아동들이	村野諸童子
소를 치며 느릿느릿 채찍을 드네	牧牛懶擧鞭
아침엔 푸른 초원 찾아갔다가	朝尋靑草岸
낮에는 푸른 숲가 찾아간다네	午訪碧林邊
가문 날엔 으슥한 땅을 고르고	旱日探幽地
비가 오면 습한 하늘 싫어하네	雨時厭濕天
쌍쌍이 짧은 피리 불어 젖히며	雙雙鳴短笛
나루터 안개 속을 오고 간다네	來去渡頭烟

칠언율시
七言律詩

세 분 큰 선생인 은와와 천진과 보봉의
높은 궤안几案 아래에 삼가 바치다【병서】
謹呈隱窩天眞寶峰三大先生高案下【幷序】

　대개 세 분 큰 선생에 대해서는 본디 평소에 알지 못해서 한 번도 찾아뵙지 못하였으니, 너무도 복이 없었던 것을 어떻게 말로 다 할 수 있겠는가. 그런데 다행히도 이번에 삼가 내려 주신 시문詩文을 받게 되었는데, 펼쳐서 다 읽기도 전에 눈이 저절로 밝아지고 시흥詩興이 갑절이나 더하였으므로, 환희작약歡喜雀躍하면서[37] 기쁜 마음을 금하기 어려웠다.

　더군다나 혜선慧禪이 돌아와서 존귀한 분들의 말을 전하기를 "다만 유감스러운 것이 있으니, 향악香岳의 승경勝景을 아직 찾지 못한 것이 첫 번째 한이요, 월파月波의 진면목을 보지 못한 것이 두 번째 한이다."라고 하였다. 이 말을 듣고는 감사하는 마음을 금치 못하면서 첨앙瞻仰하는 마음이 갑절이나 더하였으나 그저 몽상夢想이나 하며 세월만 보낼 뿐이었다.

　옛말에 이르기를 "도가 계합契合하면 하늘과 땅처럼 멀어도 함께 처하는 것과 같고, 의취意趣가 다르면 얼굴을 직접 대해도 초나라와 월나라처럼 멀게 느껴진다."[38]라고 하였다. 만약 도를 깨닫고 이치를 통하여 양쪽의 마음이 서로 계합하면, 어찌 산하山河와 형성形聲의 간격에 구애를 받겠는가. 비록 그렇긴 하지만 "눈빛을 마주치기만 해도 그 속에 도가 들어 있음을 알아차린다."[39]라는 설이 또 대성大聖의 입에서 나왔으므로, 매양 일시에 뵙고 싶은 마음이 바다처럼 깊어 가기만 하였다.

그러나 소승은 홀로 향악에 움츠린 채 병들어 늙어 가고, 어진 분들께서는 함께 기성箕城에서 즐기면서 오는 것을 또 멈추고 있으니, 서로 만나기 쉽지 않은 것이 바람난 말과 소도 서로 미치지 못하는 것[40]과 같다. 이에 경모景慕하는 마음을 금치 못한 나머지, 불민不敏한 재주로나마 산의 경치를 외람되게 읊으면서 삼가 보내온 시에 차운하여 여러 어진 분들의 궤안几案 아래에 바침으로써 잊지 못하는 심정을 표하였다. 시는 다음과 같다.

蓋三大先生。素昧平生。而一未奉覲。其薄福之甚。可勝言哉。幸茲。乃者伏承下送之篇章。披讀未了。塵眼自明。詩興倍加。鰲抃雀躍。喜心難禁。況且慧禪之歸。敬傳[1]斂尊之語曰。惟所慨者。一以恨未探香岳之勝景。一以恨不見月波之眞面云。聞來不勝感謝。倍加瞻仰。而徒費夢想之悠悠也。且古語云。道契則霄壤共處。趣異則覿面楚越。若悟道通理。而兩心相契。則豈爲山河形聲之所屬碍戎。雖然目擊道存之說。亦出於大聖之口。則每欲一時奉覲之情。與海俱深。小釋獨縮香岑而病且老。斂賢共樂箕城而來又休。相逢未易。如風馬牛之不相及也。不勝景暮[2]之懷。以不敏之才。濫詠山景。謹次來韻。而敬呈斂案之下。以表不忘之情焉。詩曰。

1) ㉠『韓國佛敎全書』에는 '傅'로 되어 있으나, 저본에는 '傳'으로 되어 있다. 번역은 후자를 따른다. 2) ㉠『韓國佛敎全書』와 저본에 모두 '暮'로 되어 있으나, 이는 '慕'의 잘못이다. 번역은 후자를 따른다.

태백산 속에서 변방 기러기 돌아가고	太白山中塞鴈歸
가을 하늘 밝은 달이 구름 사립 비출 때	秋天明月影雲扉
무릉의 옥폭으로 속진의 눈을 씻어 내고	武陵玉瀑灌塵目
향악의 선풍으로 도의 옷깃을 휘날리네	香岳仙風拂道衣
기예 있는 청금[41]은 시의 흥치가 뛰어나고	有藝青襟詩興勝
무심한 흰 납의衲衣는 눈동자가 빛나도다	無心白衲眼珠輝

여러분이 아미산 경치를 감상하려거든 　　諸君欲翫峩嵋景
주저 말고 내년 봄에 지팡이 날리시기를 　　莫惜明春杖子飛

삼가 은와의 시에 차운하다
謹次隱窩韻

멀리서 높은 명성을 익히 들었는데	遠地高名已飽聞
시편을 지금 보니 역시 고상해라	篇章今看也凌雲
뜻이 달라서 존비의 차이가 있다고 해도	志殊雖有尊卑扁
도가 맞으면 상하의 나뉨이 어찌 있으랴	道契何存上下分
영취산靈鷲山 앞의 승려는 도를 이어받고	鷲岑峰前僧繼道
이구산[42] 아래 선비는 문장을 이루었네	尼丘山下士成文
원래 유교와 불교는 숭상함이 달라서	元來儒釋宗承異
하나는 부처를 하나는 임금을 공경한다오	一敬金仙一敬君

삼가 천진의 시에 차운하다
謹次天眞韻

청산에 높이 누워 백운과 벗하다가	高臥靑山友白雲
천진의 아름다운 명성을 다행히 지금 들었네	天眞佳號幸今聞
응당 달 아래서 현묘한 이치를 연구하고	想應月下究玄理
필시 등불 앞에서 성인의 글을 읽으리라	知必燈前讀聖文
승려는 향악에 숨어 도를 조용히 탐구하고	僧隱香岳探道靜
선비는 패수에 잠겨 세상 먼지를 씻는다네	士潛浿水洗塵紛
경성 천 리 길을 빈번히 가고 오면서	京城千里頻來徃
몇 번이나 맑은 시를 임금님께 바쳤을까	幾許淸詩獻國君

삼가 보봉의 시에 차운하다
謹次寶峰韻

기성의 보랏빛 운무를 오래 밟으면서	久踏箕城紫霧雲
높은 이름 크신 덕을 일찍이 들었네	高名碩德已曾聞
사람 놀라게 하는 구절을 풍문으로 들었는데	風傳泛聽驚人句
귀신 울리는 시문을 월전에서 받았어라	月殿親承泣鬼文
부러워라 유림의 그대는 속진의 생각 고요한데	羨子儒林塵慮靜
부끄러워라 석원의 나는 세상 마음이 분분하니	慚吾釋苑世心紛
승속僧俗이 원래 떨어졌다 말하지 마오	莫言緇素元來隔
밝고 밝으신 성군을 똑같이 섬기니까	共事明明一聖君

삼가 환암 법사의 도안에 바치다
謹呈幻庵法師道案

서산의 정맥 이으신 우리 환암당	西山正脉幻庵堂
고당을 우뚝 세워 처처에 도량이라	屹立高幢處處場
선경을 강론하여 마음 달이 환하고	講罷禪經心月白
조의를 참구하여 도의 싹이 향기롭네	叅窮祖意道芽香
꽃 머금은 새들이 공중을 날아다니고	含花百鳥飛空促
설법 듣는 신들이 자리에 무릎 꿇네	聽法諸神跪席長
각해가 맑고 맑아 번뇌가 없는지라	覺海澄澄無熱惱
중생이 출몰하며 청량함을 얻는다네	群生出沒得淸凉

남파당의 시에 차운하다
次南坡堂韻

선과 교를 통했으니 어찌 부끄러우랴 禪教兼通豈有羞
푸른 산 푸른 물이 유유히 오고 가네 靑山綠水去來悠
도중에 청산의 주인 문득 생각하고 途中却憶靑山主
집 안에서 자맥⁴³의 흐름 잊지 않는다네 家裡不忘紫陌流
구멍 없는 피리 부니 삼제가 여름이요 無孔笛吹三際夏
줄 없는 거문고 타니 시방이 가을이라 沒絃琴奏十方秋
건곤 만 리에 한껏 맑게 노닐면서 乾坤萬里淸遊極
어딜 가나 생애가 자유를 얻는도다 隨處生涯得自由

삼성암의 시에 차운하다
次三聖庵韻

삼성암의 이름이 만고에 향기로워	三聖庵名萬古香
오늘 등림하니 구름 걷혀 쾌청하네	登臨此日捲雲晴
솔 풍금은 슬슬 시흥을 더하고	松琴瑟瑟添詩興
시냇물은 졸졸 도정을 북돋우네	澗曲潺潺倍道情
선정에 든 선승은 속진의 생각이 고요하고	入定禪僧塵慮靜
진경 찾는 소객은 세상 욕심 말끔해라	探眞騷客世心淸
만약 천진의 도리를 제대로 깨닫는다면	若能了得天眞理
학 눈물, 잔나비 울음 모두 부처의 음성이리	鶴唳猿啼摠佛聲

부벽루의 시에 차운하다
次浮碧樓韻

연광정鍊光亭 북쪽에 자리한 높은 누대	鍊光之北有高樓
만 경이 늘어서서 쉽게 거두지 못하겠네	萬景森羅不易收
구름 밖 푸른 산엔 푸른 학이 춤추고	雲外蒼山靑鶴舞
창 앞 큰 들판엔 보랏빛 놀이 떠 있네	窓前大野紫霞浮
모란봉은 신선이 노니는 언덕이 되고	牡丹峰作遊仙岸
유목정은 손님을 보내는 모래톱이라	柳木亭爲送客洲
기자와 단군이 지금 이미 사라져서	箕子檀君今已沒
허다한 풍물이 시름을 반이나 더하네	許多風物半添愁

강선루의 시에 차운하다
次降仙樓韻

일천 산 일만 물의 근원을 답사하고 　　　　　千山萬水踏根源
오늘 누대에 오르니 난세임을 깨닫겠네 　　　此日登樓覺世昏
땅이 솟은 선봉은 정토세계요 　　　　　　　地聳仙峰眞淨界
골이 열린 옥폭은 별천지로세 　　　　　　　洞開玉瀑別乾坤
산은 높아 서북으로 하늘 끝에 잇닿고 　　　嶂高西北連天末
내는 흘러 동남으로 바다 입구 이어지네 　　溪出東南接海門
세상 인연 잊어버리고 승경을 찾다 보니 　　忘却塵緣探勝久
낙조의 붉은 빛이 화헌에 그림자 지네 　　　拖紅落照影花軒

극락전의 시에 차운하다
次極樂殿韻

선암이 높이 선 최고의 선경	禪庵高建最仙區
만 경이 삼엄히 벌여 선 별천지	萬景森羅別界衢
월전의 종소리는 학의 새끼 놀라게 하고	月殿鍾聲驚鶴子
풍잠의 솔바람은 난새 새끼 일깨우네	風岑松韻動鸞雛
무봉탑 속에는 영골이 안치되고	無縫塔裡藏靈骨
식영당 안에는 보주가 그물 쳤네	息影堂中網寶珠
물외의 건곤이 참으로 멋지기에	物外乾坤眞勝趣
혀로도 말 못 하고 붓으로도 못 그리네	舌難盡說筆難圖

진불암의 시에 차운하다
次眞佛庵韵

향산의 진불암을 보고 싶어서	欲覩香山眞佛窩
가장 높은 자운 언덕에 애써 올랐네	强登最上紫雲阿
상천의 달님은 유리의 동천에 하얗고	霜天月白琉璃洞
풍령의 가을은 금수의 둥지에 깊어라	楓嶺秋深錦繡窠
억겁 너머 봄바람에 상서로운 풀들이 자라나고	刧外春風生瑞草
호로병 속의 여름비에 신선의 벼들이 무성하네	壺中夏雨茂仙禾
티끌세상 떨어져서 소란함 없으니	塵寰遠屛無喧動
조석으로 옛 석가를 예배한다네	朝暮禮叅古釋迦

은선암의 시에 차운하다
次隱仙庵韵

은선궁 고요히 세상 인연 텅 빈 채	隱仙宮靜世緣空
항상 흰 구름 푸른 학과 함께한다오	常與白雲靑鶴同
만폭동 가에는 속진의 생각 말끔하고	萬瀑洞邊塵慮淨
두타암 밖에는 도의 마음 진하도다	頭陁庵外道情濃
향로봉 비추는 건 가을의 서릿달	香爐峰照秋霜月
우적대 드높은 건 노쇠한 푸른 솔	牛跡臺高老碧松
시냇물 졸졸졸 끊임없이 흘러가니	澗水潺潺流不絶
진경 찾는 소객이 티끌 자취 씻어 내네	探眞騷客洗塵蹤

금강산의 시에 차운하다
次金剛山韻

풍악의 가장 높은 곳에 등림하니　　　　　登臨楓岳最高虛
동해의 동쪽 끝에 해가 막 떠오르네　　　　東海東頭日出初
만 첩의 규봉은 학의 굴 되고　　　　　　　萬疊圭峰爲鶴窟
천 층의 옥폭은 용의 집 되네　　　　　　　千層玉瀑作龍居
대 문에 가을 깊으니 바람 소리 썰렁하고　　秋深竹戶風聲冷
솔 창에 달 드니 계수 그림자 성글어라　　　月入松窓桂影踈
세상 밖 선경에 흥취가 무한해서　　　　　　象外仙區無限趣
종일 읊노라니 세상 인연 사라지네　　　　　沈吟終日世緣除

영월 스님에게 주다
贈影月師

향악의 대총림에 오래 몸담았으니	久棲香岳大叢林
청허의 정도의 마음을 응당 얻었으리	應得淸虛正道心
옥축의 금문으로 이목을 열고	玉軸金文開耳目
청산녹수로 흉금을 씻는다네	靑山綠水洗胸襟
격외의 선의 가풍을 두 소매로 떨치고	格外禪風雙袖拂
호중의 참다운 낙을 한 지팡이로 찾네	壺中眞樂一筇尋
그대여 지금 무생곡을 알고 싶으면	君今欲識無生曲
내가 침상에서 타는 범금을 들어 보시라	聽我床頭彈梵琴

오산 김 학사와 헤어지며
別五山金學士

바람 부드럽고 날씨 따뜻한 가장 좋은 계절에	風和日暖最佳節
우리 학수 사이에서 그대를 읍하고 보내노라	揖送吾君鶴樹間
손을 잡고 갈림길에 서니 일만 시름 맺히고	握手臨岐愁萬結
머리 돌려 헤어지려니 일천 한이 일어나네	回頭惜別恨千端
두 눈동자는 삼춘의 길을 자꾸만 돌아보고	雙眸頻顧三春路
외그림자는 오악의 마을로 외롭게 돌아가네	隻影孤歸五嶽村
물어보세 언제나 계수나무 잎을 잡을는지[44]	爲問何時攀桂葉
공업을 일찍 이루어 금의환향하시도록	速成功業錦衣還

양열 스님의 장시에 차운하다
次良悅師長韻

향악의 삼청 경내에 몸소 올라와	身登香岳三淸境
현현한 세상 밖 자취를 찾아왔네	委訪玄玄世外蹤
땅은 참스님 기다려 옥동을 개방하고	地待眞僧開玉洞
하늘은 속객俗客 싫어해 운봉을 일으켰네	天嫌塵客起雲峰
석양에는 소나무 끝의 학을 볼 수 있고	夕陽能覩松端鶴
한밤중엔 또 달 아래 종소리 들린다오	夜半復聞月下鍾
우뚝 서 있는 신선 산의 무한한 이 경치여	屹屹仙山無限景
그냥 오고 가노라면 뜻이 더욱 깊어지네	弄來弄去意尤濃

김 학사가 부르는 운에 화하다
和金學士呼韻

물어보세 공문의 몇 번째 제자인가 爲問孔門第幾承
현현한 도의 모습 조촐하기 등이로세 玄玄道態淨如燈
흉금은 법경을 매달아 속진의 인연 고요하고 胸懸法鏡塵緣寂
뜻은 영기에 들어맞아 세상 생각 말끔해라 意合靈機也[1]慮澄
인의를 모두 행해 마음의 바다 널찍하고 仁義兼行心海濶
시서를 함께 읽어 배움의 물결 흥기하네 詩書幷讀學波興
상봉하면 서래[45]의 가르침 물어볼 것도 없나니 相逢莫問西來敎
군자는 이미 불법을 잘 알고 계시니까 君子已知佛法能

---

1) ㉠『韓國佛敎全書』에는 '也'로 되어 있으나, 저본에는 '世'로 되어 있다. 번역은 후자를 따른다.

용암의 선안에 올리다
呈龍岩禪案

신선의 자태를 다행히 살수薩水 물가에서 대했나니	仙儀幸對薩江濱
도의 모습이 원래 세상 사람이 아니로세	道態元非世上人
푸른 바다 천 길에 용이 변화했다 할까	碧海千尋龍變化
붉은 하늘 만 리에 학이 정채롭다 할까	丹霄萬里鶴精神
송풍나월에 마음 걱정 말끔히 하고	松風蘿月澄心慮
옥동 청류에 때와 먼지 씻는다네	玉洞淸流洗垢塵
세상 밖 연하가 적요한 곳에서	物外烟霞寥寂處
소요하며 홀로 앉아 천진을 기른다네	逍遙獨坐養天眞

오봉사의 시에 차운하다
次五峰寺韻

단풍이 한창일 때 석장 쥐고 올랐더니	携錫登臨錦繡濃
절 앞산에 갈바람이 어지러이 일어나네	金風亂起寺前峯
연하의 정토세계에 선실을 열어 놓아	烟霞淨界開禪室
옥동의 신령한 구역에 세상 자취 끊어졌네	玉洞靈區絶世蹤
월협의 밤 깊으면 원숭이 울음 썰렁하고	月峽夜深猿韻冷
용담의 물결 높으면 물보라가 흩날리네	龍潭波峻水文溶
사원에서 종일 현묘한 이치를 탐구하노라니	祇園終日探玄久
예불하는 산승이 저녁 종을 울리네	禮佛山僧動暮鍾

보혈사 관해루의 시에 차운하다
次寶穴寺觀海樓韻

보혈사는 언제 처음 창건하였는고	初刱寶穴寺何秋
새로 세운 선루가 바다에 접하였네	新建仙樓接海頭
칠악의 봉우리는 구름 밖에 솟았고	七嶽群峰雲外出
일계의 긴 냇물은 눈앞에 흐르누나	一溪長水眼前流
북쪽 고개 쳐다보면 웅장한 천 개의 바위	仰觀北嶺雄千石
남쪽 바다 굽어보면 떠 있는 만 척의 배	俯看南溟泛萬舟
종일 진경 찾으며 세상 걱정 잊다가	終日探眞忘世慮
시구 노래하며 처마 밑에 머물도다	浪吟詩句屋簷留

삼가 강 참봉의 도안에 올리다
謹呈康叅奉道案

세상의 공명은 달갑게 여기지 않고	世上功名意不甘
효심과 도덕이 증삼에 비길 만해라	孝心道德比曾參
만 가지 재예를 은악에 감추고서	萬般才藝藏殷岳
한 줌의 간장을 옥담에 씻었어라	一寸肝腸洗玉潭
법의 거울을 추계의 달에 언제나 닦아 내고	法鏡長磨秋桂月
신선의 옷을 설매의 남기嵐氣에 한가히 나부끼네	仙衣懶拂雪梅嵐
가슴속에 경서를 가득 담고 있으니	胸中滿飽經書卷
스승도 자기보다 낫다고 대견해하리라	師學自知茜絳藍

향악의 선안에 부치다
寄香岳禪案

신령한 품성은 많은 재능 간직하고	靈靈禀性抱多才
늠름한 풍광은 두 눈 뜨게 하네	凜凜風光兩眼開
경전을 열심히 읽으며 옥촉을 돋우고	勤讀聖經挑玉燭
시구를 한가히 읊으며 선대에 오르네	懶吟詩句上仙臺
수행이 높아 새들이 꽃을 물고 이르고	行高百鳥含花至
도가 커서 제천이 덕을 우러러 찾아오네	道大諸天仰德來
세상 밖 건곤이 참으로 정토세계라서	物外乾坤眞淨界
느긋이 운에 맡기고 오래 배회하노라	騰騰任運久徘徊

연월의 선안에 부치다
寄淵月禪案

그대의 선기가 미간에 있음이 괴이했는데	怪君仙氣在眉間
입을 여니 마음도 한가함을 알겠도다	開口果知意亦閑
멀리 청허를 이었으니 참다운 도통이요	遠繼淸虛眞道統
가까이 함악을 잡았으니 큰 선관이로다	近攀咸岳大禪關
동서의 지경으로 선지식 두루 참알하고	曆叅知識東西境
원근의 산으로 법문 구하여 배웠다네	求學法門遠邇山
물외의 건곤에 능히 혼자서 걷나니	物外乾坤能獨步
지팡이 가는 곳 어디나 마음 편안해라	一筇隨處任心安

삼가 순상 대감의 유헌 아래에 올리다
謹呈巡相大監遊軒下

학과 용의 의장儀章이 푸른 언덕 향하기에	鶴盖龍旗向翠丘
정성껏 절 앞의 다락을 물 뿌리고 청소했네	慇懃洒掃寺前樓
산은 속객俗客 싫어해서 구름이 항상 가리고	山嫌塵客雲長蔽
하늘은 귀빈 위해서 비를 잠시 거두었네	天爲仙賓雨蹔收
세 조정에 바친 충절이라 임금의 총애 극진하고	忠節三朝君寵極
한 길 가는 인풍이라 백성의 시름 멈추었네	仁風一路衆愁休
노래하고 젓대 불며 참다운 낙 찾는 곳	吹歌弄笛探眞處
만 폭이 흔연히 옥 물줄기 흩뿌리네	萬瀑欣然散玉流

벽파당과 헤어지며
別碧波堂

만나자마자 헤어지니 기쁘면서 서글퍼	相逢即別喜兼悲
모였다 흩어짐은 무상하여 기약 없네	聚散無常不乏期
집에서 공을 말할 땐 나를 주인이라 해도	家裡談空稱我主
도중에 대중 구제함은 그대 말고 누구리오	途中濟衆匪君誰
등불 앞에서 글 읽나니 교와 선의 구절이요	燈前能讀經禪句
달빛 아래 읊조리나니 이백과 두보의 시구로다	月下長吟李杜詩
손잡고 헤어지려니 울적한 이 마음이여	握手臨岐心鬱鬱
떠나는 길에 섭섭한 생각 금할 수 없도다	離程不勝缺然思

청암당과 헤어지며
別淸巖堂

뜻을 둔 문인을 지금 떠나보내려니	有意門人今送離
금풍이 언뜻 부는 초가을의 시절이라	金風乍起早秋時
이별가[46] 한 곡에 날리는 지팡이 다급하고	陽關一曲飛筇促
송별주 석 잔에 길 떠나기 더디도다	餞酒三盃擧步遲
돌아올 기약에 얼굴 찡그린다 들었는데	曾聽歸期嚬一面
이별의 한에 지금 이마에 주름이 지누나	今當別限皺雙眉
지금 헤어지면 언제나 다시 만날는지	臨分却憶難重會
손잡으며 부질없이 몇 구의 시 읊조리네	握手浪吟數句詩

누암당과 헤어지며
別陋庵堂

남북은 원래 만나기 또한 어렵지만	南北元來會亦離
떠나면 반드시 돌아올 때도 있겠지	去時想必有回時
죽장을 가을날 저녁에 천천히 휘젓고	竹杖徐揮秋日晚
도의를 석양에 늦게 한가로이 떨치네	道衣懶拂夕陽遲
늠름한 신선의 자세는 두 눈빛에 모여 있고	凜凜仙姿凝兩眼
당당한 도인의 자태는 두 미간에 드러났네	堂堂道態露雙眉
울적한 이 심정 이별을 참을 수 없어	心情密密難堪別
석 잔 술을 권하며 또 시를 노래하네	勸酒三盃又詠詩

관 대사의 시에 차운하다
次寬大師韻

표연히 물외의 신선 다행히 만났나니　　　　幸遇飄然物外仙
당당한 도의 자태 구름 가에 나왔어라　　　　堂堂道態出雲邊
나는 서악에 머물며 서악을 가볍게 보는데　　我留西岳輕西岳
그대는 북천 향하며 북천을 중하게 보누나　　君向此[1]天重北天
죽장은 아침 이슬에 높이 드날리고　　　　　竹杖高飛朝日露
납의는 석양 연기에 빈번히 흩날리리　　　　衲衣頻拂夕陽烟
무릉에서 금세 만나 금세 헤어진 뒤　　　　　雷逢電別武陵後
다시 올 아름다운 기약은 어느 해일거나　　　再到佳期在幾年

---

1) ㉴『韓國佛敎全書』에는 '此'로 되어 있으나, 저본에는 '北'으로 되어 있다. 번역은 후자를 따른다.

견불암의 시에 차운하다
次見佛庵韻

무릉 선경을 소원대로 찾아와서	武陵仙境願來尋
백 갈래 폭포수로 내 가슴 씻네	百道飛泉洗我襟
나월과 송풍이 불고 또 비추고	蘿月松風吹復照
기화와 요초가 붉고 또 무성하네	琪花瑤草紫兼深
종소리는 덩덩 사람 꿈을 깨워 주고	庵鍾落落驚人夢
시냇물은 졸졸 세상 마음 씻어 주네	澗水潺潺滌世心
세상 밖 향산의 끝없는 정취가	象外香山無限趣
백납이 읊는 소리에 모두 들어오네	捴收白衲口頭音

벽해 시축의 시에 차운하다
次碧海軸韵

대각세존의 먼 후손이	大覺世尊遠後孫
천하를 주류하며 종문을 세웠네	周流天下建宗門
선의 관법이 간파한 무봉탑이요	禪觀覰破無縫塔
교의 달빛이 조명한 불화헌이라	敎月照明不畫軒
인의를 겸행하는 마음의 바다 드넓고	仁義兼行心海闊
인천을 교화하는 혀의 물결 번득이네	人天并化舌波翻
아미산 은빛 속의 보현사에서는	峨嵋銀色普賢寺
항상 화엄법계의 말을 설한다오	常說華嚴法界言

완성의 강안에 부치다
寄玩星講案

속진의 인연 뿌리치고 정업을 닦으며	袖拂塵緣修淨業
풍악에도 오르고 아미에도 오른다네	或登楓岳或峨嵋
옥동의 일천 시냇물로 정신을 씻고	洗神玉洞千溪水
무릉의 일만 폭포수로 발을 씻는다오	濯足武陵萬瀑池
교문으로 근기에 맞춰 묘법을 펼쳐 내고	開敎對機宣妙法
참선으로 잣나무 보며 가지를 꺾는다네	叅禪看栢折高枝
남북을 오가며 현묘한 이치 찾고	去來南北探玄趣
곳곳의 강장에서 크게 교화한다네	處處講場大化之

두일 동지의 죽음을 애도하며
挽斗日同知

부운이 기멸함은 본래 허망한 것	浮雲起滅本無宗
생사와 거래 또한 이와 같은 것	生死去來亦復然
팔십 년의 춘광도 마치 번갯불과 같고	八十春光如閃電
백천의 활계도 흡사 날리는 연기로세	百千活計似飛烟
향악에서 항상 삼존의 부처를 염했으니	香岑長念三尊佛
정토에서 이미 구품의 연대蓮臺[47]에 올랐으리	淨土已開九品蓮
먼저 서방에 도착해서 누가 나를 알아볼까	先到西方誰問我
몇 년 안 되어 따라갈 테니 걱정 마시기를	答云追至不多年

견불암의 경치
見佛庵景

무릉의 선경 중에 유독 초한한 곳	武陵仙境獨超閑
소쇄한 선암이 이 사이에 있다네	蕭洒禪庵在此間
달빛은 구름과 뒤섞여 하얗게 밤을 지새우고	月色和雲延夜白
종소리는 이슬 띠고 차갑게 밤 시간 재촉하네	鍾聲帶露促更寒
폭포수는 동서 시내에 옥처럼 부서지고	瀑波碎玉東西澗
꽃 그림자는 좌우 산에 붉게 점 찍었네	花影點紅左右山
이 지역은 원래 참으로 뛰어난 승경으로	是地元來眞勝處
만 겹의 관문으로 속세와 멀리 떨어졌네	塵寰遠隔萬重關

계익 사미에게 주다
贈戒益沙彌

그대는 신안의 기막힌 승지 출신으로	汝出新安奇勝處
영령한 재기가 홀로 남보다 뛰어났네	英靈才氣獨超人
이구산의 삼강의 도리를 일찍 배우고	尼丘曾學三綱道
영취산의 오교의 진수를 지금 살피는구나	鷲嶺今看五敎眞
낙락한 시의 명성은 땅 귀신을 놀라게 하고	落落詩聲驚地鬼
외외한 부의 격조는 하늘 신을 감동케 하네	嵬嵬賦格動天神
나이는 아직 약관도 되지 않았는데	春秋未滿弱冠歲
세상에 드문 고명이 원근에 파다하네	不世高名遠邇伸

추광 대사에게 부치다
寄秋光大師

공문에 일찍 들어와 부처의 자취 좇으며	早入空門追佛蹤
흰 구름 푸른 학과 서로 따라 노닐었네	白雲靑鶴共相從
형상은 서리 낀 하늘의 달과 방불하고	貌形髣髴霜天月
절조는 눈 덮인 고개의 솔과 흡사해라	節操依俙雪嶺松
죽장이 돌아갈 때에 사람들이 애석해하고	竹杖歸時人可惜
옷깃을 떨치는 곳은 귀신이 공경한다네	裟衣拂處鬼堪恭
무슨 인연으로 연하의 세계에서 만나	何緣逢着烟霞界
함께 선림에 누워 범종 소리 듣는가	同臥禪林聽梵鍾

남월 장실에게 부치다
寄覽月丈室

푸른 물가에서 만나 청담을 나누니	邂逅淸談綠水濱
세상 밖의 한가한 사람임을 알겠네	是知物外一閑人
기심機心 잊고 정에 들어 이치를 통달하고	忘機入定心通理
눈가림으로 경을 보며 신묘함에 들어갔네[48]	遮眼看經妙入神
부러워라 그대의 공문은 세태가 소원한데	羨子空門踈世態
부끄럽네 나의 주실은 풍진을 야기하니	愧余籌室惹風塵
상봉하여 손을 잡고 현담을 나누는 곳	相逢握手論玄處
두두물물 삼라만상이 낱낱이 참이로세	物物頭頭箇箇眞

화엄대회
華嚴大會

남북이 동참하여 대회를 개최했나니	南北同參大會催
법계가 하나의 영대임을 알려 주려고	欲知法界一靈臺
묘향의 선경은 여러 신들이 옹호하고	妙香仙境諸神護
수월의 선당엔 사부대중이 모였어라	水月禪堂四衆來
빈암에 다시 회합하니 기쁜 마음 발하고	重會賓庵欣意發
설곡을 재차 들으니 미간이 활짝 펴지네	再聞雪曲喜眉開
인천 칠처[49]의 화엄을 설한 곳에	人天七處華嚴地
무한한 춘풍이 옥매를 흩날리네	無限春風散玉梅

인봉당에게 부치다
寄仁峰堂

일찍 공문에 들어 세상 인연 떨치고	早入空門脫世緣
격외의 조사선을 언제나 참구했네	長觀格外祖師禪
마음 티끌은 조계의 물에 말끔히 씻고	心塵細滌曹溪水
도의 달은 법계의 하늘에 높이 밝아라	道月高明法界天
시구를 기수의 아래에서 낭랑히 읊조리고	詩句朗吟祇樹下
성경을 옥등의 앞에서 부지런히 읽는다네	聖經勤讀玉燈前
평생토록 홍진 세상의 길을 밟지 않고	平生不踏紅塵路
청산의 아홉 점 연기[50] 속에 한가히 누웠어라	閑臥靑山九點烟

산중의 그윽한 회포
山中幽懷

뜬구름 세상일 모조리 망각하고   浮雲世事都忘却
산림에 버려두어 한 몸을 기르도다   棄在山林養一身
나무가 푸르니 구하를 만남을 알겠고   樹碧是知逢九夏
꽃이 붉으니 삼춘을 만남을 알겠도다   花紅可識遇三春
구름 깊은 돌길에도 객 만나기 어렵고   雲深石逕難逢客
달빛 막은 솔 창에도 사람 보기 드물도다   月鎖松窓罕見人
목마르면 물 마시고 추우면 풀 옷 입고   渴飮淸泉寒衣草
선암에 높이 누워 시끄러움 피하도다   禪庵高臥絶喧庵[1]

---

1) 옌『韓國佛敎全書』와 저본에 모두 '庵'으로 되어 있으나, 이는 오자로서 문리에도 맞지 않고 운자에도 맞지 않는다.

석암의 시에 차운하다
次石庵韵

스님은 묘향산 살수 물가에 있을 적에	師在香岑薩水濱
몇 년이나 도솔에서 정신을 길렀던가	幾年兜率養精神
선산의 추월 아래 삼혜가 밝아졌고	仙山秋月明三慧
법계의 춘풍 속에 십신이 길러졌지	法界春風長十身
죽장을 높이 날려 성인의 경지 찾았고	竹杖高飛探聖境
사의를 자주 떨쳐 천진을 찾았다오	裟衣頻拂覓天眞
큰 자비심이 중생에 널리 입혀지고	大慈普被群生類
법을 듣는 승려 모두 진세塵世를 초탈하리	聽法諸僧盡脫塵

내원암의 시에 차운하다
次內院庵韵

암자 하나 소쇄하게 창공에 걸렸나니	一庵蕭洒碧空懸
납승은 천연히 밥 짓는 연기 끊었다오	白衲天然絶食烟
서초가 뜰에 나니 참으로 승경이요	瑞草生庭眞勝境
기화가 땅에 지니 이곳이 단전이라	琪花落地是丹田
별 보고 달을 보며 마음을 수련하고	瞻星望月修心子
촛불 쥐고 등불 밝혀 불선에 예배하네	奉燭明燈禮佛仙
이 속의 맑은 바람에 선학이 들어 있나니	這裡淸風禪學在
달마의 의발을 이곳에 응당 전하리라	西來衣鉢此應傳

백상루의 시에 차운하다
次百祥樓韻

밀성의 서쪽에 세워진 높은 누대	密城西畔建高樓
뛰어난 경치를 담아내기 쉽지 않네	勝趣奇觀不易收
숲 가까운 창 앞에서 나뭇잎을 거머쥐고	林近窓前扳樹葉
물 흐르는 집 아래에서 어두에 침을 뱉네	水流軒下唾魚頭
남쪽에 보이는 큰 들판은 일천 가옥 이어지고	南看大野連千屋
서쪽에 보이는 푸른 물결은 일만 배를 띄웠네	西望滄波泛萬舟
일찍이 보지 못했던 세상 밖의 풍광이여	象外風光未曾見
오늘 신선의 섬을 감상할 줄 알았으랴	那知此日翫仙洲

무용당의 지리산 시에 차운하다
次無用堂智異山韻

세상 밖 풍광의 끝없는 경치를	象外風光無限景
붓으로도 혀로도 표현하기 어려워라	筆難模寫舌難云
일천 겹 숲속에는 은 폭포가 숨어 있고	千重樹裡藏銀瀑
일만 길 봉우리는 옥 구름이 가렸어라	萬仞峰頭鎖玉雲
골 어귀를 꽃이 단장해 산이 색색으로 피어나고	谷口粧花山有色
못 중심에 달이 흔들려 물이 무늬 이루네	淵心搖月水成文
기막힌 경치와 정취를 어떻게 설명하랴	奇觀勝趣誰能說
친붕과 더불어 반절씩 나눠 갖고 싶네	欲與親朋一半分

비 온 뒤의 가을 경치
雨後秋景

구름 모두 흩어진 비 갠 가을 하늘	雨霽秋天雲散盡
삼라만상 중에 제일 멋있는 경치로세	森羅萬景最奇觀
냇물 소리는 우레가 우는 것과 방불하고	溪聲彷佛雷霆吼
산 빛깔은 알록달록 금수와 흡사하네	山色依俙錦繡斑
발을 걷으니 송헌에 처마 그림자 차갑고	捲箔松軒簷影泠
창문을 여니 석실에 골바람 썰렁해라	開牕石室壑風寒
무궁한 승경이 진정 이와 같기에	無窮勝槩眞如此
종일 읊조리며 뜻이 절로 한가하네	終日沉吟意自閑

인 장실에 부치다
寄仁丈室

환허당 안에 밝은 사람 있나니	幻虛堂裡有明人
시와 문을 겸전하여 출중하여라	文筆兼全出類賓
옥이 깨지는 시의 소리는 땅 귀신을 놀라게 하고	碎玉詩聲驚地鬼
서리에도 꿋꿋한 도의 자태는 천신을 감동시키네	凌霜道態動天神
절조는 영악의 천봉 밖에 엉겨 있고	節凝靈岳千峯外
마음은 은하의 만 리 물가에서 씻네	心滌銀河萬里濱
천지에 독보하며 한가로이 자재하니	獨步乾坤閑自在
아마도 보살이 다시 화생하셨나 봐	想應菩薩再來身

선천 청암당에게 부치다
寄宣川淸岩堂

깨달음의 해변에서 만행하며 수행했나니	萬行熏修覺海邊
무심한 도의 자태는 구름과 연기인 듯	無心道態似雲烟
참선하면 삼관의 길을 뚫을 수 있고	叅禪可透三關路
염불하면 구품의 연대蓮臺[51]에 응당 오르리	念佛應攀九品蓮
법의 거울은 영취의 달에 언제나 갈고	法鏡長磨靈鷲月
베적삼은 조주의 샘물에 자주 씻는다네[52]	布衫頻滌趙州泉
높은 풍도가 늠름하여 범인을 뛰어넘었으니	高風凛凛超凡輩
세상 건지는 교화가 온전치 않을까 무어 의심하랴	濟世何疑化未全

삼가 본부의 구 사또 합하에게 올리다
謹呈本府具使道閤下

봄 귀신[53]의 조화가 막 열리는 시절에	東君造化初開節
약산의 선부 쪽을 멀리 바라보네	遙望藥山仙府邊
새벽과 밤엔 명월 아래 향을 사르고	曉夜焚香明月下
아침과 저녁엔 옥등 앞에 축수한다오	晨昏祝壽玉燈前
만백성 모두가 새로운 은혜를 떠받드는데	萬民咸戴新恩厚
일개 중이 어찌 온전한 대화大化를 어기리요	一釋何違大化全
정조에 찾아뵙고 예를 차리지 못하는 것은	未及正朝僧禮次
단지 풍병이 오래도록 몸을 휘감고 있어서	只緣風病久來纏

이 학사의 시에 차운하다
次李學士韻

백두의 한 줄기가 용문을 이루었나니　　　　白頭一脉作龍門
학수가 한들한들 화헌에 그림자 지네　　　　鶴樹婆娑影畫軒
산 위의 기원은 부처 받드는 사원이요　　　　山上祇園崇佛院
골 안의 취락은 진나라 피한 마을[54]일세　　洞中聚落避秦村
진리 찾는 중은 구름 가 탑상에 앉아 있고　　叅玄釋坐雲邊榻
밥 짓는 중은 달 아래 단지를 잡고 있네　　　炊飯僧提月下盆
기막힌 이 풍광이 무한히 좋으니　　　　　　奇勝風光無限好
이곳이 별천지임을 바로 알겠도다　　　　　是知此處別乾坤

유원 첨사의 정안에 올리다
呈柔院僉使政案

목격도존[55]의 마음이 이미 깊으니	目擊道存情已深
인자한 마음의 정치임을 알겠도다	可知治政抱仁心
모습은 곤산의 옥과 방불하고	貞形彷彿崑山玉
절조는 여수의 금과 흡사해라	節操依俙麗水金
나의 귀는 비록 자기子期[56]의 귀가 아닐지라도	我聽雖非鍾子聽
그대의 거문고는 필시 백아의 거문고이리라	君琴必是伯牙琴
문인을 어떻게 보낼 계책이 없기에	無何爲送門人計
단지 때를 기다리며 두 수를 부치노라	只待其時寄二音

함양당을 송별하며 차운하다
次送別涵陽堂

용문에서 오늘 갈림길에서 헤어지면	龍門此日分岐路
다시 어느 때나 끊어 버린 줄 이을거나	更待何時續斷絃
내가 심화를 발함은 응당 그대의 뒤요	我發心華應子後
그대가 도안을 뜸은 필시 나의 앞이리라	君開道眼必吾先
사람 대하고 길손을 봄에 은혜를 중히 행하고	對人看客行恩重
경계 대하고 인연 만남에 절조를 굳게 지키네	觸境逢緣守節堅
장차 백 년 세월 함께 머물려 하였는데	將謂百年同住計
어찌 하룻밤에 각각 헤어질 줄 알았으랴	那知一夕各離筵

완월의 선안에 부치다
寄翫月禪案

환몽의 법당 아래에서 처음 만나고	初逢幻夢法幢下
호암의 선실 속에서 재차 만났네	再遇虎岩禪室中
남지에선 선우들을 함께 방문했고	南地共叅諸善友
북산에선 진공을 더불어 깨우쳤네	北山同悟一眞空
나는 향악에 거하며 나이 늙고 쇠하고	我栖香岳年衰老
그대는 월봉에 처하여 교화가 성대해라	君處月峯化盛雄
피차 근원에 돌아감이 머지않을 텐데	彼此歸源應不遠
얼굴 보기 어려우니 그 한이 끝없어라	對顏難之恨無窮

문文[1)]

향산지 香山誌

　백두白頭의 일맥一脉이 질펀하게 층층이 흘러내려 오다가, 우리 동국東國의 지경地境에 이르러서 겹겹이 높게 치솟아 장백長白과 설한雪寒과 검산檢山 등의 산을 만들었다. 여기에서 또 층층이 흘러내려 오다가 드높이 일어나서 풍악楓岳과 오대五臺와 지리智異 등의 산을 만들었다. 그리고는 그 맥이 마침내 해중海中으로 들어가 어디로 갔는지 알 수가 없다. 그중에서 풍악과 오대와 지리의 승경에 대해서는 사람들이 모두 귀로 듣고 눈으로 본 가운데에 들어 있으니, 한 사람의 붓을 가지고 죄다 기록할 수 있는 것이 아니다.

　또 장백산長白山에서 서쪽으로 분출分出한 일맥이 층층이 흘러내려 오다가, 영원寧遠의 지경地境에 이르러서 높이 치솟아 괘산掛山을 만들었다. 여기에서 또 층층이 흘러내려 오다가 영희寧熙(영원寧遠과 희천熙川) 양 읍兩邑의 사이에 이르러서 돌연히 높이 일어나 하나의 큰 영산靈山을 이루었으니, 그 이름을 '묘향妙香'이라 하고 '태백太白'이라 하고 '아미峨嵋'라고 한다. 산에 향나무가 많아서 겨울에도 푸르러 변함없기 때문에 '묘향'이라고 칭하게 되었다. 그 나머지 두 개의 이름에 대해서는 허정虛靜 노사老師가 지은 광문廣文 중에 분명하게 자세히 기록되었으므로, 여기에서는 다시 설명하지 않는다.

　이 중에서 만약 일만 이천 봉一萬二千峯의 기승奇勝과 팔만 구 암자八萬九庵子의 존망存亡을 논한다면 모두 서술하기 어렵기 때문에, 대략 봉만峯

巒과 사암寺菴 중에서 가장 승경인 곳을 들어 기록하고 평해서 뒷사람에게 보이려 한다.

봉만을 가지고 논한다면, 비로봉毘盧峯이 가운데에 앉아서 주인 노릇을 하고 있다. 그리고 서쪽 가까이에 향로봉香爐峰이 있으니, 바로 비로毘盧를 위해 향을 사르며 공양하는 모습을 보이고 있다. 그래서 시를 짓기를 "꿈에 나는 봉황 좇아 푸른 언덕 올라가서, 만 리 멀리 아득히 머리 돌려 바라보니, 하늘에 잇닿은 묘향산의 선녀들이, 밥 짓고 차를 달여 옥황에게 바치누나.(夢逐飛鸞上碧岡。回頭萬里遠蒼茫。接天香嶂仙娥輩。炊飯點茶獻玉皇。)"라고 하였다.

여기에서 서쪽으로 20리 지점에 법왕봉法王峯이 있으니, 바로 마하대법왕摩訶大法王이 중생을 위해 설법하며 교화하는 형상을 취하고 있다. 그래서 노래하기를 "부처는 원래 이름이 법왕으로, 언제나 어디서나 선의 도량을 베푸나니, 아미산 은색의 연화세계에, 중생을 교화하려 법당을 세웠다네.(佛是元來號法王。隨時隨處設禪場。峨嵋銀色蓮花界。敎化衆生建梵堂。)"라고 하였다.

또 비로봉에서 동남쪽으로 설령봉雪嶺峰에 이르는데, 그 중간의 20리쯤 지점에 석가釋迦·미륵彌勒·칠성七星·관음觀音·지장地藏·나한羅漢 등의 봉우리가 차례차례 옆으로 줄지어 있다. 그 가운데에는 돌부리들이 솟아 있고 석간수가 졸졸 흐르며, 향기로운 구름과 보랏빛 안개가 봉우리마다 어지러이 일어나고, 학鶴의 눈물과 원숭이의 울음소리가 대臺마다 다투어 나오니, 이 사이의 뛰어난 경치는 언어로 형용하기가 어렵다.

이에 비로봉에 올라 시를 읊기를 "다행히 비로의 가장 수승殊勝한 언덕에 오르니, 마치 하늘 나라 옥경에 올라 노니는 듯. 죽장 날려 한가히 걸으며 진경을 찾는 곳, 낙엽과 서릿바람의 만세의 가을일세. 멀리 임금께 조회하는 은교[57]의 길을 바라보고, 살수에서 물고기 낚는 갈고리를 굽어보네. 만 리 청공 밖으로 머리 돌리니, 아득히 황학루가 눈으로 보이는 듯.(幸陟毘盧最勝丘。如升上界玉京遊。飛筇懶步尋眞處。落葉霜風晩歲秋。遙望銀橋朝帝路。俯看薩水釣魚鉤。回頭萬里靑空外。目覩依俙黃鶴樓。)"이라고 하였다.

설령봉에서 동쪽으로 20리쯤 되는 지점에 양수령兩水岺이 있으니, 바로 덕천군德川郡을 왕래하는 통로에 해당하는 곳이다. 남쪽으로 10리를 가면 증봉甑峯이 있는데, 이곳은 바로 모양이 시루와 같아서 그런 이름을 얻었다. 서쪽으로 10리를 가면 문필봉文筆峯이 있는데, 이곳은 바로 내원內院에 은근히 절을 하면서 문재文才가 많이 나오는 길조吉兆를 표상하기 때문에 그런 이름을 얻었다.

서쪽으로 10리쯤에 아육봉阿育峯이 있다. 옛날 아육왕阿育王이 세존世尊의 사리舍利 8곡斛 4두斗를 받들고 8만 주라국周羅國(소국小國)에 분포分布하며 탑塔에 안치할 적에 한 개를 이곳에 가지고 와서 금탑金塔에 넣어 이 봉우리에 깊이 보관하였기 때문에 '아육阿育'이라는 이름을 얻은 것이니, 여기도 산중의 하나의 큰 수승한 영적靈跡이라고 하겠다. 그래서 시를 짓기를 "아육이 부처의 영골을 탑에 봉안하며, 8만 주라국에 성대히 쌓을 적에, 한 개를 향악 정상에 가지고 와서, 험준한 아미에 깊이 간직했네.(阿育安塔佛靈骨。八萬周羅國勝峙。一箇持來香岳頂。深藏峨峻上峨峒。)"라고 하였다.

서쪽 편에 탁기봉卓旗峰이 있는데, 이곳은 보현보살普賢菩薩이 앉아 있는 곳으로서, 장군將軍이 하마下馬하는 형태로 되어 있기 때문에 '탁기'라고 명명한 것이다. 서쪽으로 10리쯤 가면 탐밀探密과 굉확宏廓의 두 봉우리가 있는데, 이곳은 바로 두 분 조사祖師가 처음 보현사普賢寺를 창건할 적에 왕래하며 유숙한 곳이기 때문에 그런 이름을 얻었다.

사암을 가지고 논한다면, 비로의 남쪽 40리 지점에 상비로암上毘盧菴이 있다. 그리고 동쪽 편에 대臺가 있는데 그 형태가 수미산須彌山과 같기 때문에 '수미대須彌臺'라고 칭하고, 서쪽 1리에 청량대淸凉臺가 있는데 세상의 번뇌가 이르지 않는 곳이라고 해서 그렇게 이름을 지었다.

또 서쪽으로 1리에 중비로암中毘盧菴이 있고 이 부근에 대臺가 있는데,

• 213

층층으로 높이 솟은 형상이 마치 하운다기봉夏雲多奇峰[58]의 모습과 같으므로 '백운白雲'이라는 이름을 얻었다. 서북쪽으로 10리에 삼성대三聖臺가 있는데, 이곳은 바로 옛날에 세 분 성인聖人이 수도修道하고 견성見性한 곳이기 때문에 그런 이름을 얻었다.

또 동남쪽으로 20리 지점에 하비로암下毘盧菴이 있는데, 여기는 어디보다도 가장 소쇄蕭灑한 곳이다. 서북쪽으로 5리를 가면 석벽石壁 사이에 보련대寶蓮臺가 있는데, 여기는 바로 선화자禪和子가 기도하여 효험을 얻은 곳이다. 남쪽으로 10리를 가면 설령雪嶺 아래에 수도암修道菴이 있다. 또 남쪽으로 5리를 가면 의상암義湘庵이 있는데, 여기는 바로 옛날 의상 조사義湘祖師가 안거安居하여 천신天神의 공양을 받은 곳이다. 또 남쪽으로 10리를 가면 천수암天授菴이 있는데, 여기는 바로 옛날 편양 선사鞭羊禪師가 강경講經하며 교화하던 곳이다. 그런데 거의 무너질 지경에 이르렀으니 애석하게 여기지 않을 수 있겠는가.

서북쪽으로 10리 지점에 내원암內院菴이 있는데, '향산운사香山雲舍'라는 네 글자의 편액扁額은 퇴계 선생退溪先生의 친필이라고 한다. 서쪽 편에 청허각淸虛閣이 있는데, 청허 선사淸虛禪師의 진영眞影을 탁자 위에 봉안하였고, 그 다음으로 문하門下의 여러 종사宗師들의 진영을 차례로 좌우에 잇따라 걸어 놓고 경배하고 있다.

기암괴석奇巖怪石이 좌우에 층지어 서 있고, 기화요초琪花瑤草가 앞뒤로 무성하니, 이 역시 산중의 가장 수승한 난야蘭若이다. 이에 삼가 청허淸虛의 시에 차운하기를 "향악 산속의 다함이 없는 흥취여, 적요한 한밤중에 금계[59] 소리 들리네. 높은 산 운사의 삼경의 달이여, 길고 짧은 종소리 음향이 같지 않네.(香岳山中無盡興。寂寥夜半聽金雞。最嵬雲舍三更月。長短鍾聲響不齊。)"라고 하였다.

동북쪽으로 20보 지점에 사리각舍利閣이 있는데, 이곳은 바로 세존世尊 팔상八相의 족자를 탁자 위에 봉안한 곳이다. 뒤뜰에 또 세존의 사리탑舍

利塔 1좌座를 봉안하였다. 그 옆에 세운 비는 청허淸虛 노사老師가 지은 것으로, 세존의 사리를 이곳의 탑에 봉안한 옛 자취를 기록하였으니, 이 역시 산중의 매우 큰 영적靈跡이다.

　서쪽 편에 원효암元曉菴이 있으니, 여기는 바로 옛날 원효 조사元曉祖師가 안거한 곳이다. 서남쪽으로 30보 지점에 있는 금강굴金剛窟은 소쇄하기 그지없으니 도인道人이 거하는 곳이다. 서쪽으로 산 하나를 넘으면 영원靈原·영신靈神·아난阿難·가섭迦葉의 봉우리가 나오는데, 그곳의 두타頭陀·은선隱仙 등 사암이 무너진 것이 이미 오래되어, 단지 터만 남았을 뿐 초목만 무성하니 어찌 비참하지 않은가. 아난봉阿難峯의 남쪽 반석盤石 위에 크고 작은 우적牛跡이 있으므로 그곳을 우적대牛跡臺라고 부른다.

　향로봉香爐峰의 골짜기 물이 옥동玉洞 층암層岩의 위에 날려 떨어지니, 그 이름을 만폭동萬瀑洞이라고 한다. 고시古詩에서 "날리며 곧장 내려오는 삼천 척의 물줄기여, 어쩌면 공중의 은하수가 떨어지는 건 아닐는지.(飛流直下三千尺。疑是銀河落九天。)"[60]라고 한 것은, 대개 이를 가리켜 말한 것일 게다. 그래서 시를 짓기를 "만 폭이 옥동의 하늘에 층층이 떨어지니, 흩어진 구슬이 백운 가에 날려 떨어지네. 귀로를 문득 잊고 멀리 쳐다보니, 물빛이 청량하여 세상 인연 씻어 주네.(萬瀑層流玉洞天。散珠飛落白雲邊。却忘歸路遙瞻望。水色淸凉滌世緣。)"라고 하였다.

　남쪽으로 산 하나를 넘으면 단군대檀君臺가 있는데, 암자는 텅 빈 지 이미 오래되어 족히 볼 만한 것이 없고, 대臺 역시 황폐해진 지 오래되어 볼 만한 것이 없다. 그래서 시를 짓기를 "느지막이 석장 쥐고 선경을 찾아오니, 꽃은 단구에 지고 땅에선 문필文筆이 솟았어라. 녹수는 시름 품고 동학을 흘러가고, 청산은 한을 안고 연운에 갇혔어라. 선대엔 나무 있어 봄에 잎이 피건마는, 향각엔 사람 없어 낮에도 문 닫았네. 석양에 머리 돌려 옛일을 생각하니, 슬픈 생각 참을 수 없어 뜻이 분분하여라.(晚來携錫訪靈境。花落丹丘地聳文。綠水含愁流洞壑。靑山抱恨鎖烟雲。仙臺有樹春開葉。香閣無人晝

掩門。回首夕陽思古事。慘懷難忍意紛紛。)"라고 하였다.

　남쪽으로 7리를 가면 화장암華藏菴이 있다. 그 북쪽에 혜미굴慧尾窟이 있는데, 여기는 십육나한十六羅漢의 존상尊像을 그 안에 봉안奉安하고 기도하는 곳이다. 동쪽으로 산 하나를 넘으면 무주암無住菴이 있는데, 여기는 바로 집착 없는 도인이 안거하는 곳이다. 그 동쪽에 무릉폭武陵瀑이 있어서 반석 위에 층으로 떨어지는데, 이 또한 기승奇勝이라고 할 만한 곳이다. 그래서 시를 짓기를 "무릉의 풍경이 좋아서, 시인이 시심을 일으키네. 적막하게 인적은 없고, 들리는 것은 폭포 소리뿐.(武陵風景好。騷客起詩情。寂寞無人跡。唯聞落瀑聲。)"이라고 하였다.

　북쪽으로 2리를 가면 상선암上仙菴과 경성당敬聖堂이 있는데, 무너진 것이 이미 오래되어 더 이상 볼 만한 것이 없다. 성인의 옛 자취가 이로부터 사라지게 되었으니 애석하지 않을 수 있겠는가. 남쪽으로 2리 지점에 견불암見佛庵이 있는데, 무릉武陵 폭포의 물이 졸졸 흘러 동구洞口로 나가고, 한 길 되는 호암虎巖이 웅장하게 하늘가에 높이 솟았으니, 이 역시 기승인 곳이다. 그래서 시를 짓기를 "세상 밖 암자가 창공에 기대 있어, 등림하여 감상하니 흥치가 무궁해라. 무릉의 폭포수가 층층이 떨어지고, 향악의 봉우리가 점점이 웅장하네.(物外仙菴倚碧空。登臨探勝興無窮。武陵仙瀑層層落。香岳奇峰點點雄。)"라고 하였다.

　또 서쪽으로 2리 지점에 불지암佛智菴이 있는데, 여기는 바로 운봉 선사雲峯禪師가 입적한 곳이다. 그래서 시를 짓기를 "불□[61]은 삼제의 여름에 언제나 밝고, 신광은 시방의 봄에 능히 비치네. 오고 가는 형상은 생하고 멸해도, 상주하는 법신은 만고토록 참되도다.(佛□長明三際夏。神光能照十方春。去來形影雖生滅。常住法身萬古眞。)"라고 하였다.

　동북쪽으로 2리를 가면 사봉암四峰菴이 있고, 그 북쪽에 오봉암五峰菴이 있다. 서쪽으로 산 하나를 넘어가면 칠엽암七葉菴이 있는데, 최고로 정결淨潔한 곳이다. 서쪽 편에 완허당玩虛堂이 있는데, 여기는 바로 옛날 완허 선사玩虛禪師의 진영을 봉안한 곳이다. 그래서 시를 짓기를 "단군대 아래 선경이 있나니, 하늘이 선문의 불도량을 만들었네. 해가 산머리에 비치니 처마 그림자 따뜻하고, 바람이 골 어귀에 차니 냇물 소리 서늘하네. 봄이 계곡 밑에 져도 산은 오히려 푸르고, 꽃이 못 가운데 지니 물은 절로 향기롭네. 속진의 인연 잊고 승경을 찾다가, 쓸쓸히 옛 불당에 홀로 앉아 있네.(檀君臺下有仙境。天作禪門佛道場。日照山頭簷影暖。風寒谷口澗聲涼。春殘壑底山猶碧。花落潭心水自香。忘却塵緣探勝景。悄然獨坐古僧堂。)"라고 하였다.

서남쪽으로 2리 지점에 내보현內普賢이 있는데, 이는 본사本寺와 상응해서 이름을 붙인 것이다. 그 서쪽 모퉁이에 운파당雲坡堂이 있는데, 바로 운파 선사雲坡禪師의 진영을 봉안한 곳이다. 그래서 시를 짓기를 "운파 법조는 홀로 뛰어나신 웅걸, 선禪과 교敎를 남과 북에 아울러 전하였네. 도통은 멀리 임제의 뒤를 계승하고, 당간 세워 동과 서를 모두 교화했네.(雲坡法祖獨超雄。禪敎兼傳南北中。道統遠承臨濟後。建幢開化幷西東。)"라고 하였다.

서쪽으로 산 하나를 넘으면 조원암祖院菴이 있는데, 바로 33조사祖師의 영정影幀을 봉안한 곳이다. 서북쪽으로 3리를 가면 불영대佛影臺가 있는데, 바로 옛날 허백 선사虛白禪師가 불법을 크게 선양한 곳이다. 그래서 시를 짓기를 "허백은 원래 대장으로 칭해지신 분, 공을 일국에 드높이 홀로 드날렸어라. 삼혼과 칠백은 비록 오르내려도, 출중한 그 충성은 만고에 영원하리라.(虛白元來稱大將。功高一國獨騰揚。三魂七魄雖升降。出類忠誠萬古長。)"라고 하였다.

그 북쪽에 자성自性과 견성見性의 두 암자가 있다. 여기에서 서북쪽으로 7리를 가면 상원암上院菴이 있으며, 남쪽으로는 인호대引虎臺가 있고 동쪽으로 인근에 용각석龍角石이 있는데, 역시 경치가 기이한 곳이다. 그래서 시를 짓기를 "상원에 등림하니 늦은 서릿가을, 무궁한 승개를 붓으로 담기 어려워라. 구슬 부서져 폭포로 져도 마음은 오히려 상쾌하고,[62] 인호대 높아서 기분도 둥둥 뜨려 하네.(登臨上院晚霜秋。無窮勝槩筆難收。散珠瀑落心猶

夾。引虎臺高氣欲浮。)"라고 하였다.

서남쪽으로 쇠사다리를 잡고 내려가 10리쯤 가면 안심사安心寺가 있는데, 동쪽에 서산西山·나옹懶翁·운봉雲峰·월저月渚 등 여러 대종사大宗師의 탑비塔碑가 상하층上下層으로 겹겹이 좌우에 줄지어 서 있으니, 여기는 바로 고금古今의 종사宗師의 영적靈跡이 보존된 곳이다. 그래서 시를 짓기를 "옛사람이 이곳에 가람을 세워, 북봉을 위주로 하고 남쪽을 향하였네. 층으로 세운 동쪽 편의 여러 보탑들이여, 모두 석덕의 신령스런 감실이로세.(昔人此地建伽藍。爲主北峰向且南。層立東邊諸寶塔。是皆碩德衆靈龕。)"라고 하였다.

서쪽으로 1리 지점에 내사자항內獅子項이 있고, 또 서쪽으로 5리 지점에 외사자항外獅子項이 있으며, 내사자항에서 시내를 건너면 계조암繼祖菴이 있다. 서쪽 기슭에는 소년탑少年塔을 세웠고, 남쪽 기슭에는 여러 대종사의 탑비가 겹겹으로 층지어 서 있는데, 이곳은 월저 화상月渚和尙이 입적한 곳이기도 하다. 그래서 시를 짓기를 "탐밀봉 앞에 큰 사암이 있나니, 뛰어난 경치와 정취는 말로 하기 어렵네. 기거하는 스님들 모두 마음 밝힌 객으로서, 길 잃은 사람에게 지남이 된다네.(探密峯前有大菴。奇觀勝趣舌難談。居僧盡是明心客。迷道人邊作指南。)"라고 하였다.

남쪽으로 2리 지점에 백운암白雲菴이 있는데, 여기는 바로 옛날 영암 선사靈岩禪師가 강경하고 교화한 곳이며, 또 진영을 봉안한 곳이기도 하다. 그래서 시를 짓기를 "영암은 벽산 중에 가장 중하신 분, 거대한 모습 천연으로 홀로 웅장하네. 우스워라 진왕의 채찍[63]도 미치지 못하나니, 지금까지 천 년토록 동방에 그림자 머무네.(靈岩最重碧山中。巨態天然獨自雄。笑彼秦王鞭不及。至今千載影留東。)"라고 하였다.

그 남쪽에 미타암彌陀庵이 있는데, 평소에 비구니比丘尼가 거처하는 곳이다. 남쪽으로 5리 지점에 부압암浮鴨庵과 은신굴隱身窟이 있는데, 텅 빈지 이미 오래되어 족히 볼 만한 것이 없다. 동쪽으로 산 하나를 넘으면 남정암南正菴이 있다. 서쪽 편에는 운봉당雲峰堂이 있는데, 여기는 운봉 선사雲峰禪師가 식영息影(은거)한 곳이다. 그래서 시를 짓기를 "운봉이 홀로 일만 봉우리 중에 솟구쳤으니, 우뚝하여 천추토록 최대의 웅걸이로세. 하우가 산을 뚫고 길을 내던 날, 그 도끼 잠시 쉬고 동방에 숨었다오.(雲峯獨出萬岑中。嶷嶷千秋最大雄。夏禹度山通道日。能超其斧隱於東。)"라고 하였다.

동쪽으로 몇 리를 가면 천주석天柱石이 서 있는데, 하늘이 무너질까 염려해서 미리 세운 것이니, 이는 기국杞國의 근심[64]과 같다고 하겠다. 여기에서 북쪽으로 가다가 시내를 건너면 보현사가 있는데, 여기는 바로 탐밀探密과 굉확宏廓 두 조사가 창건한 곳으로서, 보현보살이 상주하며 설법한다고 한다.

대웅전大雄殿은 7칸으로 확락廓落하고 소쇄하며, 불보살佛菩薩의 존상尊相을 탁자 위에 안치하였는데, 혹은 앉고 혹은 서서 자용慈容이 매우 신묘하고 금색이 휘황하기 때문에 신심 깊은 단월檀越이 갑절이나 더 첨앙瞻仰을 한다. 섬돌 아래에는 십구 층 석탑이 홀로 우뚝 서 있으며, 동쪽에는 동상실東上室이 있고 서쪽에는 서상실西上室이 있다.

심검尋劍과 수월水月의 양 당兩堂이 좌우에 짝지어 서 있는데 정결하고 소쇄하다. 그리고 그 남쪽에 만세루萬歲樓가 있는데, 높고 넓으며 툭 터진 형세가 우리 동방에서 유독 으뜸으로 칭해진다. 만세루 앞에는 십이 층 석탑이 서 있다. 수월水月의 서쪽에 명부전冥府殿이 있는데, 명부冥府의 위엄이 매우 엄숙해서 감히 쳐다보지 못한다.

남쪽으로 20보를 가면 삼보각三寶閣이 있는데, 여기는 바로 향산香山의 예문禮門으로서 총섭摠攝이 좌정坐定하여 다스림을 펴는 곳이다. 그 남쪽에 명월당明月堂이 있고 그 동쪽에 천왕문天王門이 있는데, 사천왕四天王이 좌우에 줄지어 앉아 위엄과 신령함이 무섭기 때문에 감히 똑바로 보지 못한다.

남쪽으로 해탈문解脫門이 있으니, 문수文殊와 보현普賢이 이곳을 출입한

다. 그 남쪽에 서산西山과 나옹懶翁의 두 비碑가 서 있고, 남쪽으로 영청각
迎請閣이 있다. 그 남쪽에 조계문曹溪門이 있는데, 금사장군禁邪將軍이 칼
을 휘두르며 짝지어 서 있으니, 어떻게 삿된 귀신이 청정한 세계를 침입
할 수 있겠는가.

동쪽 편에 해회당海會堂이 있는데, 여기는 모든 길에서 온 시인과 묵객
墨客이 처음 산문山門에 들어와서 뜻대로 유숙留宿하는 휴게소이다. 동쪽
으로 30보 지점에 다보전多寶殿이 있다. 또 북쪽으로 30보를 가면 낙산전
洛山殿이 있는데, 탁자 위에 관음존상觀音尊像을 안치하였으며, 어떤 때는
신통神通하여 광채를 발한다고 한다. 그래서 시를 짓기를 "다행히 보현사
에 오르니, 풍광이 해동에 으뜸이로세. 단애에는 영초가 우거지고, 벽곡에
는 자하가 자욱해라. 만학은 냇물 소리가 웅장하고, 천봉은 바위 모습이
우람하네. 선원 밖을 배회하노라니, 붉은 꽃 지는 것이 아쉬워라.(幸陟普賢
寺。風光冠海東。丹崖靈草茂。碧谷紫霞濃。萬壑溪聲壯。千峯石勢雄。徘徊禪院外。可惜
落花紅。)"라고 하였다.

그 동쪽에 대장전大藏殿이 있으니, 팔만대장경八萬大藏經을 안장安藏한
곳이다. 그 동쪽에 영산전靈山殿이 있는데, 여기는 바로 33조사와 십육나
한의 정상幀像을 봉안하고 향을 사르며 공양하는 곳이다.

그 동쪽에 극락전極樂殿과 동서東西의 영당影堂이 있다. 이곳은 월저月
渚·설암雪岩 등 여러 대종사의 진영을 동서로 나누어 걸어 놓고 분향焚香
하며 경례敬禮하는 곳이다. 그래서 시를 짓기를 "선암이 그윽하고 고요하
니, 특별히 신령스러운 구역이라. 꽃 그림자는 봄 언덕에 붉고, 종소리는
여름 우레처럼 진동하네. 절의 승려는 수월과 같고, 산의 경치는 천태보
다 낫도다. 무한히 풍광이 좋기에, 시인이 가고 또 온다네.(禪菴幽且靜。別是
最靈隈。花影紅春岸。鍾聲動夏雷。寺僧同水月。山景勝天台。無限風光好。詩人去復回。)"
라고 하였다.

북쪽에는 풍담탑楓潭塔이 있고 남쪽은 금강金剛의 물을 둘렀다. 동쪽으

로 2리를 가면 국진굴國盡窟이 있는데, 여기는 바로 옛날 금金나라 천자天子 등의 상像을 지금까지 보존하고 있는 곳이다.

이상 기록한 것은 단지 내산內山의 가장 좋은 경치만을 서술한 것이다. 내산문內山門의 세세한 내용과 외산문外山門의 승경에 대해서는 이백李白의 시문으로도 다 표현하지 못하고, 장승요張僧繇의 화필畵筆로도 다 그리지 못할 것이다. 그래서 내가 여기에 기록하지 않고 그냥 놔두어 뒷사람을 기다리려 한다.

香山誌

夫白頭一脉。磅礴層落而流來。至於我東國之境。層層高聳。而爲長白雪寒檢山等岺。而自此又層落流走高起。而爲楓岳五臺智異等山。而其脉終入海中。不知去處。而其中楓岳五臺智異之勝景。盡在於耳目者之所聞見。非一人之筆下盡記也。又自長白岺西向分出一脉。層層流落。至寧遠境。高聳而爲掛山。自此又層落流來。至寧熙兩邑之間。突然高起而作一大靈岳。名曰妙香。曰太白。曰崟嵋也。山多香木。而冬靑而不變。故稱謂之妙香也。其餘二名。虛靜老所撰廣文中。昭昭詳記。故此不復說焉。箇中若論萬二千峯之奇勝。與八萬九菴之存破。則難以盡叙。故畧擧峯巒寺菴之最勝者而記評。示諸將來云爾。以峯巒論之。則毘盧峯。中坐爲主。而西近有香爐峰。即爲毘盧燒香獻供之狀也。詩曰。夢逐飛鸞上碧岡。回頭萬里遠蒼茫。接天香嶂仙娥輩。炊飯點茶獻玉皇。自此西向二十里。有法王峯。即摩訶大法王。爲衆生說法敎化之狀也。頌曰。佛是元來號法王。隨時隨處設禪場。峨嵋銀色蓮花界。敎化衆生建梵堂。又自毘盧峯東南向。至雪岺峰。而中間二十里許。有釋迦彌勒七星觀音地藏羅漢等峰。次次橫列。而其中石角崢嶸。澗水潺潺。而香雲紫霧。亂起於峯峯。鶴唳猿啼。爭出於臺臺。而其間勝槩。難可形言也。上毘盧峯詠詩曰。幸陟毘盧最勝丘。如升上界玉京遊。飛節懶步尋眞處。落葉霜風晚歲秋。遙望銀橋朝帝路。俯看薩水釣魚鉤。回頭萬里靑空外。目覩依俙黃鶴樓。自雪岑峯東向。二十里許。有兩水岑。卽德川郡往來通路之處也。南向十里。有甑峯。卽從形得名也。西向十里。有文筆峯。爲內院慇懃揖向。以表文才多出之吉兆。故名焉。向西十里許。有阿育峯。昔阿育王。奉世尊舍利八斛四斗。分布安塔於八萬周羅國之時。一介持來此處。入金塔而深藏此峰。故得名阿育也。此亦山中之一大最勝靈跡也。詩曰。阿育安塔佛靈骨。八萬周羅國勝峙。一箇持來香岳頂。深藏峭峻上峨嵋。西邊有卓旗峰。此則普賢坐地。爲將軍下馬形。故名謂之卓旗也。西去十里許。有探密宏廓二峯。卽二祖師。初覲普賢之時。往來留宿之處。故名焉。以寺菴論之。則毘盧之南四十里。有上毘盧菴。東邊有全。其形如須彌山之態。故稱謂之須彌臺。西向一里。有淸凉全。世之熱惱不到之處。故名焉。西向一里。有中毘盧菴。此畔有全。層層高聳之狀。如夏雲多奇峰之態。故得名白雲也。西此[2]向十里。有三聖全。卽昔三聖人。修道見性之處。故名焉。又東南向二十里。有下毘盧菴。最極蕭洒。而西北向五里石壁間。有寶蓮全。卽禪和子祈禱得功之處也。南向十里雪岑之下。有修道菴。南去五里。有義湘庵。卽古義湘祖師安居。受天供之處也。南去十里。有天授菴。卽古鞭羊禪師講經敎化之處。而幾至毁破之境。則可不惜乎。西北向十里。有內院菴。額曰香山雲舍四字。退溪先生親筆云也。西邊有淸虛閣。淸虛禪師眞影。奉安于卓上。而其門下諸宗師眞影。次次鱗掛于左右。而尊敬之處也。奇岩怪石。層立於左右。琪花瑤草。茂盛於前後。則此亦山中最勝之蘭若也。敬次淸虛詩曰。香岳山中無盡興。寂寥夜半聽金雞。最嵬雲舍三更月。長短鍾聲響不齊。東北二十武。有舍利閣。卽世尊八相幀。奉安于卓上。而後庭又奉安于世尊舍利塔一座。而其傍立碑。則淸虛老所撰世尊舍利。此處安塔之古跡也。此亦山中之最大靈跡也。西邊有元曉菴。卽古元曉祖師安居之處也。西南三十武。金剛窟最極蕭洒。而道人之所居也。西踰一岑。則靈原靈神阿難迦葉峯。頭陀隱仙等菴。破毁已久。但有其基。而草木生長。則豈不悲慘哉。阿難之南盤石上。有大小牛跡。名曰牛跡臺也。香爐峰洞水。飛落於玉洞層岩之上。名曰萬瀑洞也。古詩所謂飛流直下三千尺。疑是銀河落九天者。盖指此而言也。詩曰。萬瀑層流玉洞天。散珠飛落白雲邊。却忘歸路遙瞻望。水色清凉滌世緣。南踰一岺。有檀君臺。菴則空虛已久。無足可觀。臺則荒廢年深。亦無可觀。詩曰。晚來携錫訪靈境。花落丹丘地聳文。綠水含愁流洞壑。靑山抱恨鎖烟雲。仙臺有樹春開葉。香閣無人晝掩門。回首夕陽思古事。慘懷難忍意紛紛。南向七里。有華藏菴。其北有慧尾窟。十六羅漢尊像。奉安于中。而祈禱之處也。東踰一岺。有無住菴。即無着道人安居之處也。其東有武陵瀑。層落於盤石之上。而亦可奇勝之處也。詩曰。武陵風景好。騷客起詩情。寂寞無人跡。唯聞落瀑聲。北去二里。有上仙菴敬聖堂。破毁已久。無復可觀。則聖人之古跡。自此泯沒。可不惜乎。南向二里。有見佛庵。武陵瀑水。潺潺流出於洞口。一丈虎岩。雄雄高聳於天邊。此亦奇勝之處也。詩曰。物外仙菴倚碧空。登臨探勝興無窮。武陵仙瀑層層落。香岳奇峰點點雄。又西向二里。有佛智菴。即古雲峯禪師入寂之處也。詩曰。佛長[3)]明三際夏。神光能照十方春。去來形影雖生滅。常住法身萬古眞。東北向二里。有四峰菴。其北有五峯菴。西踰一岺。有七葉菴。最極淨潔。而西邊有玩虛堂。即古玩虛禪師眞影奉安之處也。詩曰。檀君臺下有仙境。天作禪門佛道場。日照山頭簷影暖。風寒谷口澗聲凉。春殘壑底山猶碧。花落潭心水自香。忘却塵緣探勝景。悄然獨坐古僧堂。西南二里。有內普賢。與本寺相應立號也。其西隅有雲坡堂。即雲坡禪師眞影奉安之處也。詩曰。雲坡法祖獨超雄。禪敎兼傳南北中。道統遠承臨濟後。建幢開化幷西東。西踰一嶺。有祖院菴。即卅三祖師幀奉安之處也。西北向三里。有佛影臺。即古虛白禪師大揚之處也。詩曰。虛白元來稱大將。功高一國獨騰揚。三魂七魄雖升降。出類忠誠萬古長。其北自性見性二菴存焉。自此西北向七里。有上院菴。南有引虎臺。東隣龍角石。亦奇勝之處也。詩曰。登臨上院晚霜秋。無窮勝槩筆難收。散珠瀑落心猶夾。[4)]引虎臺高氣欲浮。西南向攀鐵索而下十里。有安心寺。東畔西山懶翁雲峰月渚等諸大宗師之塔碑。上下層重重列立於左右。則此是古今宗師之靈跡留藏之處也。詩曰。昔人此地建伽藍。爲主北峰向且南。層立東邊諸寶塔。是皆碩德衆靈龕。西向一里。有內獅子項。又西向五里。有外獅子項。自內獅子越溪。有繼祖菴。西麓立少年塔。南麓諸大宗師之塔碑。重重層立。而月渚和尙入寂之處也。詩曰。探密峯前有大菴。奇觀勝趣舌難談。居僧盡是明心客。迷道人邊作指南。南向二里。有白雲菴。即古靈岩禪師講經敎化之處也。而亦眞影奉安之所也。詩曰。靈岩最重碧山中。巨態天然獨自雄。笑彼秦王鞭不及。至今千載影留東。其南有彌陁庵。素尼僧之所居也。南向五里。有浮鴨庵隱身窟。空虛已久。無足可觀也。東踰一岺。有南正菴。西邊有雲峰堂。雲峯禪師息影之處也。詩曰。雲峯獨出萬岺中。嶷嶷千秋最大雄。夏禹度山通道日。能超其斧隱於東。東向數里。有立天柱石。恐天崩而預柱。此同杞國之憂也。自此北向越溪。有普賢寺。即探密宏廓。二祖師初刱。而普賢菩薩常住說法云云也。大雄殿七間。廓落蕭洒。而佛菩薩尊相。安于卓上。而或坐或立。而慈容甚妙。金色晃曜。信心檀越。倍加瞻仰而已。階下十九層石塔。巍然獨立。而東有東上室。西有西上室。尋劒水月兩堂。左右對立。淨潔蕭洒。而其南有萬歲樓。高廣廓落之狀。獨甲于吾東方云也。樓前有十二層石塔立焉。水月之西。有冥府殿。冥府之嚴威甚肅。不敢仰視也。南向二十武。有三寶閣。即香山禮門。摠攝坐定布政之處也。其南有明月堂。其東有天王門。四天王列坐左右。威靈可畏。不敢直視也。向南有解脫門。文殊普賢出入也。其南西山懶翁二碑立焉。向南有迎請閣。其南有曹溪門。禁邪將軍揮劒對立。則有何邪鬼侵淨界乎。東邊有海會堂。八路騷人墨客。初入山門。任意留宿之歇所也。東向三十武。有多寶殿。又北去三十武。有洛山殿。卓上安于觀音尊像。而或時神通放光云也。詩曰。幸陟普賢寺。風光冠海東。丹崖靈草茂。碧谷紫霞濃。萬壑溪聲壯。千峯石勢雄。徘徊禪院外。可惜落花紅。其東有大藏殿。八萬大藏經安藏之處也。其東有靈山殿。即卅三祖師十六羅漢幀像。奉安于中。而燒香供養之處也。其東有極樂殿東西影堂。月渚雪岩諸大宗師之眞影。分掛東西。而焚香敬禮之處也。詩曰。禪菴幽且靜。別是最靈隈。花影紅春岸。鍾聲動夏雷。寺僧同水月。山景勝天台。無限風光好。詩人去復回。北有楓潭塔。而南帶金剛水也。向東二里。有國盡窟。即古金天子[5]等像。尙今存焉。上來所記。但叙內山最勝之景而已。內山門之細細。外山門之勝劣。李白詩而難盡。僧繇筆而難畫。故不慧於是不記而闕之。以待來者焉。

1) ㉔ '文' 한 글자는 편자가 보입하였다.   2) ㉕ 『韓國佛敎全書』에는 '此'로 되어 있으나, 저본에는 '北'으로 되어 있다. 번역은 후자를 따른다.   3) ㉕ '佛'과 '長' 사이에 한 글자가 빠진 듯하다.   4) ㉕ 『韓國佛敎全書』에 '夾'으로 되어 있으나, 저본에 '快'로 되어 있다. 번역은 후자를 따른다.   5) ㉔ 갑본에는 '而其南有萬歲樓~即古金天子' 부분 1장이 결락되어 있다.

월파月波의 평생 행적

　월파月波 태율兌律은 본래 호남湖南 전주全州 사람이다. 부친은 성이 김씨金氏이고 종건從建이 이름이다. 모친은 광화현光化縣 이씨李氏이다. 선조는 대대로 관서關西 청북淸北 가평군嘉平郡 남쪽 5리의 마을에서 계속해서 살았다.
　나는 강희康熙 34년(1695, 숙종 21) 을해 12월 24일 진시辰時에 태어났다. 4형제 중에 막내였다. 장형長兄이 먼저 세상을 떠났고 말형末兄이 이어서 운명殞命하였으며, 단지 중형仲兄만 남았는데 나이가 80에 가까워 앞으로 남은 날이 많지 않으니, 고향을 돌아보면 그저 슬픈 탄식만 늘어날 뿐이다.
　다행히도 나는 숙세宿世에 조금 선근善根의 씨앗을 뿌려서 나이 15세 때에 홀연히 속세를 버릴 생각을 하였는데, 애지중지하는 부모의 입장에서야 어떻게 자식을 버릴 마음을 지닐 수 있겠는가. 부모가 온갖 방법으로 만류하였으나, 자식의 소원이 철석같이 굳었으므로, 부모도 끝내 만류하지 못하고 허락하였다.
　이에 향산香山의 승려인 삼변 장로三卞長老를 은사恩師로 정하고, 양친과 숙백叔伯·제형弟兄과 이별하고 집을 떠나 길에 오르자, 부모와 친족이 모두 눈물을 흘리며 슬퍼하였다.

장로長老를 따라 곧장 묘향산妙香山 불지암佛智菴에 들어가서, 처음에 『사기史記』를 배우며 고금古今의 득실得失과 제왕帝王의 흥망興亡을 탐구하였다. 그런데 불행히도 1년 반쯤 겨우 지났을 때에 참혹하게 부친상을 당하였으니, 천지간의 망극한 정상을 어떻게 붓으로 기록할 수 있겠는가.

먼 곳에 달려가 상을 치르고 통곡하며 장례를 지낸 뒤에 산문山門에 돌아와서 당초의 발원發願을 마침내 이루어 머리를 깎고 치의緇衣를 입었다. 그리하여 운봉 화상雲峰和尙에게서 구족계具足戒를 받고서 승려의 대열에 참여하였으니, 사람이 원하는 것을 하늘이 뺏을 수 없다고 하는 것은 바로 이를 두고 말하는 것이라고 하겠다.

나이가 약관弱冠에 이르렀을 적에 스스로 경經을 보아야겠다는 뜻을 발하고는, 운봉雲峯·혜월慧月·운파雲坡·환암幻庵 등 여러 대종사大宗師의 법석法席을 두루 참알參謁하고 사교四敎·사집四集 등의 경經을 수학하였다. 그리하여 명성이 점차 알려지게 되었을 즈음에 마침 안심사安心寺로부터 요청을 받았는데, 그때는 환암의 법석에 있을 때였다. 내가 재능이 소략하다는 이유로 재삼 고사苦辭했으나, 그 요청이 더욱 간절하였고 법사法師 역시 은근히 권면하였으므로, 어쩔 수 없이 처음으로 안심사에 입실入室하게 되었으니, 그때의 나이가 29세였다.

그런데 또 불행히도 겨우 1년이 지났을 때에 참혹하게 모친상을 당하였으니, 그 창천蒼天의 망극한 회포를 또 어떻게 말할 수 있겠는가. 만에 하나라도 그 은덕을 보답하기 위해 간절한 마음으로 설재設齋하고 나서, 스스로 생각하기를 '부모님이 모두 돌아가셔서 이제는 고향에 구애되는 인연이 없어졌으니, 어찌 한 모퉁이에 오래 체류하여 우물 안의 개구리처럼 될 수 있겠는가?'라고 하였다.

이에 환몽 법사幻夢法師가 방금 안릉安陵의 원적사圓寂寺에서 당幢을 세우고 종宗을 세워 종풍宗風을 크게 떨치고 있다는 반가운 소식을 듣고는 책 보따리를 등에 지고 찾아갔는데, 법사도 은근히 영접하면서 친소親疏

의 차이를 전혀 두지 않았으니, 숙세宿世의 인연이 있음을 이에 알 수 있었다.

그 절에서 겨울과 여름 동안 시봉한 뒤에, 다시 법사를 따라 청룡靑龍·은적隱寂·문수文殊 등 여러 절에서 각기 한 철씩 안거하면서 사집四集·『기신起信』·『반야般若』 등 경經을 거듭 학습하였다. 그동안 특별히 법사의 곡진한 가르침을 받은 결과, 경을 보는 안목이 예전보다 훨씬 밝아졌으니, 환몽 법사의 은덕은 또한 분골쇄신粉骨碎身해도 갚기 어렵다고 하겠다.

이에 법사에게 하직 인사를 올리고 다시 남쪽으로 유람할 뜻을 일으켜 두세 명의 동지同志와 함께 뜻을 굳게 정하고 동행하여 두 번이나 영호嶺湖 양남兩南의 승경勝境을 왕래하였으며, 신흥사神興寺의 적조寂照, 강천사江川寺의 연대蓮臺, 관음사觀音寺의 무설無說, 실상사實相寺의 내원內院, 군자사君子寺의 영원靈源, 안국사安國寺의 서암西庵, 송광사松廣寺의 보조普照, 선암사仙岩寺의 남암南菴, 해인사海印寺의 관음觀音 등 여러 큰 사원들을 유력遊歷하였다.

그리하여 한 나라의 유명한 석덕碩德인 무경無竟·남악南岳·호암虎岩·영해影海·상월霜月 등 여러 대종사大宗師의 법석法席을 두루 참알하여, 『화엄華嚴』·『원각圓覺』·『능엄楞嚴』·『반야般若』·『기신起信』·『현담玄談』·『염송拈頌』 등 대경전을 청강하고, 그 법사들의 교육의 은택을 입어 선풍禪風과 교월敎月을 마음과 뱃속에 아울러 환히 밝혔으니, 어찌 유쾌하지 않았겠는가. 그중에서도 특히 호암 법사虎岩法師의 공功이 지극히 심중深重하여 산악보다도 중해서 갚기 어려우니, 해묵海墨으로 써도 다 기록하기 어렵다. 아, 이렇게 해서 평생의 소원을 다 마쳤다.

그런데 타향의 객이 된 지 이미 오래되었으니, 어찌 고향을 돌아보는 마음이 없겠는가. 이에 즉시 발길을 재촉하여 본 도本道로 귀환하니, 북방北方의 학자들이 소문을 듣고 모여들었으므로, 이에 부득이 당幢을 세우고 종宗을 세워 치도緇徒를 교화하였다.

그리하여 30여 년 동안에 향산香山의 불지佛智와 내원內院, 약산藥山의 수국守國, 양화陽和의 원적圓寂과 화장華藏, 송림松林의 내원內院, 송악松岳의 반룡盤龍, 용문龍門의 내원內院과 청정淸淨과 학수鶴樹 등 여러 사암寺庵의 요청을 받아, 혹은 1~2년 혹은 3~4년씩 보내며 안거安居하는 중에 다른 장애障碍가 없었으며, 법회에 모이는 사람들도 점점 많아져서 모임이 성대해지자, 사람들이 '북방北方의 거회巨會'라고 일컬었고 우러러보는 자들도 많았다.

그러나 이와 같은 말운末運의 시대를 당하여, 나이가 육십이 넘으면서 늙고 병들어 더 이상 강경講經할 정력도 없기에 이미 오래전에 강경하는 것도 그만두고, 오고 가는 일정도 완전히 끊어 버렸는데, 학자들도 이런 소문을 듣고는 문 앞을 지나가면서도 들어오지 않았으니, 건괘乾卦 상구효上九爻의 "끝까지 올라간 용이니 뉘우침이 있다.(亢龍有悔.)"라는 말이 이에 징험되었다고 하겠다.

나의 행적을 대략 논하면, 아침에는 풍악楓岳에서 노닐고 저녁에는 지리智異로 갔으며, 봄에는 묘향妙香에 거하고 가을에는 구월九月로 돌아오는 등 일정한 곳이 없었으므로, 사람들이 천지 사이에 소요逍遙하는 일개 한가한 도인道人이라고 일컬었다.

아, 나는 초분初分과 중분中分에는 문인門人이 많았는데, 말분末分의 시절에 와서는 문운門運이 불행하여 연소年少한 자들이 죽지 않으면 잘못되어 남아 있는 자가 또한 적었으니, 이것이 바로 씨앗은 많이 심었는데 수확은 적다고 하는 격이겠다. 그러나 이것도 나의 분한分限이니, 한탄한들 어찌하겠는가.

그리고 서역西域과 중하中夏에서 예로부터 종사宗師가 교화하면서 후사後嗣가 없는 경우가 꽤나 많았다. 우리 동방의 예를 보더라도, 남악 대사南岳大師는 설암雪岩의 고제高弟이고, 낙암 선사洛岩禪師는 상봉霜峰의 상수上首로서, 두 분 대사 모두 선교禪敎를 모두 통하여 일국一國에 독보獨步했는데도, 그 교화를 뒤에 잇는 자가 없었다. 저 상덕上德도 오히려 이와 같은데, 하물며 나와 같은 무리야 또 말해 무엇 하겠는가.

또 돌이켜 생각건대, 상고上古의 종사宗師는 종설宗說을 아울러 통하고 덕행德行이 모두 원만하였으므로, 다비茶毘하는 날에 혹 사리舍利가 나오기도 하고, 혹 기도를 올려 효험을 보기도 하였다. 그리하여 탑을 세우고 비를 세우면 승속僧俗이 신앙하며 고금에 걸쳐 추존追尊하였으니, 이런 경우는 그래도 괜찮다고 하겠다.

그러나 말세에 이르러서는 인심人心이 거짓되어 정직한 자는 적고 왜곡하는 자가 많을뿐더러, 종사宗師의 행동도 옛날과 같지 않으니, 비록 사리가 나오고 기도를 올려 효험을 보더라도, 옛날처럼 탑을 세우고 비를 세우면 승속이 모두 신앙하지 않고 추존하지 않을 것이니, 그렇다면 탑이나 비를 세우지 않는 것이 차라리 온당할 것이다.

더구나 나와 같은 무리는 전혀 덕행德行이 없고, 또 사람들이 불법佛法을 깊이 믿는 마음도 없으니, 비록 덕행이 높은 법사法師라고 할지라도 백일 동안 기도를 올린다 한들, 무슨 효험을 얻을 수가 있겠는가. 그리고 또 몇 안 되는 문인門人이 무슨 신심信心이 있고 무슨 물력物力이 있어서 기도하는 일을 경영하겠는가.

그래서 내가 지금 장래의 일을 미리 간절히 부탁하노니, 내가 죽거든 단지 진심으로 다비하고 망령된 꾀를 내지 말지어다. 만약 이 말을 따르지 않고 억지로 분수에 벗어난 일을 한다면 나의 제자가 아니니, 천 번 만 번 신중히 할지어다.

나는 단지 등화登火할 달만 기다리고 있을 뿐이다. 평생 번경飜經한 공력功力으로 도솔천兜率天에 올라가서, 백옥루白玉樓 위에서 미륵彌勒과 함께 소요逍遙하고, 내원궁內院宮 안에서 제불諸佛과 함께 유희하다가, 다 같이 자씨불慈氏佛을 따라 용화龍華의 법회法會에 강생降生하여 법계法界의 진경眞經을 거듭 듣고, 같은 인연을 맺은 자들과 함께 향화香火의 인연을 다시 잇는 것, 이것이 나의 소원이다. 이 외에는 더 이상 말할 것이 없으니, 오직 이것뿐이다.

月波平生行跡

月波兒律。本湖南全州也。父姓金。從建名也。母光化縣李氏也。祖先累代連居關西淸北嘉平郡南五里村也。余則生于歲在康熙三十四年乙亥之冬臘月二十四日辰時也。鴈行二雙。我則末也。長兄先逝。而末兄繼殞。只存仲兄。而年近八十。來日無多。則回首鄕關。徒增悵歎而已。幸哉。余宿世。少有善種。而年當十五之時。忽發棄俗之念。則父母愛重之極。何有捨子之心乎。父母萬端挽留。而子願堅如鐵石。故父母。終不挽留而許之。於是以香山僧三卞長老。仡爲恩師。而辭別雙親與叔伯弟兄。而發行登程則父母親族。皆落淚而含悲也。從長老直入于妙香山佛智菴。初學史記。而探知古今之得失與帝王之興亡矣。不幸纔過一年有半。而慘遭春堂之喪。則天地間罔極之狀。何一筆而可記乎。奔喪遠地。哭送永窆之後。還歸山門。終遂初發又願。而落髮被緇。受具於雲峰和尙。而參預僧數。人所欲。天不可奪者是也。年至弱冠之時。自發看經之志。徧叅于雲峯慧月雲坡幻庵等諸大宗師之法席。而受誨於四敎四集等經。而名聲漸聞之時。適有安心之請。則時在幻菴之法席。而余以才踈。再三苦辭。而其請益堅。法師亦慇懃勸勉。則不得已初入室於安心菴。其時年二十九也。又不幸纔經一歲。慘遭萱堂之喪。則其蒼天罔極之懷。又何言哉。欲報萬一之德。而慇懃設齋之後。自念父母俱沒。鄕關無滯碍之緣。則何以久滯一隅。終作井中之物乎。於是喜聞幻夢法師。方今建幢立宗。大揚宗風於安陵之圓寂。而負笈投焉。則法師亦慇懃迎接。而少無親疎。宿世有緣。於斯可知。其寺執侍冬夏。而又從法師。靑龍隱寂文殊等諸寺。各經一節安居。而重聞於四集起信般若等經。而特蒙法師諄諄之誨。看經之眼增明於前。則幻夢法師之功。亦粉骨難酬也。於是拜別法師。而又發南遊之志。數三同志者。結意同伴。而兩度徃返於嶺湖兩南之勝境。而遊歷於神興寺之寂照。江川寺之蓮臺。觀音寺之無說。寮相寺之內院。君子寺之靈源。安國寺之西庵。松廣寺之普照。仙岩寺之南菴。海印寺之觀音等諸大蘭若。而徧叅於一國名顯碩德。無竟南岳虎岩影海霜月等諸大宗師之法席。而聽覽於華嚴圓覺楞嚴般若起信玄談拈頌等諸大經典。而蒙彼諸法師敎誨之德澤。而禪風敎月。并扇明於心腹之中。豈不慶快哉。其中虎岩法師之功。尤極深重。而重山岳而難報。書海墨而難記也。於戱。平生所願。於斯畢矣。作客他鄕。日已久矣。豈無懷土之念乎。於是卽促回程。還歸本道。則北方學者。聞風而聚集。故不獲已於是建幢立宗。敎化緇徒。於三十餘年之中。受請於香山之於佛智內院。藥山之於守國。陽和之於圓寂華藏。松林之於內院。松岳之於盤龍。龍門之於內院淸淨鶴樹等諸庵。而或經一二年。或經三四五年。而安居之中。無諸障難。而會下之人。漸漸煩多。聚會之盛。則人稱北方之巨會。而瞻仰者眾矣。至於當此末運之時。則年過六旬。老病相侵。無復講經之精力。故罷講已久。杜絕去來之程。而學者亦聞風。過門不入。則乾之上九。亢龍有悔。於斯可驗矣。余之行跡。大而論之。則朝遊楓岳。暮徃智異。春居妙香。秋歸九月。而無可之處。故人謂之天地間逍遙焉一介閑道人也。惜乎。余初中之分。門人雖多。至於末分之時。則門運不幸。年少之輩。或非死則誤。而存者亦小。此所謂植種多而收稔小也。然此亦分也。恨之奈何。且西域中夏之中。自古宗師王化。而無後者頗多。而至於吾東方論之。則南岳大師。雪岩之高弟。洛岩禪師。霜峰之上首。二大師皆禪敎兼通。獨步一國。而無繼後王化者。彼之上德。尙有如此。況如我之輩。復何言哉。又顧念上古宗師。則宗說兼通。德行具圓。故闍維之日。或自出舍利。或禱呪得功。而建塔立碑。則緇素信仰。而古今追尊。此則可矣。至於末世。人心詐詐。正直者少。曲諂者多。而宗師之行。亦不如古。則雖自出舍利。或祈禱得功。而依古建塔立碑。則緇素俱不信仰而追尊。則不如不爲之爲便也。至於如我之輩。全無德行。而又無佛法深信之念。則雖使行高法師。雖百日祈禱。何有得功之理乎。況數小門人。有何信心。有何物力。經營祈禱之事乎。是以我今預以將來之事喏叮寧。我死之後。但精心闍維。而無出妄計。若不遵此言。而强爲非分之事。則非吾弟子也。千萬愼之。余只待登火之月。以平生翻經之功力。上昇兜率天中白玉樓上。共彌勒而逍遙。內院宮中。與諸佛而遊戲。同從慈氏佛。降生于龍華之法會。重聽法界之眞經。而與諸同緣。再續香火之緣。是吾之願也。此外無復可言。只此而已。

위대하도다. 화상和尙은 바로 서산西山의 제7세世 적통적통嫡統이시다. 학문은 오종五宗에 도저搗杵했고 안목은 일척一隻으로 드높으니, 실로 선림禪林의 비조鼻祖요 도류道流의 표준表幟이시다. 그 전법傳法의 연원淵源과 조예造詣의 심천淺深은 후생後生이 엿볼 수 있는 바가 아니다. 그가 만년에 근기에 맞춰 고창高唱하고 흐름에 따라 방하放下하며 음풍농월吟風弄月한 것으로 말하면, 그 편장篇章이 얼마나 되는지 모르지만 간혹 심상尋常한 사이에 빠지기도 하였다. 문인門人 정인井印이 간행하여 후세에 전할 뜻을 품고, 흩어져 없어진 중에서 겨우 2백여 편을 간추려, 경성京城의 홍洪 봉조하奉朝賀 대감大監에게 나아가 질정質定하고, 이어서 동창東昌의 강康 참봉―린獜―과 철옹鐵瓮의 이李 참봉―공龔―에게 서문을 청한 뒤에 나에게 발문跋文을 구하였다. 내가 본디 재주가 없지만, 일찍이 화상의 법우法雨에 몸을 적셨을 뿐만 아니라, 인공印公이 선사先師의 광염光焰을 후세에 전하려는 성의가 가상하기에, 말미에 약소하게나마 발문을 쓰게 되었다. 남파南坡의 육탄陸坦은 삼가 쓰다.

偉哉。和尙乃西山第七世嫡統也。學到五宗。眼高一隻。實[1] 禪林之鼻祖。道流之表幟也。其傳法淵源。造詣淺深。非有後生之窺闖矣。其所晚年。對機高唱。隨流放下。而吟風弄月者。不知其幾許篇章。而或失於尋常之間矣。門人井印。[2] 以有剞劂傳後之志。而散亡中僅拾二百餘首。就質於京[3] 城洪奉朝賀大監。因請序於[4] 東昌康衾奉【獜】。與鐵瓮李衾奉【龔】。而要余以跋。余素不才。非惟曾沐和尙之法雨。而亦不勝印公爲先師光燄傳後之誠。小[5] 跋卷尾耳。

南坡陸坦謹跋。

1) ㉮ '實'은 저본에는 '宲'로 되어 있다. 동일한 글자이다. 2) ㉯ '井印'은 갑본에는 '龍峰'으로 되어 있다. 3) ㉯ '京城洪奉朝賀大監因'은 갑본에는 '朝家大臣洪判書主啓禮氏'로 되어 있다. 4) ㉯ '於'는 갑본에는 '于'로 되어 있다. 5) ㉯ '小'는 갑본에는 '謹'으로 되어 있다.

주상전하主上殿下께서는 만수무강하시고, 법륜法輪이 항상 구르며, 국계國界가 언제나 편안하기를.

감역監役 : 천양天陽 · 탄영綻英
편록編錄 : 해월海月 · 도일道一
주공主供 : 천여天如

건륭乾隆 36년(1771, 영조 47) 신묘년 5월 일 견불암見佛庵에서 판각하고, 판전板殿에 보관하다.

主上殿下壽萬歲。法輪常轉。國界恒安。
監役。天陽。綻英。
編錄。海月。道一。
主供。天如。
乾隆三十六年辛卯。五月 日。開刻于見佛。留鎭於板殿。[1]

---

[1] ㉮ 갑본의 간기는 다음과 같다. "主上殿下壽萬歲。法輪常轉。國界恒安。南坡陸坦謹跋。天陽綻英監役。海月道一編錄。門人并印刊事。天如主供。乾隆三十八年。五月 日。刊于香山見佛。留板殿。"

주

1 해장海藏의 경전 : 바닷속 용궁龍宮에 보관된 경전이라는 뜻으로『華嚴經』을 가리킨다. 용수龍樹가 용궁에 들어가서『華嚴經』을 가지고 왔다는 전설에서 유래한 것이다. 당唐나라 법장法藏의『華嚴經傳記』권1에 의하면, 불타가 입멸入滅하고 7백 년쯤 뒤에 용수가 용궁에서『華嚴經』의 3본本을 보았는데, 상上과 중中 2본은 분량이 엄청나게 많아서 수지受持할 수 없었기 때문에 10만 게偈 48품品의 하본下本만 암송하여 인도에 전파했다고 한다. 그래서『華嚴經』을 '용경龍經'이라고 칭하기도 한다.
2 보안普眼의 경전 : 보안법문普眼法門을 설한 경전이라는 뜻으로,『華嚴經』을 가리킨다.
3 일미선一味禪 : 순일무잡純一無雜한 최상승선最上乘禪이라는 뜻으로, 화두話頭를 참구하는 조사선祖師禪을 가리킨다. 반면에 여래선如來禪은 '오미선五味禪'이라고 하여 폄하한다.
4 금모래를 깐 보배로운 땅 : 사원을 일컫는다. 인도印度 사위성舍衛城의 수달 장자須達長者가 석가釋迦의 설법說法을 듣고 매우 경모敬慕한 나머지 정사精舍를 세워 주려고 기타 태자祇陀太子의 원림園林을 구매하려고 하자, 태자가 장난삼아서 "금모래를 이 땅에 가득 깔면 팔겠다."라고 하였다. 이에 수달 장자가 집에 있는 황금을 코끼리에 싣고 와서 그 땅에 가득 깔자, 태자가 감동하여 그 땅을 매도하는 한편 자기도 원중園中의 임목林木을 희사하여 마침내 기원정사祇園精舍를 건립했다는 기원포금祇園布金의 고사에서 유래한 것이다.『大唐西域記』권6.
5 소사蕭寺 : 사원을 가리킨다. 양 무제梁武帝 소연蕭衍이 절을 짓고 나서 소자운蕭子雲을 시켜 비백飛白의 서체書體로 자기의 성씨인 '蕭' 자를 크게 써서 붙이게 한 고사에서 유래한다.
6 조사祖師가 짚신~들고 가시어 : 고승高僧의 죽음을 가리키는데, 여기서는 의상이 세상을 떠나서 지금 만나 볼 수 없다는 의미이다. 중국 선종의 초조初祖인 달마達磨가 죽은 지 3년 뒤에, 위魏나라 송운宋雲이 총령蔥嶺에서 달마를 만났는데, 그때 그가 짚신 한 짝만을 들고 서천西天으로 가더라는 이야기에서 유래한 것이다.『五燈會元』「東土祖師 初祖菩提達磨大師」.
7 양관陽關 : 양관삼첩陽關三疊의 준말로, 송별의 노래를 가리킨다. 당唐나라 왕유王維의 절창絕唱인〈送元二使安西〉라는 시의 "위성의 아침 비에 길 먼지 말끔히 씻기고, 객사 주위의 버들가지는 더욱 푸르게 단장했네. 그대여 이별의 술 한 잔 더 마시게나. 서쪽 양관 나가면 벗 만나기 어려우리니.(渭城朝雨浥輕塵。客舍青青柳色新。勸君更盡一杯酒。西出陽關無故人。)"라는 구절에서 유래한 것인데, 이 시를 뒤에 악부樂府로 만들어 부르면서 반복하여 노래하였기 때문에 '양관삼첩'이라고 칭하게 되었다. '위성곡渭城曲'이라고도 한다.
8 온윤溫潤한 그~공이 있으랴 : 춘추春秋 시대 초楚나라 사람 변화卞和가 형산荊山에서 박옥璞玉을 얻어 여왕厲王에게 바쳤는데, 여왕은 잘못 판정한 옥인玉人의 말만 믿고서 왕을 속인다는 죄목으로 그의 왼발을 베었고, 무왕武王도 알아보지 못한 채 가짜라고 의심하며 그의 오른발을 베었다. 그 뒤 문왕文王이 즉위하자 변화가 박옥을 안고서 사흘 밤낮을 피눈물을 흘리며 슬피 우니, 문왕이 옥인에게 다시 조사하여 가공하게 한 결

과, 천하제일의 보배인 화씨벽和氏璧을 얻게 되었다는 고사가 있다. 『韓非子』「和氏」.
9 견성見性할 당년에~소리 들었네 : 서산西山 청허 휴정淸虛休靜의 오도송悟道頌이라 할 〈過鳳城聞午雞〉라는 제목의 시에 "머리가 희지 마음이 희지 않다고, 옛사람이 일찍이 누설하였지. 지금 닭 소리 한번 듣고서, 장부의 할 일을 모두 마쳤도다.(髮白非心白。古人曾漏洩。今聽一聲雞。丈夫能事畢。)"라는 시와 "홀연히 나의 집 소식을 얻고 보니, 모든 것이 단지 이러할 따름. 천 개 만 개 금보장이 있어도, 원래 하나의 빈 종이일 뿐.(忽得自家底。頭頭只此爾。萬千金寶藏。元是一空紙。)"이라는 두 수가 실려 있다. 이 시는 『淸虛集』권2에 나온다. 머리가 희지 운운의 고사는 다음과 같다. 인도 불교의 제3조인 상나화수商那和修가 우바국다優波毱多에게 나이를 물으니 17세라고 하였다. 이에 "너의 몸이 17세냐, 성이 17세냐?(汝身十七。性十七邪。)"라고 하니, 우바국다가 "스님이 이미 백발인데, 머리카락이 흰 것입니까, 마음이 흰 것입니까?(師髮已白。爲髮白邪。心白邪。)"라고 반문하였다. 상나화수가 "나는 단지 머리카락이 흰 것이지, 마음이 흰 것이 아니다.(我但髮白。非心白耳。)"라고 하니, 우바국다가 "저는 몸이 17세이지, 성이 17세가 아닙니다.(我身十七。非性十七也。)"라고 대답하였다. 이 말을 듣고는 상나화수가 그의 법기法器를 인정하고는 제자로 받아들여 의발衣鉢을 전했다고 한다. 『五燈會元』권1 「三祖商那和修尊者」.
10 『淸虛集』권3에 나오는 시. 제목은 〈登香爐峯〉이다.
11 봉장작희逢場作戲 : 어디에서나 유희를 펼친다는 뜻으로, 자유자재로 임기응변하는 것을 말한다. "장대를 가지고 다니면서, 가는 곳마다 유희를 펼친다.(竿木隨身。逢場作戲。)"라는 선가禪家의 말이 있다. 『景德傳燈錄』「道一禪師」.
12 일곱 집 걸식하는 승려 : 부처가 제정한 걸식하는 법 중, 하루 중에 반드시 일곱 집을 한계로 하여 그 이상은 음식을 구걸하지 않도록 함으로써 탐욕을 절제하게 한 조목이 들어 있다. 『寶雲經』권8.
13 성유城遊 : 백 성百城의 유람 즉 도를 구하기 위해 각처의 선지식善知識을 찾아다니는 것을 말한다. 구도 보살求道菩薩 선재동자善財童子가 처음에 문수보살文殊菩薩을 찾아갔다가 다시 깨달음을 얻기 위해 남쪽으로 여행하여 110성성의 선지식 53인을 찾아다니며 법문을 구한 결과 마침내 미진수微塵數의 삼매문三昧門에 들어섰다는 『華嚴經』「入法界品」의 고사에서 유래한 것이다.
14 동중천洞中天 : 신선이 산다고 하는 명산 승경勝景을 말한다.
15 이 적선李謫仙 : 이백李白의 별칭이다. 당 현종唐玄宗 때 태자빈객太子賓客 하지장賀知章이 장안長安 자극궁紫極宮에서 이백을 처음 만났을 때 이백을 '적선인謫仙人' 즉 '귀양 온 신선'이라고 부르면서 허리에 찬 금 거북을 풀어 둘이서 함께 실컷 술을 마신 고사에서 유래한 것이다. 『李太白集』권22 「對酒憶賀監」.
16 단소丹霄 : 선인仙人이 거처하는 구소九霄 중의 하나이다. 참고로 구소는 다음과 같다. 신소神霄·청소靑霄·벽소碧霄·단소丹霄·경소景霄·옥소玉霄·낭소琅霄·자소紫霄·태소太霄이다.
17 봄 귀신(東君) : 봄을 주관하는 신神이라는 뜻의 시적인 표현이다. 봄은 동방東方과 청색靑色으로 대표되기 때문에 '동제東帝·동황東皇·청황靑皇·청제靑帝'라고도 한다. 목은牧隱 이색李穡의 시에 "병들고 나니 어떤 일도 한가함보다는 못한데, 동군이 깃발 거두고 돌아감 또 보겠네.(病餘萬事不如閑。又見東君卷旆還。)"라는 구절이 있다.

『牧隱藁』 권21 「柳巷樓上」.

18 불(八人) : 팔인八人은 '불 화火'의 파자破字이다.
19 수황燧皇 : 수인씨燧人氏로, 불을 처음으로 만들어 낸 전설상의 인물이다.
20 조양朝陽 : 해 뜨는 동산이라는 말이다. 『詩經』 「大雅」 〈卷阿〉에 "봉황새가 우네, 저 높은 언덕에서. 오동나무 자라네, 해 뜨는 저 동산에서. 무성한 오동나무 숲과 봉황새 소리 어울리네.(鳳凰鳴矣. 于彼高岡. 梧桐生矣. 于彼朝陽. 菶菶萋萋. 雝雝喈喈.)"라는 말이 나온다.
21 요해遼海 : 요동遼東의 바다라는 말이다. 요동 사람 정령위丁令威가 신선이 되어 학을 타고서 천 년 만에 고향에 돌아와 화표주華表柱에 내려앉았다는 요동학遼東鶴의 전설이 있다. 『搜神後記』 권1.
22 적선謫仙 : 귀양 온 신선이라는 뜻으로, 이태백李太白을 가리킨다. 주 15 참조.
23 귀로(歸笻) : 원문의 '공笻'은 '비공飛笻'의 준말로, '비석飛錫'과 같은 말이다. 석장을 짚고 날아다닌다는 뜻으로, 승려나 도사가 순례하러 돌아다님을 이른다.
24 선불장選佛場 : 불당佛堂이나 불사佛寺를 가리키는 말이다. 당唐나라 때 천연 선사天然禪師가 과거를 보러 장안長安으로 가는 길에 선승禪僧을 만나 "관리를 뽑는 곳(選官場)이 부처를 뽑는 곳(選佛場)만 못하다."라는 말을 듣고 출가하여 선승이 되었다고 한다. 『江城名蹟』 권3 「證今」.
25 팔부八部의 용천龍天 : 불법佛法을 수호하는 여덟 신장神將들로, 즉 천天, 용龍, 야차夜叉, 아수라阿修羅, 가루라迦樓羅, 건달바乾闥婆, 긴나라緊那羅, 마후라가摩睺羅迦의 팔 신八神을 가리키는데, 이 가운데서 천과 용이 으뜸이므로 특히 '팔부 용천'이라 한 것이다.
26 나월蘿月 : 담쟁이덩굴 사이로 바라보이는 달이다.
27 구품九品의 연대蓮臺 : 아미타불의 서방정토西方淨土를 말한다. 그곳에는 상·중·하에 다시 상·중·하로 나뉘는 아홉 단계의 등급이 있는데, 세상을 떠나 극락極樂에 왕생할 적에 각자 행한 업보業報에 따라 거기에 맞는 등급의 낙을 얻게 된다고 한다.
28 옥당 금마玉堂金馬 : '옥당'은 홍문관의 별칭이고, '금마'는 금마문의 준말로 한림학사가 임금의 조서를 기다리는 곳이다. 보통 조정의 화려한 내직內職을 비유하는 말로 쓰인다.
29 칠대七台 : 미상.
30 봉래蓬萊와 방장方丈 : 중국 전설에 나오는 봉래산, 방장산, 영주산瀛洲山을 통틀어 '삼신산三神山'이라고 하는데, 이 이름을 본떠 우리나라의 금강산을 봉래산, 지리산을 방장산, 한라산을 영주산이라 이르기도 한다.
31 호로병 속의 천지 : '별천지別天地'라는 뜻으로, 선경仙境을 말한다. 후한後漢의 술사術士 비장방費長房이 시장에서 약을 파는 선인仙人 호공壺公을 따라 그의 호리병 속으로 들어갔더니, 그 안에 일월日月이 걸려 있고 신선 세계가 펼쳐져 있었으므로, 그 고대광실 안에서 맛좋은 술과 음식을 실컷 먹고 나왔다는 전설에서 비롯된 것이다. 『後漢書』 권82 하 「費長房傳」, 『神仙傳』 「壺公」.
32 등왕각滕王閣 : 중국 당唐나라 태종의 아우 등왕滕王 이원영李元嬰이 세운 누각이다.
33 자부紫府 : 도교에서 신선이 사는 곳을 이르는 말이다. 진晉나라 갈홍葛洪의 『抱朴子』에, "하늘 나라에 이르면 먼저 자부를 지나게 된다."라고 하였다.

34 대지팡이를 산그늘에 내던지고 : 후한後漢의 술사術士 비장방費長房이 호공壺公에게 얻은 대나무 지팡이를 타고 하늘을 날아 고향에 돌아온 뒤에 그 지팡이를 갈파葛坡 언덕 속에다 던졌더니 순식간에 용으로 변해 사라졌다는 전설을 인용한 듯하다. 『後漢書』「方術傳」하 〈費長房〉.
35 진왕秦王의 벼슬 : 오대부송五大夫松의 고사를 인용한 것이다. 진시황秦始皇이 태산泰山에 올라가 봉선封禪의 제사를 올리고 돌아올 적에 홀연히 폭풍우를 만나 소나무 아래로 피했는데, 그 소나무가 공을 세웠다고 하여 오대부五大夫의 관직에 봉했다는 고사가 전한다. 『史記』「秦始皇本紀」.
36 삼각三覺 : 자신이 깨닫는 자각自覺, 남을 깨닫게 하는 각타覺他, 지행知行이 일치하는 각행원만覺行圓滿을 가리킨다.
37 환희작약歡喜雀躍하면서 : 원문의 '오변鰲抃'은 몹시 기뻐 손뼉을 치고 춤을 추면서 하는 축하를 말한다. 『楚辭』「天問」에서 "자라가 산을 이고 손뼉을 치니 어떻게 안정될 수 있겠는가.(鰲戴山抃. 何以安之.)"라고 한 데서 나왔다.
38 도道가 계합契合하면~멀게 느껴진다 : 남송南宋의 선승禪僧 대혜 종고大慧宗杲(1089~1163)가 인용한 말인데, 그의 문집인 『大慧普覺禪師語錄』 권27 〈答夏運使〉에 나온다.
39 눈빛을 마주치기만~있음을 알아차린다 : 서로 만나서 말없이 쳐다보는 그 순간에 상대방의 마음을 이해하는 지기知己의 관계가 되는 것을 말하는데, 『莊子』「田子方」에 "그런 사람들은 언뜻 눈빛을 마주치기만 해도 그 속에 도가 들어 있음을 알아차린다.(若夫人者. 目擊而道存.)"라는 말이 나온다.
40 바람난 말과~못하는 것 : 멀리 떨어져 있으면서 만나지 못하는 것을 비유할 때 쓰는 말이다. 『春秋左氏傳』희공僖公 4년에 "그대는 북해에 있고, 나는 남해에 있으니, 바람난 말과 소도 서로 미치지 못하는 거리이다.(君處北海. 寡人處南海. 唯是風馬牛不相及也.)"라는 말이 나온다.
41 청금靑襟 : 청금青衿과 같은 말로, 유학자儒學者의 별칭이다. 『詩經』「鄭風」〈子衿〉에 "푸르고 푸른 그대의 옷깃이여, 길고 긴 나의 마음이로다.(靑靑子衿. 悠悠我心.)"라는 말이 나오는데, 『毛傳』에 "청금은 푸른 깃이니, 학자가 입는 것이다.(靑衿. 靑領也. 學子之所服.)"라고 하였다.
42 이구산尼丘山 : 공자孔子가 태어난 산동山東 곡부曲阜의 산 이름이다. 공자의 부모가 이곳에서 기도하여 공자를 낳았다(禱於尼丘得孔子)는 기록이 『史記』「孔子世家」에 나온다. 그래서 공자의 이름을 '구丘'라 하고, 자字를 '중니仲尼'로 했다고 한다.
43 자맥紫陌 : 도성의 큰길, 또는 도읍지의 성 밖 교외의 큰길을 의미하는데, 여기에서는 번잡한 속세를 가리킨다.
44 계수나무 잎을 잡을는지 : 과거 급제를 비유한 말이다. 진 무제晉武帝 때 극선郤詵이 현량 대책賢良對策에서 장원壯元을 하고는, 소감을 묻는 무제의 질문에 "계수나무 숲의 가지 하나를 꺾고, 곤륜산의 옥돌 한 조각을 주운 것과 같습니다.(桂林之一枝. 崑山之片玉.)"라고 답변한 고사에서 유래한 것이다. 『晉書』 권52 「郤詵傳」.
45 서래西來 : 조사서래의祖師西來意의 준말로, 달마達磨가 서쪽 인도에서 중국에 건너와 불법佛法을 전한 진의眞意가 무엇인지를 묻는 선종의 화두이다. 어떤 승려가 당唐나라의 조주 종심趙州從諗 선사에게 이 화두를 거론하여 묻자, "뜰 앞의 잣나무(庭前

柏樹子)."라고 대답한 고사가 유명하다.『聯燈會要』권6『趙州從諗』.
46 이별가(陽關) : 주 7 참조.
47 구품九品의 연대蓮臺 : 주 27 참조.
48 눈가림으로 경을~신묘함에 들어갔네 : 당唐나라 선승禪僧 약산 유엄藥山惟儼이 불경을 보고 있을(看經) 적에, 어떤 승려가 묻기를 "화상께선 남에겐 불경을 보지 못하게 하시면서 혼자서는 왜 불경을 보십니까?(和尙尋常不許人看經。爲什麽却自看。)" 하고 묻자, "나는 그저 눈가림용으로 볼 따름이다.(我只圖遮眼)"라고 대답하였는데, 그 승려가 다시 "저도 화상을 본받고 싶은데 되겠습니까?(某甲學和尙還得也無。)" 하자, "그대라면 쇠가죽도 뚫어 볼 수 있을 것이다.(若是汝牛皮也須看透。)"라고 대답한 일화가 전한다.『景德傳燈錄』권14.
49 칠처七處 : 부처가『華嚴經』을 설했다는 일곱 곳을 말한다.『新譯華嚴經』에서는 일곱 곳에서의 아홉 차례 법회라는 뜻의 '칠처구회七處九會'를 말하고,『舊譯華嚴經』에서는 '칠처팔회七處八會'를 이야기하는데, 참고로 '칠처七處'는 보리장菩提場·보광명전普光明殿·도리천忉利天·야마천夜摩天·도솔천兜率天·타화천他化天·서다림逝多林 등이다.
50 아홉 점 연기 : 하늘에서 구주九州를 내려다보면 마치 연기 아홉 점이 엉겨 있는 것처럼 작게 보인다는 뜻으로 표현한 말이다. 당唐나라 이하李賀의 시〈夢天〉에 "중국을 멀리 바라보니 아홉 점의 연기요, 한 웅덩이 바닷물도 한 잔 쏟아부은 듯.(遙望齊州九點煙。一泓海水杯中瀉。)"이라는 말이 나온다.『昌谷集』권1,『全唐詩』권390.
51 구품九品의 연대蓮臺 : 주 27 참조.
52 베적삼은 조주의~자주 씻는다네 : 일상생활 속에서 언제나 화두를 잊지 않고 챙기며 지내고 있다는 말이다. 당唐나라의 고승高僧 조주 종심趙州從諗 선사에게 어떤 승려가 "만법이 하나로 돌아간다고 하는데, 그 하나는 어디로 돌아가는 겁니까?(萬法歸一。一歸何處。)"라고 물으니, 조주가 "내가 청주에 있을 적에 베적삼 한 벌을 만들었는데, 그 무게가 일곱 근이더라.(我在靑州。作一領布衫。重七斤。)"라고 답한 화두가『碧嚴錄』제45칙則에 나온다.
53 봄 귀신(東君) : 주 17 참조.
54 진秦나라 피한 마을 : 무릉도원武陵桃源과 같은 낙원이라는 말이다. 진晉나라 때 무릉武陵의 어부가 복숭아꽃이 떠내려오는 물줄기를 따라 계속 올라가 보니 포악한 진秦나라 시대에 난리를 피해서 들어온 사람들이 선경仙境 속에 살고 있었는데, 그곳에서 며칠간 머물다가 돌아온 뒤에 다시 찾아가 보려고 하였지만 길을 잃어 실패했다는 이른바 무릉도원의 이야기가 도연명陶淵明의「桃花源記」에 나온다.
55 목격도존目擊道存 : 눈빛만 마주쳐도 상대의 마음을 아는 것을 말한다. 주 39 참조.
56 자기子期 : 종자기鍾子期의 준말이다. 춘추春秋 시대 거문고의 명인 백아伯牙가 높은 산에 뜻을 두고 연주를 하면, 친구인 종자기가 그 음악 소리를 듣고는 "멋지다. 마치 태산처럼 높기도 하구나.(善哉。峩峩兮若泰山。)"라고 평하였고, 흐르는 물에 뜻을 두고 연주를 하면 "멋지구나. 마치 강하처럼 넘실대는구나.(善哉。洋洋兮若江河。)"라고 평하였는데, 종자기가 죽고 나서는 백아가 더 이상 세상에 지음知音이 없다고 탄식하며 거문고 줄을 끊어 버린(斷絃) 고사가 전한다.『列子』「湯問」,『呂氏春秋』「本味」.
57 은교銀橋 : 나공원羅公遠이라는 당唐나라 도사道士가 현종玄宗을 월궁月宮에 데려다

기 위해 공중에 지팡이를 던져서 만들었다는 다리 이름으로, '은하수'를 가리킨다. 현종이 그와 함께 월궁에 올라가서 선녀들의 춤을 구경하고 〈霓裳羽衣曲〉을 들은 뒤에 돌아왔다고 한다. 전촉前蜀 두광정杜光庭이 지은 『神仙感遇傳』에 이 전설이 나온다.

58 하운다기봉夏雲多奇峰 : 여름 구름은 기이한 봉우리가 많다는 뜻으로, 도잠陶潛의 시 〈四時〉의 승구承句에 나온다. 『陶靖節集』 권3.

59 금계金雞 : 전설상의 황금 닭으로, 이 닭이 부상扶桑의 산 위에서 한 번 크게 울면 천하의 닭이 모두 따라 울면서 새벽이 밝아 온다고 한다. 『神異經』, 『東荒經』.

60 날리며 곧장~건 아닐는지 : 이백李白의 시 〈望廬山瀑布〉 중 둘째 수에 나오는 장쾌한 표현이다. 『李太白集』 권20.

61 원문 자체에 누락된 글자가 있다.

62 구슬 부서져~오히려 상쾌하고 : 대본에는 '散珠瀑落心猶夾'으로 되어 있으나, 저본에 의거하여 '夾'을 '快'로 바로잡아 번역하였다.

63 진왕秦王의 채찍 : 진시황秦始皇의 석교石橋에 대한 전설을 인용한 것이 아닌가 한다. 진시황이 동해東海에 바윗돌로 징검다리를 놓아 바다를 건너가서 해가 뜨는 곳을 보려고 하자, 신인神人이 바위를 바다로 몰고 가면서 빨리 가지 않으면 채찍질을 하였으므로 바윗돌이 모두 피를 흘리며 붉게 변했다는 이야기가 진晉나라 복심伏深의 『三齊略記』에 나온다.

64 기국杞國의 근심 : 옛날 기杞나라의 어떤 사람이 하늘이 무너지고 땅이 꺼지면(天地崩墮) 자기 몸을 의지할 곳이 없게 된다 하여 침식寢食을 폐하고 걱정을 했다는 기국우천杞國憂天의 고사를 말한다. 『列子』 「天瑞」.

옮긴이의 말

월파月波의 생년生年은 1695년이 확실한데, 몰년沒年은 언제인지 알 수가 없다. 자기의 행장行狀을 자기가 직접 미리 써 놓았으니 자기 말고 또 누가 알겠는가. 그러나 월파 자신이 또 직접 찾아가서 부탁하자 이공李糞이 써 준 『월파집』의 서문序文을 보면 최소한 1771년까지는 생존해 있었을 것이 분명하다. 언제 입적入寂하고 언제 다비茶毘를 행했는지 분명히 알 수 있는 자료를 제자라든가 누군가가 남겨 놓았다면 좋았으련만, 월파 스스로 그의 행적에서 술회했듯이, 그가 문하인門下人에게 별로 기대하지 않으리라는 느낌을 지울 수 없는 것은 그 사이의 곡절이 어찌 되었든지 간에 참으로 불행한 일이라 아니할 수 없다. 그래서 판각하기 직전에라도 스승의 자료를 보완할 수는 없었을까 하는 것이 못내 유감스럽게 여겨지기도 하는 것이다.

월파는 한평생 치기稚氣 어린 적자赤子의 마음을 잃지 않았으리라는 생각이 드는데, 이것이 혹 나만의 추측일는지. 그의 시를 읽어 보면 천진난만한 유치원 어린이가 고사리 손으로 천편일률적으로 앙증맞게 써 놓은 일기체 형식의 글을 떠올리게도 되는데, 이것이 혹 나 혼자만의 감상일는지. 이 대목과 관련해서 월파가 음풍농월吟風弄月한 것이 간혹 심상尋常한 사이에 빠지기도 했다고 육탄陸坦이 발문跋文에서 슬쩍 내비치기도 하였지만, 하여튼 어른이 되고 노인이 되어서도 그런 심지心地를 지니고 또 그런 글들을 끈기 있게 써 낼 수 있었다는 것이 한편으로는 경탄스럽게 느껴지기도 한다.

  행장도 직접 쓰고 서문도 직접 부탁할 정도로 자신의 생과 자신의 글에 대단한 애착과 자부심을 보인 월파가 어쩌면 지금쯤 어디에선가 자신의 글이 얼른 번역되어 세상에 나오기를 고대하지는 않을까 하는 생각도 들기에, 나도 덩달아 마음이 급해져서 유치원 어린이 같은 번역 솜씨로나마 얼른 번역해서 책임을 메우려고 하였으나, 역자의 마음이 이미 때가 끼어 있어서 그의 순진무구함과는 거리가 멀기에 그의 시를 이해하는 데에 꽤나 애를 먹기도 하였다. 사계의 질정을 바란다.

  그건 그렇고, 동국대학교 중앙도서관 소장 『월파집』 영인본을 복사해서 대본과 함께 비교하며 살펴보던 중에, 표지 뒷면에 안계현이라는 이름 석 자와 1975년 2월 21일이라는 대출일자가 적힌 도서 대출카드가 함께 찍혀 있는 것을 발견하였다. 하정荷亭 안계현安啓賢 박사(1927~1981)도 입적 6년 전 2월 달에 이 『월파집』을 도서관 먼지 속에서 꺼내어 검토했으리라고 생각을 하니 나도 모르게 가슴이 뭉클하였다. 아, 우리 후학들도 지금 그만큼 열공하고 있는 것인지…….

2018년 3월 5일
고전번역실 무원재에서 이상현 근서

찾아보기

각혜覺慧 / 148
강린康獜(蓮谷散人) / 40
강 참봉康叅奉 / 180
견불암見佛庵 / 188, 192, 216, 235
견성암見性菴 / 217
경성당敬聖堂 / 216
경활 사미敬活沙彌 / 96
계익 사미戒益沙彌 / 60, 193
계조암繼祖菴 / 218
계철桂喆 / 151
관 대사寬大師 / 187
구 사또具使道 / 206
구양수歐陽脩 / 38
권 도사權都使 / 121
궤영 대사軌永大師 / 116
궤총 상인軌摠上人 / 59
규 대사圭大師 / 115
극락전極樂殿 / 220
김 상사金上舍 / 61
김 수재金秀才 / 90
김 학사金學士(五山) / 63, 174, 176

나옹懶翁 / 218, 220
남악南岳 / 228
남월 장실覽月丈室 / 195

남정암南正菴 / 218
남파당南坡堂 / 165
내보현內普賢 / 217
내원암內院庵 / 200, 214
누암당陋庵堂 / 186
능허凌虛 / 125

다보전多寶殿 / 220
대장전大藏殿 / 220
도솔암兜率庵 / 97
두일 동지斗日同知 / 191
등린 상인等獜上人 / 114

명월당明月堂 / 219
몽견夢見 / 149
무경無竟 / 228
무용당無用堂 / 202
무주암無住菴 / 216
미타암彌陀庵 / 218

백운암白雲菴 / 218

법해法海 / 147
벽파당碧波堂 / 184
벽해碧海 / 189
보련대寶蓮臺 / 214
보봉寶峰 / 105, 158, 163
보현사普賢寺 / 109
보혈사寶穴寺 / 179
부압암浮鴨庵 / 218
불지암佛智菴 / 216, 227

사리각舍利閣 / 214
사봉암四峰菴 / 216
삼변 장로三卞長老 / 226
삼보각三寶閣 / 219
삼성대三聖臺 / 214
상비로암上毘盧菴 / 213
상선암上仙菴 / 216
상원암上院菴 / 217
상월霜月 / 46, 228
서산西山 / 218, 220
석암石庵 / 199
설암雪岩 / 220
소식蘇軾 / 38
송암松岩 / 117
수국사守國寺 / 84
수도암修道菴 / 214

안심사安心寺 / 218, 227

양열良悅 / 175
연월淵月 / 182
영산전靈山殿 / 220
영악 노숙靈岳老宿 / 47
영암寧岩 / 146
영암 선사靈岩禪師 / 218
영오靈悟 / 152
영월影月 / 173
영청각迎請閣 / 220
영해影海 / 228
오봉사五峰寺 / 178
오봉암五峰菴 / 216
완성玩星 / 49, 190
완월翫月 / 210
완허당玩虛堂 / 216
완허 선사玩虛禪師 / 216
용문사龍門寺 / 62
용암龍岩 / 177
운봉당雲峰堂 / 219
운봉 선사雲峯禪師 / 216, 218, 219, 227
운파당雲坡堂 / 217
운파 선사雲坡禪師 / 217, 227
원적사圓寂寺 / 227
원혜圓慧 / 141
원효암元曉菴 / 215
원효 조사元曉祖師 / 215
월송헌月松軒 / 58
월저 화상月渚和尙 / 45, 87, 218, 220
월파月波 / 40, 226
유원 첨사柔院僉使 / 208
육탄陸坦 / 234
은신굴隱身窟 / 218
은와隱窩 / 105, 158, 161
의상암義湘庵 / 214

의상 조사義湘祖師 / 214
이공李糞(東郭寓客) / 38
이 학사李學士 / 70, 94, 207
인봉당仁峰堂 / 197
인 장실仁丈室 / 204

자성암自性菴 / 217
전 생원田生員 / 88
조계문曹溪門 / 220
조원암祖院菴 / 217
중비로암中毘盧菴 / 213

천수암天授菴 / 214
천암 대사天岩大師 / 118
천양天陽 / 142
천진天眞 / 104, 105, 158, 162
청암당淸巖堂(宣川) / 185, 205
청월당淸月堂 / 81
청허각淸虛閣 / 214
청허 선사淸虛禪師 / 80, 214, 215
최한 사미最閑沙彌 / 150
추광 대사秋光大師 / 194
칠엽암七葉菴 / 216
침운枕雲 / 127

퇴계 선생退溪先生 / 214

편양 선사鞭羊禪師 / 214
풍담탑楓潭塔 / 220

하비로암下毘盧菴 / 214
한 진사韓進士 / 92
함양당涵陽堂 / 209
해월海月 / 144
해회당海會堂 / 220
향산운사香山雲舍 / 214
향산지香山誌 / 211
향악香岳 / 181
허백 선사虛白禪師 / 217
허임 상인許任上人 / 40
현오賢悟 / 143
혜근 상인惠勤上人 / 38
혜월慧月 / 227
호암虎岩 / 228
화은 선생花隱先生 / 119
화장암華藏菴 / 216
환몽 법사幻夢法師 / 227
환암 법사幻庵法師 / 164, 227
휴암鵂巖 / 145

해붕집

| 海鵬集* |

해붕 전령海鵬展翎
김두재 옮김

---

* ㉮ 저본은 연세대학교 소장 필사본이다. ㉯ 동국대학교 중앙도서관에는 복제본이 소장되어 있다. 번역은 저본과 『한국불교전서』 내용을 상호 비교하여 진행하였고, 교감한 내용은 원문 부분에 상세히 표시하였다.

해붕집海鵬集 해제

김 두 재
전 동국역경원 역경위원

1. 개요

『해붕집海鵬集』은 조선조 중기 선禪과 교敎에 모두 뛰어났던 해붕 전령 海鵬展翎(?~1826)이 저술한 문집으로, 「해붕 천유 법어海鵬天游法語」 1편과 조사祖師들에 대한 경찬敬贊과 시詩로 구성되어 있다.

2. 저자

저자에 대해서는 행장이나 비명이 따로 남아 있지 않아 자세한 내용을 알 수 없으나, 『동사열전東師列傳』에 나와 있는 기록을 중심으로 소개하면 다음과 같다.

대사의 법명은 전령展翎이고, 자는 천유天遊이며, 호는 해붕海鵬이고 순천順天에서 출생하였다. 선암사仙岩寺에서 출가하였으며, 묵암 최눌默

庵最訥(1717~1790)의 법인法印을 받았다. 풍암 세찰楓岩世察(1688~1767)
의 손제자이고 영해 약탄影海若坦(1668~1754)의 증손曾孫 제자이며 무용
수연無用秀演(1651~1719)의 현손玄孫 제자이다.

해붕 스님은 선과 교에 대하여 그 이치를 대나무가 칼날을 맞아 쪼개
지듯이 모두 쉽게 순리적으로 해결하였으며, 문장은 구슬을 꿰어 놓은
듯하다. 또한 스님의 덕은 총림叢林에 으뜸이었고, 그 명성 또한 선비들
에게 널리 알려졌다. 당시 호남 일대에 고매한 이름을 떨치던 일곱 명의
벗(湖南七高朋) 가운데 한 사람이다.

일곱 명의 고매한 벗이란 첫째는 노질盧質이니, 자는 수이秀爾이고 호
는 하정荷亭이며 함양咸陽에 살았다. 둘째는 이학전李學傳이니, 자는 계
명季明이고 호는 복재復齋이며 남원南原에 살았다. 셋째는 김각金珏이니
자는 태화太和이고 호는 운와雲臥이며 함양에 살았다. 넷째는 심두영沈
斗永이니 자는 칠지七之이고 호는 영교永橋이며 곡성谷城에 살았다. 다
섯째는 이삼만李三萬이니 자는 십천十千이고 호는 강재强齋이며 창암蒼
岩에 살았다. 여섯째는 석전령釋展翎이니 자는 천유이고 호는 해붕이며
선암사에 살았다. 일곱째는 석의순釋意恂이니 자는 중부中孚이고 호는
초의草衣이며 대둔사에 살고 있었다. 세속에서는 흔히 백곡栢谷·무용無
用·해붕을 승가僧家의 문장가라고 일컫는다.

즉, 사대부 문인 못지않게 문장에 뛰어났던 스님은 백곡 처능栢谷處能,
무용 수연無用秀演과 더불어 조선 후기 스님 가운데 3대 문장가로 꼽혔으
며, 김정희金正喜와는 두터운 친분을 나눴다. 1823년(순조 23)의 화재로 선
암사가 큰 피해를 입자 스님은 노구老軀를 이끌고 익종 스님 등과 함께
중창불사에 앞장서기도 했다. 그로부터 3년 뒤 도광道光 6년 병술(순조 26,
1826) 10월 초엿샛날 열반에 들었다.

스님의 저서로는 『해붕집』 1권이 전해지고 있으며, 『한국민족문화대백

과사전』(한국정신문화연구원, 1991)과 『한국불교찬술문헌총록』에는 『장유대방록壯游大方錄』 1권이 전해지고 있다고 하였는데, 이 책이 지금까지 발견되지 않았고 그 내용에 관한 설명과 『해붕집』에 나오는 「해붕 천유 법어」를 비교해 볼 때 이 둘은 같은 책이 아닌가 생각된다.

해붕 스님의 부도와 진영眞影은 선암사에 봉안되어 있는데, 진영은 문장으로 두터운 교분이 있던 김정희金正喜가 직접 찬문讚文을 쓴 것으로 유명하다. 김정희가 찬문 끝에 남긴 '칠십일과七十一果(과천에 사는 일흔한 살의 늙은이)'라는 호는 71세인 1856년에 사용한 것으로, 이를 통해 진영의 정확한 조성 연대를 추정할 수 있다. 김정희는 죽기 수개월 전에 쓴 찬문에서 스님의 공덕을 높이 평가하고 있다.

3. 서지 사항과 구성

『해붕집』은 1권 1책으로 구성되어 있는데, 해붕 전령이 저술한 법어法語와 경찬敬贊, 시詩의 3부로 구성된 문집이다. 다만 이 책은 후대 사람이 필사한 것인지, 저자가 직접 서사한 것인지는 알 수 없으나, 아무튼 미처 간행하지 못하고 필사본으로 전해지고 있는 것으로 생각된다.

서명 : 해붕집海鵬集
저자 : 전령展翎
판본 : 필사본
형태 : 1권 1책 결질缺帙, 무계無界, 반엽半葉 10행行 17자字, 무어미無魚尾; 21cm
소장 : 연세대학교 중앙도서관 국학자료실
청구기호 : 고서노산 811.98

『해붕집』은 1권 1책으로 되어 있으며, 서문이나 발문, 간기 등이 없어서 간행 시기와 장소는 알 수 없다. 필사본이 연세대학교 도서관에 소장되어 있는데 그곳 서지 자료를 상고해 보면 완질이 아니고 상권만 남아 있는 것으로 되어 있다. 동국대학교 중앙도서관에는 이 책의 복제본이 소장되어 있다.

번역을 하면서 살펴본 바에 의하면 필사본이라 그런지 의외로 오자와 낙자가 너무 많아서 문장이 잘 소통되지 않는 부분이 많다. 이런 점으로 미루어 볼 때 저자가 직접 서사해 두었던 원고는 아니고, 그의 제자나 아니면 후대 사람이 서사하여 간직하고 있던 것이 아닌가 생각된다.

권두에 「해붕 천유 법어」라 하여 일원상一圓相을 제시하고는 유교와 불교와 도교의 삼가三家를 중심으로 일원상에 대하여 해설하고 있다. 『한국불교찬술문헌총록』에서 소개한 『장유대방록』이라는 저술은 바로 이 「해붕 천유 법어」를 말하는 것으로 보인다.

그 다음에는 정명 거사淨名居士·방 거사龐居士·선재동자善財童子를 비롯하여 만암당萬巖堂·의암당義庵堂·경암당鏡庵堂에 이르기까지 한 분 한 분을 따로따로 경찬한 131편의 경찬문이 수록되어 있다. 이와 함께 작자 자신의 당호堂號, 불호佛號, 법호法號를 찬한 시가 있어 이를 포함하면 모두 134편이 된다.

끝부분에는 오언절구와 오언율시, 칠언절구와 칠언율시 등 시 63편이 수록되어 있으며, 부록으로 장제張濟와 장타張沱가 쓴 〈해붕 대사 시축의 운을 따서 짓다(題海鵬大師詩軸韻)〉라는 시 두 수가 있다. 이 두 수의 시는 해붕 전령을 찬한 시이다.

선대의 조사나 거사 그리고 당시 생존하던 훌륭한 여러 분들에 대한 찬시만을 따로 모아 구성한 것이 특이하다.

4. 내용과 성격

　권두의 「해붕 천유 법어」에는 「장유대방가壯游大方家」라 제목을 붙이고 쓴 서문이 있다.
　이 법어의 맨 앞에는 먼저 일원상一圓相을 제시해 놓고 일원상의 의의에 대하여 유교와 불교와 도교의 입장에서 예를 들어 마음(心)과 부처(佛)의 진의眞義를 해설하고 있다. 불교의 입장에서는 이 일원상을 일심一心 또는 진여眞如 등의 의미를 지니고 있는 원만상징圓滿象徵이라고 해설하고, 유가에서는 인仁, 도가에서는 우주의 제일 원인이자 궁극적인 도道의 형상화가 될 수 있다고 보고 있는 것이다.
　이 책의 '해붕海鵬'이라든가 '천유天遊'라는 어휘로 보아 저자는 아마 평소에 장자의 영향을 많이 받은 듯하다. 「해붕 천유 법어」 중에도 많은 부분을 『장자莊子』에서 인용하고 있는 것이 다른 스님들의 저술과 비교했을 때 특이한 점이라 할 수 있다.
　경찬 134편은 짧은 문장으로 간략하면서 명확하게 그 스님의 특징만을 표현하려고 한 점이 두드러진다. 여기에서는 칠불七佛 이하 조사祖師와 강백講伯 등 다양한 인물에 대해 간략하면서도 정곡을 찌르는 표현으로 소개하고 있는데, 여러 조사, 강백 들의 인간상과 수행상修行相의 면면을 음미해 볼 수 있다는 점에서 불교입문서로서도 활용될 가능성이 컸던 것으로 평가할 만하다.
　그 다음에는 63편의 시가 수록되어 있는데 여러 선비들과 수답한 시, 초의 의순 등 도반들과 나눈 시, 사찰 유람시 등 다양한 시 세계를 보여주고 있다.

5. 가치

이 책은 조선 초기에 기화己和가 『유석질의론儒釋質疑論』에서 배불숭유排佛崇儒 정책을 비판했던 목소리를 조선 후기에 재현한 듯한 느낌을 준다. 불교를 유교와 도교의 입장에서 비교하여 해설하고 있는데, 이는 억불숭유의 시대 분위기 속에서 일반적으로 취해진 불교 선양의 방식이라고 볼 수 있다. 따라서 이 책은 조선 후기의 사회상에서 불교를 이해하는 데에 귀중한 자료적 가치를 가진다고 할 수 있다.

유불선 삼교三敎가 표현만 달랐지 일가一家의 의미를 지니고 있다는 전제하에 저술한 것처럼 보이는 이 책은 비교종교학을 연구하는 데에도 시사하는 바가 적지 않다. 「법어」가 담고 있는 내용과 표현을 보면 저자의 사상적 깊이가 만만치 않음이 느껴지는데, 아직 이에 대한 교학적 탐구와 불교사적 의의 규명은 제대로 이루어지지 않은 실정이다. 학계의 관심이 필요한 문헌이다.

6. 참고 문헌

범해 각안, 김두재 역, 『동사열전』, 동국대학교출판부, 2015.
동국대학교 불교문화연구소 편, 『한국불교찬술문헌총록』, 동국대학교출판부, 1976.
동국대학교 중앙도서관 고서목록편찬위원회 편, 『고서목록』, 보고사, 2006.
운허 용하, 『불교사전』, 동국역경원, 1984.
이능화, 『조선불교통사』, 신문관, 1918.
『한국민족문화대백과사전』, 한국정신문화연구원, 1991.

차례

해붕집海鵬集 해제 / 249
일러두기 / 262

법어法語
해붕海鵬 천유天游 법어 263

경찬敬贊−134편
정명 거사 경찬 敬贊淨名居士 313
방 거사 경찬 敬贊龐居士 314
선재동자 경찬 敬贊善財童子 315
가섭존자 경찬 敬贊迦葉尊者 316
마명 대사 경찬 敬贊馬鳴大師 317
용수 대사 경찬 敬贊龍樹大師 318
달마 대사 경찬 敬贊達摩大師 319
혜가 대사 경찬 敬贊慧可大師 320
육조 대사 경찬 敬贊六祖大師 321
백장 화상 경찬 敬贊百丈和尙 322
현장 법사 경찬 敬贊玄奘法師 323
도안 법사 경찬 敬贊道安法師 324
청량 국사 경찬 敬贊淸凉國師 325
조백 대사 경찬 敬贊棗栢大師 326
구마라집 법사 경찬 敬贊羅什法師 327
불도징 경찬 敬贊佛圖澄 328
규봉 대사 경찬 敬贊圭峰大士 329
장수 선사 경찬 敬贊長水禪師 330
지자 대사 경찬 敬贊智者大師 331
천연 선사 경찬 敬贊天然禪師 332
대혜 대사 경찬 敬贊大慧大士 333

고봉 화상 경찬 敬賛高峰和尙 ········ 334
태전 선사 경찬 敬賛太顚禪師 ········ 335
선각 선사 경찬 敬賛善覺禪師 ········ 336
황벽 화상 경찬 敬賛黃蘗和尙 ········ 337
조주 화상 경찬 敬賛趙州和尙 ········ 338
혜원 법사 경찬 敬賛惠遠法師 ········ 339
일행 대사 경찬 敬賛一行大師 ········ 340
도선 국사 경찬 敬賛道詵國師 ········ 341
지공 화상 경찬 敬賛指空和尙 ········ 342
나옹 화상 경찬 敬賛懶翁和尙 ········ 343
무학 화상 경찬 敬賛無學和尙 ········ 344
아도 화상 경찬 敬賛阿度和尙 ········ 345
자장 율사 경찬 敬賛慈藏律師 ········ 346
원효 대사 경찬 敬賛元曉大師 ········ 347
의상 대사 경찬 敬賛義湘大士 ········ 348
윤필 대사 경찬 敬賛尹弼大師 ········ 349
무착 조사 경찬 敬賛無著祖師 ········ 350
대각 국사 경찬 敬賛大覺國師 ········ 351
일선 화상 경찬 敬賛一禪和尙 ········ 352
보조 국사 경찬 敬賛普照國師 ········ 353
혜철 국사 경찬 敬賛慧徹國師 ········ 354
함허당 경찬 敬賛涵虛堂 ········ 355
태고 화상 경찬 敬賛太古和尙 ········ 356
환암 대사 경찬 敬賛幻庵大師 ········ 357
구곡당 경찬 敬賛龜谷堂 ········ 358
등계 선사 경찬 敬賛登階禪師 ········ 359
벽송당 경찬 敬賛碧松堂 ········ 360
부용당 경찬 敬賛芙蓉堂 ········ 361
사명당 경찬 敬賛泗溟堂 ········ 362
허응당 경찬 敬賛虛應堂 ········ 363
청매당 경찬 敬賛靑梅堂 ········ 364

부휴 대사 경찬 敬贊浮休大師 ········ 365
벽암당 경찬 敬贊碧巖堂 ········ 366
소요당 경찬 敬贊逍遙堂 ········ 367
편양당 경찬 敬贊鞭羊堂 ········ 368
중관당 경찬 敬贊中觀堂 ········ 369
진묵당 경찬 敬贊震默堂 ········ 370
취미당 경찬 敬贊翠微堂 ········ 371
풍담당 경찬 敬贊楓潭堂 ········ 372
백암당 경찬 敬贊栢巖堂 ········ 373
선탄 선사 경찬 敬贊禪綻禪師 ········ 374
백곡당 경찬 敬贊白谷堂 ········ 375
구피 선사 경찬 敬贊枸皮禪師 ········ 376
영월당 경찬 敬贊詠月堂 ········ 377
침굉당 경찬 敬贊枕肱堂 ········ 378
월저당 경찬 敬贊月渚堂 ········ 379
월담당 경찬 敬贊月潭堂 ········ 380
무용당 경찬 敬贊無用堂 ········ 381
환성당 경찬 敬贊喚惺堂 ········ 382
설암당 경찬 敬贊雪巖堂 ········ 383
계음당 경찬 敬贊桂陰堂 ········ 384
영해당 경찬 敬贊影海堂 ········ 385
회암당 경찬 敬贊晦庵堂 ········ 386
호암당 경찬 敬贊虎巖堂 ········ 387
남악당 경찬 敬贊南嶽堂 ········ 388
상월당 경찬 敬贊霜月堂 ········ 389
원참 조사 경찬 敬贊元旵祖師 ········ 390
상봉당 경찬 敬贊霜峰堂 ········ 391
설봉당 경찬 敬贊雪峰堂 ········ 392
명진당 경찬 敬贊明眞堂 ········ 393
함월당 경찬 敬贊涵月堂 ········ 394
용담당 경찬 敬贊龍潭堂 ········ 395

설파당 경찬 敬贊雪坡堂 396
남악당 경찬 敬贊南岳堂 397
해봉당 경찬 敬贊海峰堂 398
용암당 경찬 敬贊龍巖堂 399
환암당 경찬 敬贊喚庵堂 400
관송당 경찬 敬贊觀松堂 401
천봉당 경찬 敬贊天峯堂 402
대원당 경찬 敬贊大圓堂 403
묵암당 경찬 敬贊默庵堂 404
와운당 경찬 敬贊臥雲堂 405
연담당 경찬 敬贊蓮潭堂 406
허곡당 경찬 敬贊虛谷堂 407
응암당 경찬 敬贊應巖堂 408
운월당 경찬 敬贊雲月堂 409
이악당 경찬 敬贊而嶽堂 410
농암당 경찬 敬贊聾庵堂 411
혜암당 경찬 敬贊惠庵堂 412
완월당 경찬 敬贊玩月堂 413
영파당 경찬 敬贊影波堂 414
추파당 경찬 敬贊秋波堂 415
역암당 경찬 敬贊櫟庵堂 416
취암당 경찬 敬贊鷲巖堂 417
통연당 경찬 敬贊洞然堂 418
나암당 경찬 敬贊懶菴堂 419
퇴암당 경찬 敬贊退巖堂 420
청파당 경찬 敬贊靑坡堂 421
몽암당 경찬 敬贊蒙庵堂 422
설송당 경찬 敬贊雪松堂 423
사봉당 경찬 敬贊獅峯堂 424
혜월당 경찬 敬贊慧月堂 425
낙허당 경찬 敬贊樂虛堂 426

월성당 경찬 敬贊月城堂 427
취암당 경찬 敬贊翠巖堂 428
제봉당 경찬 敬贊霽峯堂 429
율봉당 경찬 敬贊栗峯堂 430
납암당 경찬 敬贊衲庵堂 431
일지당 경찬 敬贊一指堂 432
화악당 경찬 敬贊華岳堂 433
뇌묵당 경찬 敬贊雷默堂 434
성곡당 경찬 敬贊聖谷堂 435
연파당 경찬 敬贊蓮波堂 436
당호堂號는 해붕海鵬이라 하니, 이른바 남쪽~ 堂號曰海鵬。此所謂圖南鵬者。 437
불호佛號를 천유天遊라 하니, 이른바 하늘에~ 佛號曰天遊。此所謂上天遊者。 439
도호道號를 현허玄虛라 하니, 이른바 현묘~ 道號曰玄虛。此所謂虛玄道者。 441
인악당을 찬하다 讚仁岳堂 443
정암당을 찬하다 讚靜庵堂 444
만암당을 찬하다 讚萬巖堂 445
의암당을 찬하다 讚義庵堂 446
경암당을 찬하다 讚鏡庵堂 447
남명당 전령 대사를 찬하다 讚南冥堂展翎大師 448
해명당을 찬하다 讚海溟堂 449

시詩-63편

김 상사에게 드리다 呈金上舍 450
사람마다 가지고 있는 보배 창고 題人之箇箇寶藏 451
선객 題禪客 452
봄 풍경 春景 453
〈은하수〉 시의 운자를 따서 次銀河水韻 454
〈선암사 서청의 봄〉 시의 운을 따서 次仙巖書廳春□韻 455
고운 선생의 시운을 따서 次孤雲先生韻 456
석천암 題石泉菴 457
정암당에게 드리다 贈靜菴堂 458

철 스님이 시를 구하기에 수답하여 酬哲師求 459
〈단비의 기쁨〉 시의 운을 따서 次喜雨韻 460
〈서쪽 도적을 소탕함〉 시의 운을 따서 次西賊掃盪韻 461
삼가 용루에 걸린 〈평복〉 시의 운을 따서 謹次龍樓平復韻 462
한 가지 진리가 만 가지로 다르며 만 가지 다른 것도~ 一理萬殊萬殊一理 463
장안의 거사에게 드리다 贈長安居士 464
초의당 의순에게 드리다 贈草衣堂意恂 465
보리암에서 題菩提菴 466
중암당의 시운을 따서 次中巖堂韻 467
아객의 시운을 따서 次衙客韻 468
〈금강암〉 시의 운을 따서 次金剛菴韻 469
도솔암에서 題兜率庵 470
바다를 건너며 읊다 越海吟 471
용문사 題龍門寺 472
금산에서 2운 題錦山二韻 473
화방사 題花芳寺 474
화림사 題花林寺 475
대원사 題大源寺 476
다솔사 題多率寺 477
촉석루 題矗石樓 478
방장산 題方丈山 479
삼가 용암당의 시운을 따서 走次聳巖堂韻 480
삼각산 보토소 題三角山補土所 481
학송당 묘원 스님에게 드리다 贈鶴松堂妙圓 482
금강반야 題金剛般若 483
최고의 화가 관허당 설훈 題寬虛堂雪訓畵魁 484
남한산성에 올라 登南漢城 485
홍림재 벽상의 시운을 따서 次興林齋壁上韻 486
순천 이 사군이 부르는 운으로 順天李使君呼韻 487
삼가 계음헌의 시운을 따서 謹次桂陰軒韻 488
삼가 〈수석정〉 시의 운을 따서 謹次水石亭韻 489

삼가 〈보조암〉 시의 운을 따서 謹次普照菴韻 490
삼가 대둔사 현판 위의 시운을 따서 謹次大芚寺板上韻 491
성천 강선루에 올라 登成川降仙樓 492
삼가 〈정수암〉 시의 운을 따서 謹次淨水庵韻 493
관해당에서 題觀海堂 494
담연정에 올라 登澹然亭 495
삼가 〈죽수와〉 시운을 따서 走次竹水窩韻 496
주도에서 온 객의 시운을 따서 次主都客韻 497
윤 생원이 지은 〈한양〉 시의 운을 따서 次尹生員吟漢陽韻 498
태극정에 올라 登太極亭 499
영파당이 지은 〈영각〉 시의 운을 따서 次影波堂影閣韻 500
입춘음 立春吟 501
〈제야음〉 시의 운을 따서 次除夜吟 502
〈한묵장〉 시의 운을 따서 次翰墨場韻 503
삼가 『표충록』의 운을 따서 謹次表忠錄韻 504
삼가 충무각에 제하다 謹題忠武閣 505
삼가 〈정종조 인산〉 시의 운을 따서 謹次正宗朝因山韻 506
새로 옛 강학을 열다 新開舊講 507
〈차를 달이다〉 시의 운을 따서 次烹茶韻 508
순종 사미에게 주다 贈順宗沙彌 509
과객이 지은 시의 운을 따서 次過客韻 510
〈승가사 모임〉 시의 운을 따서 次僧伽寺會韻 511
〈미타회〉 시의 운을 따서 次彌陀會韻 512

[부록] 해붕 대사 시축의 운을 따서 짓다 題海鵬大師詩軸韻 513

주 / 515

찾아보기 / 554

일러두기

1 '한글본 한국불교전서'는 문화체육관광부의 지원을 받아 동국대학교 불교학술원에서 수행하고 있는 '불교기록문화유산아카이브(ABC)사업'의 결과물을 출간한 것이다.
2 이 책은 『한국불교전서』(동국대학교출판부 간행) 제12책의 『해붕집海鵬集』을 번역한 것이다.
3 번역문에 이어 원문을 수록하고 고리점(。)을 삽입하였다.
4 원문은 『한국불교전서』를 기본으로 하되, 그 저본이 되는 필사본을 대교하여 제시하였다. 역자의 교감 내용에서 '저본'이라 함은 『한국불교전서』의 저본을 말한다.
5 원문의 교감 사항은 번역문의 미주와 별도로 원문 아래 부분에 제시하였다.
　㉔은 『한국불교전서』 편찬자가 교감한 내용이다.
　㉕은 번역자가 교감한 내용이다.
6 약물은 다음과 같다.
　『　』: 서명
　「　」: 편명, 산문 작품
　〈　〉: 시 작품

법어法語[1]

해붕海鵬 천유天游 법어

'장유대방가壯游大方家'라 제목을 붙이고 쓴 서문[1]

 불가佛家의 수승殊勝하면서도 광대하며 굉활玄闊하면서도 확여廓如한 논리, 이것은 이른바 끝이 없는 법계法界의 넓고 넓은 데에 천지天地가 감추어져 있다는 것이다.
 아! 슬프다. 우리 동쪽 나라(東國)에 부처님의 법이 흔적 없이 사라진 지가 오래되었도다. 근래에 출가하여 승려가 된 사람이 비록 수천, 수만 명이라고 말하지만, 그러나 어느 한 사람도 대도大道를 통달하여 인천人天의 스승이 된 이가 없으니, 무인지경無人之境이라고 말할 만하다. 그러니 어찌 중국의 대도를 체득한 고승들에게 부끄러워하지 않을 수 있겠는가? 나와 같은 사람은 본디 하백河伯[2]의 후손으로서 다행히도 주세불主世佛이신 대방사大方師를 만나 내 마음의 눈(心目)을 열고 지금 대방가大方家[3]에 나아갔으니, 그렇게 보면 이것은 실로 많고 많은 대천세계大千世界에 하나의 크고 웅장하며 위대하고 뛰어난 일로서 이 세간에 그 어떤 일들이 다시 이것보다 더 나은 것이 있겠는가? 부처님의 은혜를 만분의 일이나마 갚고자 한다면 있는 힘을 다해서 부처님께서 부처님이 된 까닭에 대하여 찬탄하고, 입 내키는 대로 독송하여 도道를 터득해야 할 것이며, 손 가는

---

1) 원 '法語' 두 자는 편자가 보입하였다.

대로 항상 경을 쓰되 천지와 더불어 길이 보존하도록 해야 할 것이다.

현성玄聖(가장 뛰어난 성인)의 현모玄眸(맑은 눈, 깨달은 이의 눈)로 살펴보면 본래 상현천上玄天(하늘)은 넓고 낙락落落[4]하며 매우 현묘하고 현묘하며(太玄玄) 텅 비고 깊은 이치를 지닌 도(虛玄道)일 것이다. 본래 상현천이 넓고 낙락하며 매우 현묘하고 현묘한 텅 비고 깊은 이치를 지닌 도라는 것은 곧 나 또한 본래 상현천이 넓고 낙락하며 매우 현묘하고 현묘한 텅 비고 깊은 이치를 지닌 도이고, 저 또한 본래 상현천이 넓고 낙락하며 매우 현묘하고 현묘한 텅 비고 깊은 이치를 지닌 도인 것이다.

海鵬天游法語

自題壯游大方家序。[1)]

佛家之勝大宏潤廓如之論。此所謂藏天地於無極法界廓如者。

嗚呼。惟我東國佛法掃地之日久矣。挽近以來。出家爲僧者。雖數千萬人。然無一人通大道而爲人天大師者。則可謂無人之境。豈不愧中國體大道高僧乎。如我者。素是河伯之流。幸逢主世佛之大方師。開我心目。而今趣大方之家。則此實多多大千之一大雄偉勝事。世間何等事。復勝於此乎。爲報佛恩之萬一。盡力贊歎佛之所以爲佛。而信口道得。信手書之。與天地并長存者。

玄聖之玄眸看來。本來上玄天廓落落太玄玄之虛玄道者。本來上玄天廓落落太玄玄之虛玄道者。則我亦本來上玄天廓落落太玄玄之虛玄道者。彼亦本來上玄天廓落落太玄玄之虛玄道者。

---
1) ㉮ 저본과 『韓國佛敎全書』 수록본의 단락 구분에 약간의 차이가 있다. 여기서는 저본을 기준으로 단락을 구분하여 제시한다.

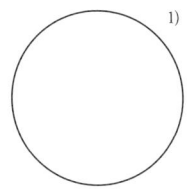

인간이 깨닫지 못하면 누가 먼저 깨달을 것인가	人間不覺誰先覺
세상은 아무도 모르거니와 나 자신만은 아니	世上無知我自知
가련하다 배 상국,[5] 삼공[6]의 늦음이여	可憐裵相三生[2]晚
도리어 장선[7]의 한바탕 꿈이 더딤을 비웃네.	却笑莊仙一夢遲

1) ㉮ 저본에 따라 일원상의 위치를 위로 올렸다. 2) ㉯ '生'은 '公'의 오자인 듯하다. 번역은 '公'에 따른다. 이하 교감한 결과를 반영하여 번역하였다.

상현천의 본질本質과 본유本有는 오유향烏有鄉[8] 이하의 그림자 같은 것으로 원래 공한 것(影子元空)이다.

현령玄靈(신령과 같은 의미)의 현묘한 눈(玄眸)으로 살펴보면, 멀리 사물에서 취하는 것도 그 또한 본래 상현천이 넓고 낙락하며 매우 현묘하고 현묘한 것으로서 그 가운데에는 본래 아무 물건도 없는 것이니, 비유하면 마치 맑은 눈으로 진리를 보면 허공 속에는 본래 꽃이 없는 것과 같으며, 가까이 몸에서 취하는 것도 역시 본래 상현천은 넓고 낙락하며 매우 현묘하고 현묘한 밖에는 본래 몸이 없는 것이니, 이를 비유하면 마치 맑은 눈으로 진실하게 보면 등불 뒤쪽에도 본래 그림자가 없는 것과 같은 경우이다.

上玄天之本質本有者。烏有鄉以下之影子元空者。
以玄靈之玄眸看來。遠取物。亦本來上玄天廓落落太玄玄。中本無物。如淸眼眞見。空中本無華。近取身。亦本來上玄天廓落落太玄玄外。本無身。如淸眼眞見。燈後本無影者。

태현의 성인(太玄聖)은 넓고도 큰 현묘한 경계에 나아간다. 저 현묘한 것(玄)이 곧 사물이니, 그런 까닭에 사물이 곧 현묘한 것이다. 이를 비유해서 말하면 하늘이 바로 별이니 그런 까닭에 별은 곧 하늘이라는 경우와 같다. 그렇다면 최초의 상현천은 넓고 낙락하며 매우 현묘하고 현묘한 가운데 오유향이 생기고, 또한 오유향 가운데 한낱 깨달음의 경계가 생겨나며, 또 한낱 깨달음의 경계 가운데 천지와 만물이 생겨나기 때문에 천지와 만물은 본래 공空한 것이다. 이것이 곧 한낱 깨달음의 경계이고, 또한 이 한낱 깨달음의 경계 역시 공한 것이니, 곧 이것이 오유향인 셈이다. 오유향도 역시 빈 것이니 그것은 곧 최초의 상현천이 넓고 낙락하며 매우 현묘하고 현묘하기 때문이다.

太玄聖之造詣於廣大玄妙之境界也。夫玄卽是物。故物卽是玄。如天卽是星。故星則是天。則最初上玄天廓落落太玄玄中。生烏有之鄕。又烏有鄕中。生一覺境界。又一覺境中。生天地萬物。故天地萬物本空。卽是一覺境界。又一覺境亦空。卽是烏有之鄕。又烏有鄕亦空。卽是最初上玄天廓落落之太玄玄者。

비유하면 마치 세속에서 이른바 태초太初의 상현천이 넓고 낙락하며 크게 현묘하고 현묘한 가운데 화장세계華藏世界에 누각이 생기고 또 화장세계의 누각 가운데 하나의 자라장紫羅帳[9]이 생기며, 또 하나의 자라장 가운데 한량없이 많은 진주眞珠가 생기기 때문이다. 한량없이 많은 진주도 본래 공한 것이니 그렇다면 이것도 곧 하나의 자라장이요, 또한 하나의 자라장도 공한 것이라면 이는 바로 화장세계의 누각일 것이다. 또 화장세계의 누각 역시 공한 것이라면 이것은 태초의 상현천이 넓고 낙락하며 크게 현묘하고 현묘한 것이다.

대저 불가의 심지법문心地法門이란 곧 마음이 곧 부처이고, 나지도 않고 소멸하지도 않으며, 하늘도 덮고 땅도 덮는 대경대법大經大法이다. 그러므로 마음으로써 마음에 전하고 거울처럼 밝게 비추는 것이니, 큰 도통道統을 전하여 큰 가업家業을 부촉하는 것이다. 낱낱 사람마다의 분수 위에 본래부터 청정하고 적멸寂滅한 것이요, 본래부터 허령虛靈한 지각知覺을 말한다.

譬如世所謂太初上玄天廓落落太玄玄中。生華藏樓閣。又華藏樓閣中。生一紫羅帳。又一紫帳中。生無量眞珠。故無量眞珠本空。則是一紫羅帳。又一紫羅帳亦空。則是華藏樓閣。又華藏樓閣亦空。則是太初上玄天廓落落太玄玄者。

大抵佛家之心地法門。則卽心卽佛。不生不滅。盖天盖地。大經大法。故以心傳心。如鏡照鏡。傳大道統付大家業也。箇箇人人分上。本來淸淨寂滅者。本來虛靈知覺者。

근본을 새롭게 해서 부처를 이루는 것은 문질文質[10]이 빈빈욱욱彬彬郁郁[11]한 주세불主世佛이다. '본각은 본래부터 부처를 이루고 있었다(本覺本成佛)'는 입장에서 보면 낱낱의 사람마다 아주 오랜 옛날부터 부처를 이루고 있었다. 그러나 '시각은 처음으로 부처를 이루었다(始覺新成佛)'는 입장에서 보면 낱낱의 사람마다 불각不覺의 범부에 지나지 않는다. 그렇다면 비록 본분本分이 있다고 하더라도 반드시 새로 훈습(新熏)함이 있은 연후에야 새로 본래의 부처를 이루어서 문질이 빈빈욱욱한 제일의 태평천자太平

天子가 되는 것이라는 말이 된다. 삼재三才 중에는 하늘이 최상이 되고, 삼교三敎 중에는 부처가 우두머리가 된다. 유교儒敎는 이치를 궁구하여 천성天性을 다하는 것(窮理盡性)을 가르쳐서 사람들로 하여금 일생에 입신하고 만세에 이름을 남겨 전하게 하며, 노자老子의 도교道敎에서는 참을 닦고 성을 연마함(修眞鍊性)을 가르쳐서 사람들로 하여금 마음을 맑게 가지고 탐욕을 적게 하며 속골俗骨을 선골仙骨로 바꾸어 신선을 이루게 하며, 불교에서는 마음을 밝히고 자성을 보라고 가르쳐서 사람들로 하여금 가까이는 입신을 기대하고 멀리는 부처 이루기를 기약하는 것이다.

> 新本成佛。文質彬彬郁郁主世佛也。以本覺本成佛看來。箇箇人人。舊來成佛。然以始覺之新成佛看來。箇箇人人。不過不覺凡夫。則雖有本分。必借新熏然後。新本成佛。文質彬彬郁郁之第一太平天子者。三才。天爲上。三敎。佛爲首也。儒敎敎以窮理盡性。令人一生立身。萬世傳名。老敎敎以修眞鍊性。令人淸心寡慾。換骨成仙。佛敎敎以明心見性。令人近期立身。遠期成佛。

이런 까닭에 부처는 도덕道德으로 성취하기에 도덕을 쌓게 하고 인의仁義로 성취하기에 인의를 쌓게 하나니, 도덕과 인의는 큰 스승이 되는 셈이다. 인의의 수역壽域을 소요하고 도덕의 연원淵源을 방랑하여 도덕을 좋아하고 아름다운 색色을 좋아하지 않으며, 인의를 좋아하고 음란한 소리를 좋아하지 않는 것이다. 대저 도덕과 인의를 잘 갖추어 실천에 옮긴 연후에야 저 천성天成의 완전한 몸을 완전하게 했다고 말할 수 있을 것이다. 도덕은 일신一身에서 이룩하고 인의는 만물에 미치게 하는 분이 바로 성인인 능인能仁이시다. 옛날 오吳나라 태재太宰[12]가 공자孔子에게 성인에 대하여 질문을 하자 공자가 바로 자세를 바르게 고치고 말씀하시기를 "내가 들으니 서쪽 지방에 큰 성인이 계시는데 측은히 여기는 마음이 있어서 차마 살생을 하여 먹지 못하고 살리기를 좋아하는 덕을 지녔으므로 마치 하늘의 인자함과 같으시다.……"라고 하였으니, 이것이 바로 성인이라야 성인을 알아볼 수 있다는 말이다.

> 此以。仸以道德。積道德。以仁義。積仁義之。道德仁義。大先生也。逍遙於仁義之壽域。放浪於道德之淵源。而好道德。不好美色。好仁義。不好淫聲。大抵備行道德仁義然後。可謂全其天成之全體者。道德成於一身。而仁義及於萬物之能仁聖人也。昔吳太宰問聖於孔子。孔子有時動容曰。吾聞西方有大聖人。惻隱之心。不忍殺食而好生之德。如天仁者云云。是知聖人能知聖人者。

교가敎家에서의 '마음은 본래 청정한 것이요, 망妄은 본래 빈 것'이라는 논리로 본다면, 사람마다의 분수分數상에 본래 제1천第一天의 광활하고 낙락하며 크게 공하고 공한(太空空) 것이 부처님인 것이다. 부처님은 본래 공적空寂하시나니, 공空은 곧 색色인 까닭에 일체一切의 색상色相을 나타낼 수가 있으시다. 그런즉 참다운 부처님은 모습이 없으시나, 모습이 없으신 모습으로 대천세계를 모두 품고(包羅) 계신다.

선가禪家에서의 본래 한 물건도 없고 그 없다는 것마저도 없는 것이니, 현묘하고 또 현묘하다는 논리로 살펴보면, 사람마다의 분수상에 본래 상현천上玄天의 넓고 낙락하며 크게 현묘하고 현묘한(太玄玄) 것이 부처님인 것이다. 부처님께서는 공공空空[13]을 설하셨고 또 현현玄玄[14]을 말씀하셨으니, 그렇다면 다만 광활하고 낙락한 태공공太空空의 부처님일 뿐만이 아니라, 또한 넓고 낙락한 태현현太玄玄의 부처님이시다.

以教家之心本淨妄本空看來。人人分上。本來第一天廓落落太空空仸也。仸本空寂。而空卽是色。故能現一切色相。則眞仸無相。而無相之相。包羅大千者。

以禪家之本來無一物。而無亦無。玄又玄看來。人人分上。本來上玄天廓落落太玄玄仸也。仸說空空。又譚玄玄。則非但廓落落太空空仸。亦乃廓落落太玄玄仸者。

꿈속의 천지는 허황된 경계이고, 꿈속의 천자天子는 허수아비로다. 태극太極의 광명을 높이 초월하고 이의二儀(陰陽)의 밖에까지 멀리 벗어나서 영원히 늙지 않고 영원히 죽지 않는 것이다.

사람 하나하나마다 누구나 다 똑같이 장부丈夫로서 저마다 하늘을 찌를 기개가 있는 부처이다. "우리 도는 하나로써 모든 것을 꿴다.(吾道一以貫之。)"15라고 하였으니, 대도大道를 하나로써 꿴다는 논리상에서 살펴보면, 낱낱의 사람들은 천진天眞한 본원자성本源自性의 부처님이요, 발꿈치를 모두 땅에 붙이고 콧구멍이 하늘을 찌르는 오랜 옛날부터 이룩된 부처인 것이다. 그런 까닭에 말하기를 "석가모니께서 이 세상에 나오시기 전부터 이미 49년 동안 설법을 하셨고, 달마 대사達摩大師가 서천축西天竺에서 동토東土에 오시기 전부터 이미 소림少林의 미묘한 비결이 있었다."라고 한 것이다.

以夢中天地爲幻境。以夢中天子爲幻人底。高超太極之光。逈出二儀之表。而長成不老。長生不死者。

人人箇箇。丈夫自有衝天仸也。以吾道一以貫之。一貫大道看來。箇箇人人本源自性天眞仸。脚跟點地。鼻孔撩天之舊來成仸。故云釋迦不出世時。果已有四十九年說。達摩不西來時。果已有少林妙訣者。

넓게 활짝 트인 맑은 천지로서 마음자리가 넓게 활짝 트이고 낙락한 대공불大空佛이시다. 세로로는 삼세三世를 다하였으나 삼세에서 애초부터 간단間斷이 없는 때요, 가로로는 시방十方에 두루 퍼졌으나 시방 모든 곳에 텅 비어 결함이 없는 곳으로서 원만하게 달통한 대도는 비유하면 마치 천하 어디에서나 장안長安으로 통하는 큰길과 같은 것이다.

본래부터 청정하고 공평한 불국佛國세계요, 본래부터 태평한 법왕法王이 길이 편안한 본래부터 자연 그대로인 천연불天然佛이시다. 천지가 갈라지기 전보다 앞이요, 부모가 나를 낳기 전보다 앞이며, 부처님과 조사님이 이 세상에 나오시기 전보다 앞이니, 진眞과 속俗의 중도中道가 제1의第一義[16]의 천진한 부처님으로서 본래 자연 그대로 천연天然한 분이시다.

廓淸天地。而廓澈心地之廓落大空佛也。堅窮三世。而三世初無間斷時。橫遍十方。而十方都無空缺處之圓通大道。譬如通天下之長安大道者。
本淸平佛國世界。本太平法王長安之本自天然佛也。先天地未分以前。先父母未生以前。先佛祖未出以前。有眞俗中道第一義天眞佛本自天然者。

부처님은 단지 인仁을 실천하고 선善을 펴며 널리 베풀어 중생들을 건지시는 한 시대의 크나큰 선인善人일 뿐만 아니라, 이것으로 말미암아 가는 것이니 인의와 도덕의 성인이라고 말한다. 하나의 악惡을 버리면 가정에는 하나의 형벌이 쉬고, 나라에는 만 가지 형벌이 그치며, 한 가지 선을 실천하면 가정에는 하나의 경사스러운 일이 일어나고 나라에는 만 가지 경사스러운 일이 일어나나니, 한 가지 선행善行도 오히려 그러하여 자신의 몸에 이롭고 다른 사람까지도 이롭게 하는데, 하물며 오계五戒[17]와 십선十善[18]을 실천함이겠으며, 사제四諦[19]와 십이인연十二因緣[20]을 실천함이겠으며, 또 육도만행六度萬行을 실천함이겠는가? 이것이 바로 우리 부처님께서 나라에 복을 주고 세상을 돕는 분으로서 큰 도道를 통하여 사람과 하늘의 큰 스승이신 석가 대사가 된 이유이다. 성리性理의 연원이 깊고도 깊어서 그 끝을 다 알 수가 없으며, 편의를 따라서 크게 교화하심이 크고도 넓어서 무어라 이름을 붙일 수 없는 것이다. 지혜의 광명이 어느 곳이나 비추어 밝게 하지 않음이 없으니, 이는 마치 가을 달빛이 일천 성을 널리 비추는 것과 같으며, 도덕의 교화가 어느 사물이든 교화하지 않음이 없나니, 이를 비유하면 마치 봄바람이 온 나라에 골고루 불어오는 경우와 같다.

仸非但行仁布善博施濟衆之一大善人。留[1]是以之焉之謂仁義道德聖人也。去一惡。則一刑息於家。萬刑息於國。行一善。則一慶興於家。萬慶興於國。一善尙爾。利於身利於人。況於五戒十善乎。況於四諦十二因緣乎。又況於六度萬行乎。此仸之所以福國佑世者。通大道。而爲人天大師之釋迦大師也。性理之淵源。深深乎不可得而窮焉。隨宜之大化。蕩蕩乎不可得而名焉。智慧光明。無照不燭。同秋月普照千城。道德敎化。無物不化。同春風周行萬國者。

1) ㉣ '留'는 '由'의 오자인 듯하다.

천지도 큰 영대靈臺가 되지 못하고, 유독 부처님 혼자만 드높아서 외외 낙락巍巍落落하고 정나라淨躶躶한 부처님이시다. 무릇 위에 통하고 아래까지 사무치는 영대로서 오직 유일하여 짝할 대상이 없으니, 천지조차 그 높음을 사양해 그 크기를 덮을 수 없으며, 해와 달이 그 밝음을 부끄럽게 여겨 그 광명을 다툴 수 없나니, 그런즉 밝기가 해와 달보다 더한 부처님이요, 덕은 건곤乾坤(천지)보다 더 뛰어난 분이시다.

광명이 밝게 빛나고(光爍爍) 둥글둥글 둥그런(圓陀陀) 대광명大光明의 부처님이시다. 무릇 본각本覺의 큰 지혜의 광명이 법계를 두루 비추는 신통한 큰 광명장光明藏이시니, 귀신도 그 신통에 견줄 수가 없고, 일월日月도 그 밝음을 비교할 수가 없으며, 천지도 그 큼을 비교할 데 없는 분이시다.

> 天地非爲大靈臺。獨自高之。巍巍落落。淨躶躶佚也。夫通上澈下之靈臺。獨一無伴。天地讓其高。而不能覆其大。日月慙其明。而不能爭其光。則明愈日月。德勝乾坤者。
> 光爍爍圓陀陀之大光明佚也。夫本覺大智慧光明遍照法界之神通大光明藏。鬼神不足比其神。日月不足比其明。天地不足比其大者。

아공我空[21]과 법공法空[22]과 구공俱空[23]은 물론 이 삼공三空 외에 또 하나의 매우 넓은 허공(大活虛空)의 부처님이시다. 하늘보다 앞이요, 땅보다 뒤이며, 하늘도 덮어 버리고 땅까지 덮어 버리는 커다란 활물活物이시다. 이는 곧 고금古今에 왕래하고 고금을 꿰뚫어 걸쳐 있는 장생長生의 진리로서, 비유하면 마치 그지없이 광대하여 태허太虛에 가득 펴져 있는 것과 같으니, 이는 곧 오래 가고 멀리까지 미치는 것이 한계가 없는 만고萬古의 넓은 하늘(長空)과 같다.

도덕은 천지간에 으뜸이요, 복덕福德은 티끌 세계를 뛰어넘은 부처님이시다. 도의 높음과 덕의 귀함이 인간 세상이나 천상 세계를 망라한 시방 삼세에 제일로서 짝할 이가 없기 때문에, 삼계三界의 모든 하늘이나 만국의 모든 제왕帝王들이 모두 다 가르침을 믿고 받아 받들어 실천하면서 예를 올리고 미래제未來際가 다하도록 공양을 올리는 것이다.

> 我空法空俱空三空外。有一大活虛空佚也。先天後地。盖天盖地大活物。則是古徃今來亘古亘今之長生理。比如廣大無邊之萬布太虛。卽是長遠無限

之萬古長空者。
道德冠天地。福德過塵沙仸也。道之尊德之貴。爲人間天上十方三世第一
無雙故。三界之諸天。萬國之諸王。悉皆信受奉行而禮。供養盡未來際者。

부처님께서는 천지를 작은 먼지처럼 하찮게 여기시고 생사를 물거품이
나 허깨비처럼 여기시며, 삼계의 밖에까지 초출超出하셨도다. 대저 선 자리
에서 부처를 이루시고 세상에 계시면서 깨달음의 자리에 오르셨으니, 그러
한즉 이 몸을 바꾸지 않으시고 삼계에 머물러 계시지도 않는 분이시다.
중생들과 모든 부처님은 대총상大摠相 모든 자리(都位)의 부처님이시다.
법法은 비록 동일한 맛이기는 하지만 중생들의 이해가 같지 않으며, 상像
은 비록 똑같은 몸이지만 만지는 사람에 따라 각각 다르게 생각한다. 그
렇다면 중생들과 모든 부처님의 겉모습이 환幻으로 변화한 텅 빈 몸은 하
늘과 땅만큼 다르다고 판단하지만, 중생들과 모든 부처님의 중심이 청정
한 법신法身은 북방 사람이나 남방 사람이 일가一家인 것이다.

仸以天地爲微塵。以生死爲泡幻。而超出三界之表也。大抵立地成仸。在世
登覺。則不易此身。不居三界者。
衆生諸仸。大摠相都位之仸也。法雖一味。而衆解不同。像雖一身。而摩者
各別。則衆生諸仸外相之幻化空身。霄壤辨異。衆生諸仸中心之淸淨法身。
胡越一家者。

낱낱 사람마다의 가슴속에 오직 일반공一般空의 제1의공第一義空 부처
님이시다. 지혜의 허공(智虛空)과 진리의 허공(理虛空)과 둘을 합한 허공(合
虛空)의 일대一大 활허공活虛空 부처님이시다. 온통 허공신虛空身으로서 넓

고도 크고 원만하시며, 청정하시고 원만하여 상방上方의 허공과 하방下方의 허공인 시방세계 모든 허공과 함께하시는 분이시다.

한없이 넓고 크며 툭 트이고 커다란(恢弘廓大) 법신法身·보신報身·화신化身의 삼신불三身佛이시다. 하나가 되실 수도 있고 많음이 되실 수도 있으며, 크게 하실 수도 있고 작게 하실 수도 있어 크게 하려고 하면 너무도 커서 밖을 찾아볼 수 없이 법계를 온통 다 포함할 수 있으시며, 작게 하려고 하면 너무도 작아서 틈이 없이 아주 미세한 먼지 속에도 들어갈 수 있는 천변만화千變萬化를 자유롭게 하는 분이시다.

> 箇箇人人胷中。惟有一般空之第一義空佛也。以智虛空理虛空合虛空之一大活虛空佚。渾虛空身。廣大圓滿。淸淨圓同上方虛空下方虛空之十方虛空者。
> 恢弘廓大之法報化三身佚也。能一能多能大能少。而能大則大而無外。大抱法界。能少則少而無間。細入微塵。千變萬化者。

법신의 이치가 항상 청정하고 반야般若의 지혜가 끊임없이 비추는 부처님이시다. 부처님께서는 그런 까닭에 증득證得한 것을 가지고 교화를 일으키시고 증득한 것과 같이 팔만대장경의 경문을 설하셨으니, 대개 사람마다 본래부터 갖추고 있는 낱낱의 원만하게 성취한 도의 이치에 머무른 분이시다. 도는 인정人情에 숨어 있으니 말이 아니면 무엇으로 그 지취旨趣를 헤아려 알 수 없으며, 진리는 형상(像)에 존재하고 있으니 책이 아니면 무엇으로써 그 미묘함을 통달할 수가 없다.

마음이 곧 부처라고 하는 불가는 마음이 아니면 성취할 수 없나니, 비유하면 마치 집을 짓는데 터(地)가 없으면 집을 완성할 수 없는 것과 같다. 마음을 법의 요체(法要)로 삼아 일대교一大敎의 종지宗旨가 되고, 비밀하게 전수함으로써 일대교의 조종祖宗을 삼나니, 그 종지는 곧 성현의 도의 근원이요, 생령들의 미묘한 근본이며, 그 조종은 만세에 계戒와 정定을 배우는 큰 규범이요, 12부部 경전의 참다운 궤칙軌則이다.

法身之理恒淸淨。般若之智常照了佽也。佽所以從證起化。如證而說八萬大藏經文。盖留人人本具介介圓成之道理。道隱乎情。非言無以詮其旨。理存乎像。非書無以達其微者。
卽心是佽之佽家。非心不成。譬如作屋。非地不成也。以心法要。爲一大敎之宗。以密傳受。爲一大敎之祖。其宗則聖賢之道源。生靈之妙本。其祖則萬世學戒定之大範。十二部經之眞軌者。

부처님의 몸도 바로 텅 빈 것이다. 몸에 나아가 공空을 관찰해 보면 마음도 실상이 아니니, 마음을 관觀하되 환幻과 같다고 여기는 오유 선생烏有先生[24]이시다. 일곱 자의 몸은 헛것으로서 실체가 없는 것이며, 방촌方寸만 한 마음 또한 실체가 없는 것이니, 그런 까닭에 형상인 나를 잊어서 나를 잃어버린다면 단지 일곱 자의 몸뚱이인 허깨비 같은 몸도 실체가 없는 나라고 하는 것일 뿐만 아니라, 오직 나의 소유도 아니다. 비록 방촌만 한 마음의 법신이 참다운 나라고 말하여도 그 또한 나의 소유는 아니다.

우리 부처님 금선金仙 세존世尊께서 도솔천兜率天으로부터 왕궁에 강림하시어 마야摩耶 부인의 태에 들었다가 오른쪽 옆구리로 탄생하시자마자 한 손으로는 하늘을 가리키시고 또 다른 한 손으로는 땅을 가리키시면서 천상과 천하에 오직 나만이 홀로 존귀하다고 말씀하셨다. 하늘 중에 하늘이시라 빛나고 빛나(赫赫) 마치 뭇별들 가운데 보름달이 유독 짝할 만한 게 없는 것과 같고, 하늘 위의 하늘이시라 높고도 높아(巍巍) 마치 바다 위에 높다란 산봉우리는 그 곁에 아무도 없는 것과 같도다.

佅身是虛哉。卽身觀空。心非實也。觀心如幻之烏有先生也。七尺身虛假。而方寸心亦假故。所以忘形我而喪我者。則非但七尺身之幻身。假我。獨非我有。雖曰。方寸心之法身眞我。亦非我有者。¹⁾
我佅金仙世尊。從兜率降王宮。入摩耶胎。右脇誕生。一手指天。一手指地曰。天上天下惟我獨尊也。天中天赫赫。若星中之滿月。獨一無伴。天上天巍巍。若海上之高峯。旁若無人者。

1) ㉓ '有者'는 저본에 '者有'로 썼는데, 바꾸어 읽으라는 표시가 있다.

도道는 고금古今이 없건만 사람들은 혼미한 사람과 깨달은 이가 있기 때문에 부처님께서 여기에 출현하셔서 유정有情들에게 자성自性은 혼미함이 없다는 것을 깨우쳐 주시고, 중생들에게 본심本心의 근원을 깨닫도록 가르치셨다. 모습 없는 모습을 나타내시고 말이 없는 설법으로 설하시어 근원을 잃고 헤매는 사람들로 하여금 활연豁然케 함이 마치 구름을 걷어 낸 것 같으셨고, 진리에 막힌 사람들로 하여금 환연渙然케 함이 흡사 얼음이 녹아내리듯 하셨도다.

적멸한 도량 속에서 부처님께서는 공환空幻의 무리들과 함께 꿈속에서 허깨비 같은 불사佛事를 지으셨다. 맨 먼저 성불하시고 나서 『화엄경』을 완벽하게 설하시었으며, 나아가 49년 동안 설하신 팔만대장경에 이르기까지 말씀하신 것은 곧 의리선義理禪[25]이요, 필경에는 세 장소에서 심법心法을 전하셨으니, 그것은 곧 교리를 벗어나 특별히 전하신 일미선一味禪[26] 가운데에 일미一味를 간직한 여래선如來禪[27]과 일미에 빠진 조사선祖師禪[28]이다.

道無古今。而人有迷悟。故佅於是焉出。戒有情無迷自性。訓衆生悟本心源也。相無相之相。說無說之說。使迷源者。豁然若雲捲。使滯理者。渙然若氷釋者.
寂滅場中. 佛與空幻之徒. 作夢幻佅事也. 始自初成. 頓說華嚴經. 乃至
四十九年說之八萬大藏經. 則說義理禪. 而畢竟三處傳心. 則敎外別傳一
味禪中. 存一味之如來禪. 及沉一味之祖師禪者.

의천義天이 요확寥廓[29]하고 법해法海가 왕양汪洋한 부처님이시다. 부처
님께서 『화엄경』에서 여실如實하게 증명하여 설하셨도다. 최초에 일진법
계一眞法界를 설하여 마친 가운데 본래 이법계理法界[30]와 이사무애법계理
事無碍法界[31]와 사법계事法界[32] 그리고 겸하여 사사무애법계事事無碍法界[33]
에 대하여 자세하게 말씀하셨다.

공왕불空王佛[34] 세계의 최초에는 어떤 말씀이 있으며 공왕불의 처소에
도 역시 어떤 심법을 전하신 일이 있었는가? 바람과 구름(風雲, 자연의 소리)
으로 법을 보이실 수 있었고 실과 대나무(絲竹, 악기의 소리)로 마음을 전하
실 수 있었다. 통달한 사람은 서로 만나면 말을 벗어나 서로 마주 보고 두
사람의 마음이 목격할 즈음에 서로 비추어 안다. 그런 까닭에 세존께서
역시 꽃을 뽑아 들어 대중들에게 보이셨을 뿐이요, 가섭迦葉 또한 그 뽑아
든 꽃을 보고 얼굴에 부드럽고 조용한 미소를 띠었을 뿐이다.

義天寥廓. 法海汪洋佛也. 佅於華嚴經中. 如證而說也. 說盡最初一眞法界
中. 本具之理法界. 及理事無碍法界. 與事法界. 兼事事無碍法界者.
空王佛世界初. 何有言說. 空王佅所. 亦何有傳心之事耶. 風雲可以示法.
絲竹可以傳心也. 達者相逢. 言外相見. 而照兩心於目擊之際. 故世尊亦擧
拈花示衆而已. 迦葉亦破顔微笑而已者.

인간 세계의 유도儒道를 벗어났고, 천상 세계의 선도仙道를 벗어났으며, 삼계三界의 범부凡夫를 벗어났고, 삼승三乘의 성현聖賢을 벗어난 제일승第一乘의 불도佛道이다. 부처님께서는 인간 세계와 천상 세계와 시방 삼세에 더할 나위 없이 높은 대법왕大法王이시다. 그런 까닭에 말하기를 "부처님의 등불이 지혜 불꽃 전함이여, 어찌 세속의 등불을 빌릴 것이며, 부처님의 지위에서 부처님의 직분을 받았음이여, 어찌 하늘에서 주는 벼슬과 나란할 수 있겠는가?"라고 하였다. 그러니 부처님은 법法에서 자재自在하신 만법萬法 가운데 왕이시다. 만법의 살인도殺人刀를 쓸어 없애 버리니, 비유하면 마치 충천대장衝天大將[35]의 하늘의 긴 칼로 인하여 시방세계의 정情이 있는 중생들과 정이 없는 중생들이 모두가 손을 모으고 공경스러운 태도로 목숨을 애걸하는 것과 같으며, 만법의 활인검活人劍을 건립하니 비유하면 마치 무진옹無盡翁의 무진장無盡藏에 대하여 시방세계의 정이 있는 중생들과 정이 없는 중생들이 모두 저절로 의기를 토해 내는(吐氣自若) 것과 같다.

人間儒道外。天上仙道外。三界凡夫外。三乘聖賢外。第一乘佛道也。伏爲人間天上十方三世無上大法王。故云伏燈之傳智焰兮。胡假世燈。佛位之受伏職兮。寧齊天爵。佛於法自在之萬法中王也。掃蕩萬法之殺人刀。如衝天大將倚天長劍。盡十方情與無情。拱手乞命。建立萬法之活人劍。如無盡翁之無盡藏。盡十方情與無情。吐氣自若者。

장애障碍가 없는 법계에서 크게 해탈하신 경계에 계시는 부처님이시다. 일심一心으로 법계의 대용大用을 온전하게 하여 물들고 깨끗한 십법계十法界를 완전하게 표창表彰하시기 때문에 물들고 깨끗한 십법계가 손을 들거나 손을 내리거나 발을 들거나 발을 내려디딤에 있어서 모두 다 일심의 온전한 법계를 떠나지 못하는 것이다.

일체의 법(一切法)은 곧 바로 일체의 부처님이다. 대저 일체의 법은 변계遍計[36]도 원래 실상이 없는 것이요, 의타依他[37]도 다만 이름만 있을 뿐이다. 일체 원성실성圓成實性[38]은 법법마다 완전하고 참다운 일진법계一眞法界이다. 그런 까닭에 이르기를 "일체의 법은 생기지도 않고 소멸하지도 않으며 오고 감도 없다."라고 하였고, 또 이르기를 "일체의 법은 늘어나지도 않고 줄어들지도 않으며, 더럽지도 않고 깨끗하지도 않다."라고 하였으며, 또 이르기를 "일체의 법은 인因도 없는 것이요, 과果도 없는 것이며, 취해 가질 것도 없고 버릴 것도 없는 것이다."라고 하였고, 또 이르기를 "일체의 법은 평등하여 평등함이 없는 평등과 같다."라고 한 것이다.

無障碍法界之大解脫境界佛也。一心全法界大用。全彰於染淨十法界。故染淨十法界之擧手下手及擧足下足。皆不離於一心全法界者。
一切法卽是一切佚也。大抵一切法。遍計元無實。而依他但有名之。一切圓成實性。則法法全眞之一眞法界。故云一切法。不生不滅。無去無來。又云一切法。不增不減。不垢不淨。又云一切法。無因無果。無取無捨。又云一切法。平等等無等等者。

황금으로 장식한 전각 위에서 연꽃을 밟고 소요하고, 백옥으로 꾸민 누대 앞에서 바람 소리를 들으면서 유희하는 부처님이시다. 천 리, 만 리, 억만 리의 황금으로 장식된 나라에 천 길, 만 길, 억만 길의 황금 부처님이 가득하시니 천고, 만고, 억만고의 일이로다.

꿈틀거리는 사생四生과 육범六凡이 모두 다 바로 우뚝하게 높은 조어사調御師이시다. 당나귀가 자지무柘枝舞[39]를 추고 곰이 몸을 뒤쳐 공중제비를 도니, 제1의第一義[40]를 소임으로 생각하는 천진불天眞佛로서 모습은 변화하고 몸은 다르지만 정이 생기고 알음알이에 막혔도다. 그렇다면 법신이 껍데기인 형상 속에 숨어 있으며, 진지眞智는 인연의 집 속에 숨어 있다. 그러므로 망령되이 사대四大를 인정하여 자기 몸의 모습이라 여기고, 육진六塵의 인연 그림자(緣影)를 자기 마음의 모습이라고 여긴다.

黃金殿上。躅蓮花而逍遙。白玉樓前。聽柯風而游戱伕也。千里萬里億萬里黃金國。千丈萬丈億萬丈黃金伕滿。千古萬古億萬古事者。
蠢蠢之四生六凡。盡是巍巍之調御師也。驢舞柘枝。熊飜斤斗。爲任第一義天眞伕。而相變體殊。情生智隔。則法身隱於形殼[1]之中。眞智匿於緣廬[2]之內。故妄認四大爲自身相。以六塵緣影爲自心相者。

1) ㊂ '殼'은 '殼'의 오자인 듯하다. 2) ㊂ '廬'는 '廬'의 오자인 듯하다.

부처님이시여, 부처님이시여, 현묘하고 현묘하십니다. 무릇 소승에서는 온 대지의 사람들 가운데 석가부처님 한 사람만이 유독 불성佛性을 가지고 있다고 하였고, 권교權敎에서는 단지 석가부처님 한 사람만이 홀로 불성을 지니고 있을 뿐만 아니라 오성五性[41]의 중생들 중에 보살성菩薩性까지도 역시 불성이 있다고 말하며, 실교實敎에서는 단지 오성의 중생들 가운데에서 보살성만 유독 불성이 있을 뿐만이 아니라 일체 유정有情들에게까지도 모두 불성이 있다 하였고, 원교圓敎에서는 단지 일체 유정에게만 모두 불성이 있을 뿐만 아니라 일체 무정無情들까지도 역시 불성이 있다고 말하였으며, 교리 밖에 특별하게 전하는 것이 있는 선가禪家에서는 단지 일체 유심惟心의 일체 부처님뿐만이 아니라, 또한 일체 무심無心의 일체 조사들로서 무無의 경지에 이르러 역시 무無한 데에 들어가 현묘하고도 현묘한 일체 부처를 초월하고 조사를 뛰어넘은 경지까지 다 불성이 있다고 말하였다.

佛乎佛乎。玄矣玄矣。凡小則謂盡大地人中。釋迦佛一人獨有佛性。權教則謂非但釋迦佛一人。獨有佛性。五性衆生中。菩薩性性。[1] 亦有佛性。實敎則謂非但五性衆生中。菩薩性獨有佛性。一切有情皆有佛性。圓敎則謂非但一切有情皆有佛性。一切無情亦有佛性。敎外別傳家。則謂非但一切惟心之一切佛。亦乃一切無心之一切祖師。入至無亦無。玄又玄之。一切超佛越祖者。

1) ㉑ 편자의 생각에 '性'은 연자衍字인 듯하다.

부처님이시여, 부처님이시여. 선禪인가, 교敎인가. 만약 선이라고 하면 선은 교 밖에 선이 없으니 선이라 말할 수 없고, 만약 교라고 하면 교는 선 밖에 교가 없으니 교라고 말할 수도 없다. 만약 선과 교가 하나라고 말하면 곧 선은 가섭迦葉에게 전하셨고 교는 아난阿難에게 전하셔서 그 일의 체體가 각각 다르니 하나라고 말할 수 없을 것이요, 만약 선과 교가 둘이라고 말하면 곧 선은 부처님의 마음이요, 교는 바로 부처님의 말씀이어서 이理와 체體가 곧 같으니 둘이라고 말할 수도 없다. 그렇다면 선일까? 교일까? 선과 교가 일찍이 맞닿지 않은 것이 아니요, 하나인가? 둘인가? 하나와 둘이 일찍이 거두지 않은 적이 없으니 필경 하나의 문門이어서 그 하나의 문까지도 역시 없어진 연후에야 진실로 한낱 부처가 될 것이다.

佛兮佛兮。禪乎敎乎。若曰禪則禪無敎外之禪。不可謂之禪。若曰[1]敎無禪外之敎。不可謂之敎。若言一。則禪傳迦葉。敎傳阿難。而事體各別。不可謂之一。若言二。則禪是佛心。敎是佛語。而理體卽同。不可謂之二。然則禪也[2]敎耶。禪敎未嘗不卽。一耶二耶。一二未嘗不收。畢竟爲一箇門。而一門亦無。然後眞箇佛者。

1) ㉑ '曰' 아래 '敎則' 2자가 빠진 듯하다.　2) ㉑ '也'는 '耶'인 듯하다.

저 가운데 사람이 저 가운데 사람과 저 가운데에서 일을 논하는 것이다. 온갖 만유萬有를 다하여 삼공三空⁴²과 계합契合하고 오탁五濁⁴³을 여의고 삼매三昧에 들어가기 때문에 돌이켜 들어서 자성自性과 합하여 미묘하게 호응함이 마치 달이 못 복판에 떨어진 것 같고, 보는 것을 거두어서 선정에 들어 참다운 기미를 일으키는 것이 흡사 구름이 골짜기 어귀에 가로놓인 것과 같다.

일체 중생들의 7척 몸속과 방촌만 한 마음 가운데 신비하고 밝은 부처님(神明佛)이 살고 있다. 넉넉하고 여유 있으며 조용하고 침착하구나. 그 이치는 크고 그 지혜는 밝아서 하늘을 밝게 비추고 땅을 거울처럼 비추며 옛날에도 빛났고 지금도 빛난다. 그런 까닭에 이 앞으로는 만고의 일보다도 앞서고 이 뒤로는 만고의 일보다 더 뒤이며 밝기가 마치 불을 보듯 분명하도다.

箇中人與箇中人。論箇中事也。罄萬有而契三空。離五濁而入三昧。故反聞合性之妙應。如月落潭心。收視入定¹⁾眞機。如雲橫谷口者。
一切衆生。七尺身內。方寸心中。有神明仸居焉。優優哉閒閒哉。其理大。其智明。輝天鑑地。輝古騰今。故前乎前萬古之事。後乎後萬古之事。明若觀火者。

1) ㉠ '定' 아래에 '之'가 결락된 듯하다.

하나하나의 동정動靜에 땅의 신(地祇)이 다 올라오게 하고, 하나하나의 말과 모습에 하늘의 신(天神)이 다 내려오게 하시는 부처님이로다. 한 여래께서 법을 설하심에 시방세계 중생들이 모두 빙 둘러싸나니, 비유하면 마치 달 하나가 하늘에 뜨면 뭇별이 허공에 배열해 있는 것과 같도다.

유심정토惟心淨土의 나라에 자성미타自性彌陀부처님이로다. 남자도 부

처님이요, 여자도 부처님이며, 소도 부처님이요, 말도 부처님이며, 온 건
곤의 대지가 다 부처님이요, 온 시방 삼세가 다 부처님이며, 온 허공 세계
가 다하고 법계에까지 두루하며 제석천帝釋天의 인다라망因多羅網처럼 중
중무진重重無盡한 것이 다 부처님이로다.

一動一靜。地祇皆昇。一言一相。天神俱降伏也。一如來說法。十方圍繞。
如一月當天。衆星排空者。
惟心淨土國。自性彌陀佛也。男佛女佛。牛佛馬佛。盡乾坤大地佛。盡十方
三世佛。盡虛空徧法界。帝網重重無盡佛者。

불대각佛大覺 아래는 원래 커다란 꿈속 경계가 없는, 툭 트인(廓落) 거대
한 공문空門이다. 그 공불空佛의 본의本意는 단지 툭 트인 거대한 공문뿐
만이 아니요, 나아가 공空함까지도 공하고 무無함마저도 없는 것이며, 현
묘하고도 현묘하며 툭 트이고 우뚝 높으며 아주 크게 현묘하고도 매우 현
묘한 문門일 따름이다.

텅 빈 허공을 헤아리고 바람을 얽어맬 수는 있을지언정 부처님의 공덕
은 말로 이루 다 할 수 없도다. 부처님은 평범한 작은 것으로는 그 양을
헤아려 알 수가 없나니, 비유하면 마치 태산을 작은 저울(錙銖) 따위로 달
아서는 그 경중을 알 수가 없는 것과 같고, 큰 바다를 말이나 되로 되어서
그 다소를 알 수가 없는 경우와 같으며, 매우 넓은 허공을 자(尺)와 치(寸)
정도로는 재어서 그 장단을 알 수 없는 경우와 같다.

佛大覺之下。元無大夢境界之廓落大空門也。其空佛本意。則非但廓落大
空門。乃至空復空。無亦無。玄又玄之。廓落落太玄大玄門者。
虛空可量風可繫。無能盡說伏功德也。伏不可以凡小測量。如泰山不可以

錙銖知其輕重。大海不可以斗升知其多小。太虛不可以尺寸知其長短者。

위대하여라, 부처님이시여. 온 법계를 몸으로 삼으시고, 티끌처럼 많은 겁을 수명으로 삼으셨도다. 너무나 커서 밖이 없으며 그 수명도 한량없이 길도다. 도道는 천지보다 더 높고, 덕德은 고금보다 더 무거우니, 이는 곧 한 생에 집대성하신 것이 아니며, 한량없이 많은 겁 가운데 널리 만행萬行을 닦고 집대성하신 것이로다.

중생들의 일상생활 가운데 밝고도 밝으며, 신령하고도 신령스럽도다. 넓고도 넓으며 크고도 위대하며, 넓고도 크게 영통靈通하신 부처님이로다. 백천 가지 삼매의 한량없이 많은 미묘한 이치요, 장엄함이 한량없고 수승함이 한량없으며, 공덕이 한량없고 법문도 한량없어서 풍족하게 갖추지 않은 것이 없도다.

大哉伕也。全法界爲身。窮塵刼爲壽。其大無外。其壽無量。而道高天地。德重古今。則非一生之所集大成。是無量刼中。廣脩萬行之集所大成者。衆生之日用中。昭昭焉靈靈焉。恢恢焉蕩蕩焉。廣大靈通伕也。百千三昧。無量妙義。無量莊嚴。無量殊勝。無量功德。無量法門。無不備足者。

하늘을 움직이고 땅을 진동하며, 구름을 일으키고 비를 내리게 하며, 비바람을 불러 상서祥瑞로 삼으시는 자유자재自由自在하신 부처님이로다. 사천하四天下를 조화하는 힘을 빼앗고 만 리를 손바닥 안에서 운행하시며, 몸 위에 천 가지 모양을 나타내시어 사람들로 하여금 재앙을 바꾸어 복이 되게 하시고, 백 살을 돌이켜 다시 태어나게 하시고 하루아침에 죽은 이를 일으켜 세우시도다.

우리 부처님 큰 의왕醫王께서 시방세계에 출현하시어 중생들의 나고 죽고 하는 큰 병을 치료하시었다. 먼저 일심一心을 열고 다음에 진리와 사물을 통하게 하였으며, 부처님 법이 수승하고 절묘함을 찬탄하게 하셨고, 세상에 허물과 환난(過患)을 꾸짖으시고 계율 지키기를 권장하여 닦고 익히게 하시되 방편을 들어 대치對治[44]케 하셨도다.

動天動地。興雲興雨。呼風雨。爲祥爲瑞。自由自在仗也。奪造化四天力。而運萬里於掌中。現千形於身上。令人轉禍爲福。於百年回生。起死於一朝者。吾仗大醫王。赴十方。救衆生之生死大病也。先開一心。次通理事。贊法勝妙。呵世過患。勸戒修習。對治方便者。

사람마다 분수 위에 천 길 절벽처럼 우뚝 서서 위로는 하늘을 받치고 아래로는 땅을 버티신 부처님이시다. 하늘에 계시면 하늘과 함께하시고, 땅에 계시면 땅과 함께하시며, 사람 속에 계시면 사람과 함께하시어 항상 사람들이 움직이고 생활하는 속에 계시거니와 일상생활을 하는 그 가운데서는 거두어 보려고 해도 도저히 얻을 수 없는 분이로다.

땅에서 연꽃이 솟아올라 두 발을 받치고, 하늘에선 보배 일산日傘이 내려와 온몸을 맞이한 천중천天中天[45] 부처님이로다. 최초로 강생하실 때에 특별히 맨 먼저 몸과 입과 뜻의 삼륜三輪의 방편과 方便果로써 이미 상중하上中下 세 근기를 널리 접하여 깨닫게 하셨도다. 출가하여 산문에 들어가 도를 깨닫고 부처님이 되신 뒤에는 또 근본법륜根本法輪[46]과 지말법륜枝末法輪[47]과 회말귀본법륜會末歸本法輪[48] 등 삼륜의 법문으로써 돈頓과 점漸 두 근기를 곡진하게 거두어 주신 분이로다.

人人分上。壁立千仞。上柱天下柱地仗也。在天同天。在地同地。在人同人。

而常在人人動用中。動用中。收不得者。
地湧紅蓮。雙足侍。天垂寶盖。一身迎之。天中天佛也。最初降生。特先以身口意三輪方便果。已普接上中下三機了也。出家入山。悟道成佛後。又以根本法輪。及枝末法輪。與會末歸本法輪等三輪法門。曲收頓漸二機者。

유씨儒氏(공자)는 '천하를 크게 본다(大觀天下)'고 하였고, 불씨佛氏(석가)는 '꿈속을 웅장하게 본다(壯觀夢中)'고 하였으니, 천지의 경계를 벗어났고, 큰 꿈(大夢)의 경계를 벗어났으며, 큰 깨달음(大覺)의 경계를 벗어났고, 크게 없음(大無)의 경계를 벗어난 매우 현묘한(太玄) 경계이다. 저 유씨의 대관大觀은 곧 태산에 올라가서 천하를 작게 본 것에 지나지 않지만, 불씨의 장관壯觀은 곧 태극옹太極翁이 큰 꿈을 꾸는 건곤乾坤의 베개 위에서의 남가일몽南柯一夢[49]과 같은 일인즉 큰 꿈 가운데에서는 천지가 본래 텅 빈 것이로다. 또 장자莊子가 꿈속에서 나비(蝴蝶)가 되었다면 큰 꿈은 본래는 공空한 것이니, 또 단지 나비만 본래 공한 것이 아니라 장자마저도 또한 공한 것이다. 그렇다면 크게 깨달은(大覺) 것도 또한 본래는 공한 것이고, 다만 장자인 태극옹만이 공에 돌아간 것은 아니다. 비록 말하기를 "노자 무극옹無極翁도 역시 무無에 돌아가고 말았다."라고 하더라도 대무大無를 겸했다는 것은 역시 본래 아무것도 없는 본래부터 태현太玄한 경계이다.

儒氏大觀天下。佛氏壯觀夢中。天地外。大夢境外。大覺境外。大無境外。太玄境也。夫儒氏之大觀。則不過登泰山而少天下。佛氏之壯觀。則太極翁大夢乾坤一枕上。如南柯夢事。則大夢中。天地本空。又莊子夢爲蝴蝶。則兼大夢者亦本空。又非但蝴蝶本空者。莊子亦歸空。則大覺者。亦本空。又非但莊子之太極翁歸空。雖曰老子之無極翁亦歸無。則兼大無者。亦本無之本來太玄境者。

　　천하의 많은 나라들 중에 제일이신 분은 금륜천자金輪天子이니, 그는 천하의 커다란 본가本家를 벗어나 위없는 큰 도에 들어가서 사람과 하늘의 큰 복전福田이 되셨다. 왕의 자리는 삼계三界가 불안한 화택火宅이라는 것을 이미 알았고, 또 만승萬乘의 천자 지위도 오래가지 못할 얼음산과 같다는 것을 알았기에 금륜金輪의 보배 지위를 버리고 진어珍御의 용포龍袍를 벗어 버리고 우리 도道에 열복悅服하여 우리 도에 들어와서 엄연하게 천상천天上天이 되셨으니, 삼계의 모든 하늘이 펄쩍펄쩍 뛰면서 좋아하기를 그치지 않았으며, 시방의 모든 부처님께서도 그지없이 환희하셨다.

> 天下萬國中。第一金輪天子。出天下之大本家。入無上之大道。而爲人天大福田也。王也既知三界之火宅不安。亦知萬乘之氷山不久。捨金輪之寶位。脫珍御之龍袍。服吾道而入吾道。儼然作天上之天。三界諸天踴躍不已。十方諸佛歡喜無窮者。

　　부처님은 모든 허공을 체體로 삼으시고, 모든 대지를 좌구座具(방석)로 삼으셨다. 대저 용龍이 숨을 들이마시니 안개가 피어오르고, 호랑이가 숨을 뱉으면 바람이 일어난다. 제석帝釋의 인다라망처럼 중중무진한 법계에 나타나 그 몸이 제석의 인다라망처럼 중중무진한 화장세계를 구름처럼 두루 다니시면서, 제석의 인다라망처럼 중중무진한 화엄법계華嚴法界에 법을 설하였으며, 제석의 인다라망처럼 중중무진하게 모인 바다와 같이 구름처럼 밀려든 많은 중생들을 교화하셨도다.

佛渾虛空爲體性。盡大地爲座具也。大抵龍唫霧起。虎嘯風生。現帝網重重無盡法界。身雲於帝網重重無盡華莊花¹⁾藏世界。而說帝網重重無盡華嚴法界。化帝網重重無盡衆海雲集者。

1) ㉠ '莊花' 두 글자는 연자衍字인 듯하다.

모습 없는 상相이 법계에 충만하시고, 소리 없는 소리(無聲之聲)가 법계에 두루 가득하신 부처님이로다. 온 법계를 도량으로 삼으시고 미래제未來際가 다하도록 불사佛事를 하셨으니, 그런 까닭에 혹은 화엄華嚴의 칠처구회七處九會를 만억 세계에 펼치기도 하셨고, 때로는 화엄의 칠처구회를 말로는 다 설할 수 없을 정도로 많은 부처님 찰토刹土인 아주 작은 먼지처럼 많은 대찰大刹 세계에 펼치기도 하셨으며, 혹 때로는 화엄의 칠처구회를 십불가설十不可說 부처님 찰토인 아주 작은 먼지 수처럼 많은 세계와 갖가지 하나의 화장세계에 펼치기도 하셨고, 어떤 때는 화엄의 칠처구회를 시방 삼세의 허공이 다하고 법계에 두루하며 제석의 인다라망처럼 중중무진한 화장세계의, 제석천 인다라망처럼 중중무진한 화엄의 칠처구회에 펼치기도 하셨도다.

無相之相充滿法界。無聲¹⁾徧滿法界佛也。周法界而爲道場。盡來際而佽事。故或羅列華嚴七處九會於萬億世界。或羅列華嚴七處九會於不可說佛刹微塵數大刹世界。或羅列華嚴七處九會於十不可說佽刹塵數刹種種一華莊世界。或羅列華嚴七處九會於盡十方三世盡虛空遍法界帝網重重無盡華藏世界之帝網重重無盡華嚴七處九會者。

1) ㉠ '聲' 아래에 '之聲' 두 글자가 결락된 듯하다.

중생들도 본래부터 불지견佛知見을 갖추고 있나니, 곧 네 가지 요소로 이루어진 허깨비 같은 몸속이요, 오온五蘊의 꿈같은 의식 가운데 공적空寂하고 영지靈知한 허령지각虛靈知覺[50]의 부처님이시다. 눈 속의 매화는 텅 빈 가운데에서 열매(實)를 취하고, 돌 속의 옥玉은 거친 가운데에서 순전한 옥(精)을 취하며, 씨 있는 과일(核) 안의 씨(仁)는 죽음 가운데 생겨남을 취하고, 몸속의 마음은 사람 가운데 부처를 취한다. 그러한즉 사람을 보되 외면만을 보지 말고 속마음(中心)을 꿰뚫어 보아야 하니, 비유하면 마치 대나무를 보되 바깥 껍데기를 보지 말고 텅 빈 속을 꿰뚫어 보아야 하는 것과 같다.

衆生本具佛知見。則四大幻身內。五蘊夢識中。有空寂靈知之虛靈知覺佚也。雪中梅虛中取實。石中玉粗中取精。核中仁死中取生。身中心人中取佚。則見人不見外面。澈見中心。如見竹。不見外皮。澈見空心者。

삼업三業[51]이 청정하시고 백복百福을 잘 갖추고 계신 부처님이로다. 몸과 입과 뜻으로 짓는 계율을 다 잘 지키시어 몸으로는 잡된 행동을 하는 일이 없었고, 입으로는 잡담을 하는 일이 없었으며, 마음으로는 잡스러운 생각을 하는 일이 없으셨으며, 몸에는 법복을 걸치셨고 입으로는 신령한 경문을 읽으셨으며 마음으로는 성인의 경계와 인연을 맺으셨기 때문에 몸은 금강당金剛幢의 무너지지 않는 몸을 얻으셨고, 입은 가릉빈가迦陵頻伽라는 새의 음성처럼 아름다운 음성을 얻었으며, 뜻은 유리가 보배 달의 광명을 머금은 듯함을 얻으셨다. 참다운 색상(眞色相)이 바로 텅 빈 색상(空色相)이기 때문에 마음에 황금 형상을 얻으신 부처님으로서 눈앞에 온전한 소가 없도다(目無全牛[52]). 대개 유교는 무언無言이라 하였고 불교는 무신無身이라 하였으니, 곧 부처님은 네 가지 요소(四大)와 다섯 가지 쌓임

(五蘊)이 다 비워진 커다란 하나의 텅 빈 몸(大一空身)이시다. 세간에 있으면서도 물듦이 없고 집착함이 없으시니, 비유하면 마치 허공이 티끌에 물들지 않는 것과 같고, 연꽃에 물이 묻지 않는 것과 같다. 그런 까닭에 비록 중생들의 갖가지 나쁜 모습을 보더라도 마치 허공의 꽃(空華)을 보는 것처럼 하고, 비록 모든 부처님의 갖가지 수승한 모습을 보더라도 역시 허공의 꽃을 보는 것처럼 한다.

三業淸淨。百福具集佛也。身口意三業同持。身無雜行。口無雜譚。心無雜想。而身染法服。口誦靈文。心緣聖境。故身獲金剛幢不壞身。口獲伽陵頻伽鳥音。意獲琉璃含寶月之光。眞色相是空色相。故心得金象佛。目無金[1] 牛也。盖儒無言。而佛無身。則仗以四大五蘊。俱空之大一空身。處世間無染無著。如虛空之不染塵。如蓮花之不著水。故雖見衆生之種種惡相。猶如空華。雖見諸佛之種種勝相。亦如空花者。

1) ㉭ '金'은 '全'의 오자인 듯하다.

온갖 법이 다 모인 것을 법신法身이라 하고, 일체의 지혜를 선양宣揚하는 것을 여래如來라고 한다. 몸은 이의二儀(천지) 안에 붙이고 마음은 육합六合[53] 밖까지 끌어안아 눈으로는 미세한 겨자씨(芥子)까지도 살피고 지혜로는 수미산須彌山보다 더 큰 것까지 밝게 살피셨도다.

일체 중생들도 다 갖추고 있나니, 번뇌에 속박되어 있는 범부(縛地凡夫)도 곧 번뇌가 없는(無垢) 부처이다. 세간에 당면해 있으면서도 세간에 떨어지지 않고, 나고 죽음(生死)에 당면해서도 나고 죽음에 떨어지지 않으며, 오고 감(去來)에 당면해서도 오고 감에 떨어지지 않고, 보고 들음(見聞)에 당면해서도 보고 들음에 떨어지지 않으며, 소리와 물질(聲色)에 당면해서도 소리와 물질에 떨어지지 않고, 언어에 당면해서도 언어에 떨어지지 않으며, 문자에 당면해서도 문자에 떨어지지 않는다.

總萬法之會者曰法身。而宣一切之智者曰如來也。身寄於二儀之內。而心抱乎六合之□。[1] 目察芥子之細。智鑑乎源[2]彌之大者。
一切衆生之具。縛地凡夫。卽是無垢佛也。當世間不落世間。當生死不落生死。當去來不落去來。當見聞不落見聞。當聲色不落聲色。當言語不落言語。當文字不落文字者。

1) ㉮ 편자의 생각에 '□'에 들어갈 글자는 '外'가 아닌가 한다. 2) ㉯ '源'은 '須'의 오자인 듯하다.

흰 소가 끄는 수레를 높이 타고 삼계三界의 화택火宅을 나와 이승二乘의 화성化城을 넘어서 일승一乘의 보소寶所에 들어가신 부처님이로다. 천하의 큰 집(大家)을 나와 설산雪山의 풀 자리에 오르셨으니, 하늘의 궁전도 오히려 모습이 없는 꿈속의 집이거늘 하물며 인간 세계의 왕궁은 꿈속의 집(夢宅)에 불과하니 두말할 나위가 있겠는가? 그러니 그것을 어떻게 참답고 항상하고 수승한 궁전이라고 말할 수 있을 것이며, 왕실의 궁전과 하늘의 궁전이 수승하다고 말할 수 있겠는가? 법성토法性土의 대광명장大光明藏에서 만승萬乘의 지극히 존귀한 자리를 버리고 한낱 비구가 되셨으니, 하늘의 궁전도 오히려 덧없는 허깨비 같은 몸이거늘 하물며 인간 세계의 국왕의 몸은 허깨비 가운데에서도 허깨비 같은 몸이니 두말할 나위가 있겠는가? 그러니 그것을 어떻게 참답고 항상하고 수승한 몸이라고 말할 수 있을 것이며, 왕실의 몸이나 하늘의 몸이 수승하다고 말할 수 있겠는가? 법성신法性身의 큰 광명당光明幢이로다.

高駕白牛車。出三界之火宅。越二乘之化城。入一乘之寶所佚也。出天下之

大家。登雪山之草座。天宮猶爲無相之夢宅。況人間之王宮爲夢中之夢宅
耶。何謂眞常之殊勝殿。勝於王宮天宮耶。法性土之大光明藏。捨萬乘之至
尊。作箇之比丘。天宮猶爲無常之幻身。況人間之王身爲幻中之幻身耶。何
謂眞常之殊勝身。勝於王身天身耶。法性身之大光明幢者。

상서로운 광명이 하늘을 통하니 백억의 티끌 세계를 비추어 깨뜨리고,
상서로운 기운이 허공에 서리니 삼천세계三千世界에 드날린 일대 영웅의
부처님이로다. 삼천세계의 규연歸然한 궁전과 백억화신百億化身의 엄연한
모습은 인간 세계나 천상 세계의 그 무엇과도 동등한 것이 없고 어느 것
과도 비교할 수가 없을 것이다. 오직 하나뿐이요, 홀로 존귀하시어 천지
를 진동하고 신명을 감동시켜서 온갖 삿됨이 바른 데로 돌아가고 온갖 중
생들이 그 덕을 우러러보도다.

부처님이시여, 위대하십니다. 저 만물 중에 앞선 것(先)으로는 천지의
앞섬보다 더 앞선 것은 없다. 그러나 또한 천지의 앞섬보다 더 앞서신 분
은 오직 크게 깨달으신 부처님뿐이다. 또 만물 중에 크기로는 천지보다
더 큰 것이 없다. 그러나 역시 천지의 큼보다 더 크신 분은 오직 크게 깨
달으신 부처님뿐이다. 그런 까닭에 말하기를 "공空은 대각大覺에서 생겨
나나니 마치 넓고 맑은 하늘에 한 점의 조각구름이 이는 것과 같다."라고
하였도다.

祥光洞天。照破百億塵刹。瑞氣蟠空。輝騰三千世界之一大英雄佛也。三千
世界山歸[1]然殿。百億化身儼然相。人間天上。無等無比。十方三世。獨一
獨尊。而動乎天地。感乎神明。萬邪歸正。百靈仰戴者。
佛乎乎。大矣矣。夫萬物之先者。莫先於天地之先。而有亦先於天地之先
者。其惟大覺伕也。又萬物之大者。亦莫大於天地之大。而有亦大於天地之

大者。其惟大覺仸也。故云空生大覺中。猶如片雲點太淸者。

1) ㉠ '山歸'는 '歸'의 오자인 듯하다.

하늘에 숲처럼 널려 있는 것(天森羅)과 땅에 온갖 형상의 사물(地萬象)이 모두 다 바로 부처님의 경계이니, 과거부터 본래 크게 깨달으셨던 부처님이로다. 큰 꿈의 건곤乾坤(천지) 하나의 베개에서 삼라만상森羅萬象이 꿈속에서 일어나나니, 꿈속의 삼라만상은 원래 여러 가지 상相이 아니요, 본시 크게 깨달은 부처님의 경계인 것이다. 그런 까닭에 손을 들어 가리키신 바요, 눈을 굴려 관찰하신 바로다. 하늘이란 것도 바로 부처님의 경계요, 땅이란 것도 바로 부처님의 경계이며, 해와 달 그리고 별까지도 바로 부처님의 경계요, 산과 내와 인물까지도 바로 부처님의 경계이다. 부처님은 곧 일체 만법萬法의 대총상大摠相 모든 지위의 본위本位에 위치하신 그런 분이다. 본위의 그 사람은 성인의 자리에 계셔도 늘어나지 않고 범부의 자리에 있어도 줄어들지 않으며, 삶의 자리에 있어도 늘어나지 않고 죽음의 자리에 있어도 줄어들지 않으며, 유정有情의 자리에 있어도 늘어나지 않고 무정無情의 자리에 있어도 줄어들지 않나니, 그렇다면 이는 늘어나지도 않고 줄어들지도 않는 허공장虛空藏이요, 잃어버리지도 않고 새어 나가지도 않는 무진장無盡藏이라고 말할 수 있을 것이다.

天森羅。地萬像。都是仸境界也。去本來大覺仸。大夢乾坤一枕上。森羅萬像夢中起。夢中森羅萬像。元非諸相。本是大覺仸境界。故擧手所指。縱目所觀。天也。是仸境界。地也。是仸境界。日月星辰也。是佛境界。山川人物也。是仸境界者。佛是一切萬法大摠相都位之本位那人也。本位那人也。在聖不增。在凡不減。在生不增。在死不減。在有情不增。在無情不減。則可謂不增不減之虛空藏。不失不漏之無盡藏者。

부처님께서는 하늘을 가득 채운 감로甘露의 법문으로써 구름을 일으키고 비를 내려서 큰 천지의 사람들 마음마다 꽃을 피우게 하신 분이다. 이를 비유하면 큰 가뭄으로 인하여 천지의 만물이 피어나려고 해도 피어나지 못할 즈음에 사해四海의 신룡神龍이 곧 하늘의 명을 받아 하늘에 변화를 일으켜서 거센 바람과 큰 구름을 하늘에 일제히 모아서 천둥을 치고 우렛소리를 내며 번갯불을 번쩍이면서 천지를 진동케 하고 온 천지에 비를 내리게 한 연후에 구름을 거두고 비를 그치게 하면, 천지는 한결같이 윤택한 색이 되고 만물은 다 함께 봄을 맞은 것과 같다.

伏以滿天甘露法門。雲行雨施。而使大天地人人心花發明也。譬如大旱。天地萬物欲發未發之際。四海神龍。爰命于天。變化于天。使長風大雲。齊會于天。震之而雷聲。揮之以電光。鼓動天地。雨餘天地然後。雲收雨霽。則天地一色。萬物同春者。

삼천불三千佛께서 전하신 도통道統에 으뜸가시는 분으로서 종지宗旨도 통하시고(宗通) 겸하여 설법도 통하신(說通) 부처님이로다. 해인삼매海印三昧의 종지를 통함은 곧 뛰어난 진리로서 진리에 계합契合하며, 하수河水가 쏟아지는 듯한 구변口辯의 설법을 통함은 곧 수승殊勝한 설법으로서 근기에 계합하셨도다. 큰 허공으로써 북(鼓)을 삼으시고 커다란 수미산須彌山으로 북채를 삼아서 가벼이 들어서 치니, 그 소리가 동방東方의 1만 8천 세계를 진동하였도다. 온갖 미혹한 중생들을 크게 경책하실 때에 하늘에 올라가서는 천제天帝의 달 속에 있는 계수나무를 꺾어 가지고 오고, 바다에 들어가서는 용왕의 턱 아래에 있는 여의주如意珠를 탈취하여 왔는데, 마치 손바닥을 뒤집고 손바닥에 있는 작은 조각의 물건을 옮기듯이 하셨으니, 법왕法王의 궁중宮中에서 더할 나위 없이 높은 큰 법보法寶를 취하신 분이로다.

三千佛傳道統之宗說兼通仸也。海印三昧之宗通。則理勝而契理。懸河口辯之說通。則言勝而契機。以太虛空爲故。[1] 以大源[2]彌爲椎。輕之舉著。聲動東方萬八千世界。震警羣迷時。上天折取天帝之月中桂。入海奪取龍王之頷心珠。而易易[3]如反掌。手段能遷。取法王宮中無上大法寶者。

1) 옘 '故'는 '鼓'의 오자인 듯하다. 2) 옘 '源'은 '須'의 오자인 듯하다. 3) 옘 '易'은 연자인 듯하다.

일체一切는 오직 마음에서 생겨나는 것이니 마음과 합하면 곧 부처가 되고 마음과 합하지 못하면 부처가 되지 못한다. 나아가서는 부처도 뛰어넘고 조사도 초월한다. 대저 만법이 하나로 돌아간 뒤에 그 하나도 또한 무無로 돌아가고 그 무까지도 없어야만 현묘하고도 현묘한 경지에 이르게 된다. 그런 까닭에 시詩에 이르기를 "대나무 소소蕭蕭할 때 옛 부처를 보고, 버드나무 휘늘어진 곳에 초선初禪이 활발하다."라고 하였고, 또 어떤 시에는 이르기를 "교敎를 설하고 선禪을 설함이 모두 환망幻妄이며, 마음도 아니요 부처도 아닌 것이 지리支離하게 옮겨 가네."라고 하였다.

一切惟心。而卽心卽仸。及非心非仸。乃至超仸越祖也。大抵萬法歸一而後。一亦歸無。而無亦無。玄又玄。故有詩云。竹蕭蕭時看古佛。柳依依處活初禪。又有詩云。說敎說禪都幻忘。[1] 非心非佛轉支離者。

1) 옘 '忘'은 '妄'의 오자인 듯하다. 의미는 상통할 수도 있다.

각성覺性을 분명하게 깨달아 보리심菩提心을 낸 뒤에 보살행菩薩行을 닦는 가운데 삼아승기겁三阿僧祇劫 동안 육도六度(육바라밀)의 만행萬行을 닦앗고, 또 일백 아승기겁 동안 상호相好가 엄연한 몸을 닦아서 온갖 번뇌를 다 없애신, 일심一心이 원만한 부처님이로다. 부처님 몸은 넓고도 낙락한데 저 큰 허공까지 초월하셨으니, 곧 등수의 차례로 비교(等倫)할 수 없는 지극히 존귀한 부처님이요, 도道가 크게 현묘하고도 현묘하여 인정人情으로는 다가갈 수 없나니, 그러므로 곧 부사의不思議한 지극히 거룩하신 분이로다.

> 了悟覺性。發菩薩心而後。脩菩薩行中。三阿僧祇刧。脩六度萬行。又百阿僧祇刧。脩相好儼身。而萬累都盡。一心圓滿佛也。伏身之廓落落。越彼大虛。則無等倫之至尊伏。道之太玄玄。不近人情。則不思議之至聖者。

십지十地⁵⁴의 인因이 원만하고 삼지三祇의 과果가 원만하신 묘각위妙覺位의 부처님이로다. 온 허공(渾虛空)으로 체성體性을 삼고 온 법계(全法界)로 신상身相을 삼으시어 우뚝하게 높고 낙락하며 당당하고 혁혁하며, 위로는 꼭대기가 없고 아래로는 밑바닥이 없는 중변제中邊際이며, 가로로는 시방세계에 두루하고 세로로는 삼세三世의 끝까지 다하여 그 범위가 하늘이 법계를 포함하고 있는 것과 같도다. 넓고도 넓어서 홀로 대지를 쓸어 탁연卓然히 홀로 우뚝하며, 천지보다 앞이요 천지보다 뒤이기 때문이다. 등각等覺의 자리와 보살菩薩의 지위 이하로 십지의 자리에 있는 보살과 삼현三賢⁵⁵의 지위에 있는 보살 및 십신十信⁵⁶의 지위에 있는 보살과 연각緣覺 그리고 성문聲聞, 나아가 삼계의 모든 하늘과 온 나라의 모든 국왕에 이르기까지 일제히 부처님의 아래 위치에 나열해 있다.

> 十地因圓。三祇果滿之妙覺位伏也。渾虛空爲體性。全法界爲身相。嵬嵬落落。堂¹⁾赫赫。上無頂。下無座。²⁾中邊際。橫徧十方。竪窮三世。範圍天包含

• 297

法界。而恢恢焉。獨有掃地。卓然獨立。先天地後天地故也。等覺位菩薩以
下。十地位菩薩。與三賢位菩薩。及十信位菩薩。與緣覺聲聞。乃至三界諸
天萬國諸王。齊立下風者。

1) ㉠ '堂' 아래에 '堂' 한 글자가 빠진 듯하다.　2) ㉠ '座'는 '底'의 오자인 듯하다.

　　도덕道德의 문에 들어가 도道를 밝히고 덕德을 밝히며, 자비慈悲의 방에
들어가 자애慈愛를 일으키고 비애悲哀를 일으키신 부처님이로다. 도덕은
온갖 법(萬法) 가운데 왕이요, 자비는 온갖 선(萬善) 가운데 왕이시다. 그런
까닭에 황금빛 몸을 지니신 분의 도덕(金身道德)이라고 한다. 도를 성취하
고 덕을 세워서 범부를 바꾸어 성인이 되셨으며, 얼굴에는 자비가 가득하
여 사랑을 품고 불쌍히 여기는 마음을 머금어서 중생들을 고통에서 구제
하시고 즐거움을 주시는 분이로다.

　　入於道悳之門。而明道明德。入於慈悲之室。興慈興悲佛也。道德萬法中
王。而慈悲萬善中王。故金身道德。道成德立。而革凡成聖。滿面慈悲。懷
慈含悲。而拔苦與樂者。

　　근원에 돌아가면 둘이란 없나니 일(事)과 이치(理)를 다 거두어서 남음
이 없으며, 방편에는 문門이 많나니 종宗과 교敎를 통제하여 바깥이 없는
부처님이시다. 실제 진리의 자리는 하나의 티끌도 받지 않는 법이니, 낱
낱 사람마다의 분수 위에서 살펴보면 본래 한 물건도 없고 그 없다는 것
마저 없으며 현묘하고도 현묘한 것이다. 불사佛事의 문 가운데에서는 하
나의 법도 버릴 것이 없는 법이니, 낱낱 사람들의 위치에서 살펴보면 오
계五戒[57]와 십선十善,[58] 그리고 사제四諦[59]와 십이인연十二因緣,[60] 그리고 육도六

度 만행萬行과 나아가 3천 위의威儀[61]와 8만 세행細行에 이르기까지 지키지 않아서는 안 된다.

> 歸元無二。攝事理而無遺。方便多門。統宗敎而無外佛也。以實際理地。不受一塵。看來箇箇人人分上。本來無一物。而無亦無。玄又玄者。以佛事門中。不舍一法。看來箇箇人人。不可不持五戒十善。及四諦十二寅[1]緣。與六度萬行。乃至三千威儀。八萬細行者。
>
> 1) ㉮ 편자의 생각에는 '寅'은 '因'이 아닌가 한다.

백 가지 행行을 구비한 이후에야 군자君子라고 말할 만하거니와 그 가운데에는 효행孝行이 제일이 되고, 만 가지 행을 다 갖춘 이후에야 불자佛子라고 말할 만하거니와 그 가운데에는 단행檀行(보시행)이 제일이 된다. 재물을 보시하는 것은 밖으로 몸의 자본이 되나니 색력色力을 증장시켜서 신명身命을 끊어지지 않게 하고, 법을 보시하는 것은 안으로 정신의 자본이 되나니 지력智力을 증장시켜서 혜명慧命을 끊어지지 않게 한다.

고통 바다를 뒤집어서 과果의 바다를 만들고, 심왕心王을 깨달아서 법왕法王이 되었다. 둘이 아닌 법의 문(不二法門)을 활짝 열고 제일의 진리(第一義諦)를 크게 열어서 낱낱의 사람들로 하여금 부사의한 공덕의 숲에 유희하게 하고, 변제邊際가 없는 장엄의 바다에서 함영涵泳케 하였다.

> 百行具備以後。可謂君子。而孝行爲第一也。萬行悉備以後。可謂佛子。而檀行爲第一。而財施則外資身。而增長色力。令身命不絶者。法施則內資神。而增長智力。令慧命不絶者。
> 翻苦海而作果海。悟心王而爲法王也。洞開不二法門。大闡第一義諦。使箇箇人人。遊戲於不思議功德林。涵泳於無邊際莊嚴海者。

찰나에 일심一心을 단번에 깨닫고 오랜 시간 동안 만행을 수련하여 그 지혜는 비추지 않음이 없고 정情은 극진하지 않음이 없으며, 진리를 나타내지 않음이 없으신 부처님이로다. 부처님은 짧은 순간(造次)에 이루어지는 것이 아니요, 반드시 오래도록 수련을 해서 쌓고 쌓아야 이루어지는 법이지만, 그 오래도록 쌓는 요점은 오직 전일專一하고 부지런해야 하며, 즐기는 것과 좋아하는 것들을 막고 끊어야 하며, 실천을 게을리 하지 않은 연후에 그것을 확충해 나아가야만 마침내 그 현묘함을 다할 수 있다. 그런 까닭에 이르기를 "천지도 오히려 5년에 두 번 윤달이 있어야 마침내 그 공을 이루거늘, 하물며 불도의 현묘함을 어찌 창졸간에 이루어 완성할 수가 있겠는가?"라고 하였다.

利那頓悟一心。長時修煉萬行。而智無不照。情無不盡。理無不現仸也。仸非造次可成。須在積累。而積累之要。惟專與勤。屛絶嗜好。行之勿倦。然後擴以充之。乃盡其妙。故云天地猶五年再閏。乃成其功。況佛道之妙。豈蒼卒而能成辦者。

도와 마음이 통하여 사람의 정수리에 사리舍利가 생기고, 뜻과 정신이 회통會通하여 낱낱의 턱 아래에 여주驪珠가 생긴 부처님이로다. 옥玉[62]이 곤륜산崑崙山 만 리 밖으로 나와서 10여 년을 지나서야 번역이 되어 중국에 이르렀으니, 그 옥을 채집해 오기가 멀고도 멀도다. 구슬이 남해南海 천 길 아래에서 생겨 백여 번 죽을 고비를 겪고 나서야 마침내 인간에 이르렀으니, 구슬을 찾아내기가 어렵고도 어렵도다. 저 멀고도 어려움이 있는 유루有漏의 주옥珠玉은 세상 사람들이 모두 채집하고 구하려고 애를 쓰면서도, 이 멀지도 않고 어렵지도 않은, 값을 매길 수 없는 마음의 구슬은 사람들이 모두 채집하지도 않고 구하려 하지도 않는다. 또 옥은 천 길

낭떠러지 높은 산에 있지만 그 산에 올라가지 않는 이가 없으니 이익이 옥에 있기 때문이요, 구슬이 만 길 깊은 바닷속에 있지만 그 바다에 들어가지 않는 이가 없으니 이익이 구슬에 있기 때문이다. 저 세간의 구슬과 옥은 밖에 있고 먼 곳에 있건만 구하기를 마지않으면서 이 사람들 마음에 있는 구슬은 안에 있고 가까운 데 있는데도 그것을 찾기 위해 꼼짝도 하지 않는다.…… 그런즉 연성지벽連城之璧[63]이나 야광지주夜光之珠[64] 따위로는 비유할 일이 아닐 것이다.

> 道與心通。人之頂上舍利。與意[1]神會。箇箇領下驪珠伕也。玉出崑崙萬里外。經十餘譯。而乃至中國。則采玉遠之遠矣。珠生南海千尋下。經百餘死。而乃至人間。則探珠難且難矣。彼遠且難之有漏珠玉。則世皆采之探之。世[2]不遠非難之無價心珠。則人皆不采之不探之。又玉在於千尋高山。而無所不上。利在於玉也。珠在萬丈深海。而無所不入。利在於珠也。彼世之珠玉。則在外在遠。而求之不已。此人之心珠。則在內在近。而覓之不動云云。則蓮[3]城之壁[4]夜光之珠。不可譬者。[5]
>
> 1) ㉳ '與意'는 마땅히 '意與'로 함이 옳을 듯하다. 2) ㉳ '世'는 '此'인 듯하다. 3) ㉳ '蓮'은 '連'의 오자이다. 4) ㉳ '壁'은 '璧'의 오자이다. 5) ㉳ 이 부분은 저본에는 앞 단락에 이어져 있으나, 내용상 별도의 단락으로 처리하였다.

무릇 인정人情이 덮어 가린 가운데에서 본래 확락廓落한 천성天性을 지니고 있는 부처로다. 낱낱이 시방세계의 허공과 함께하면서 낱낱의 사람들마다 인정이 덮어 가리고 있어서 마치 짙은 구름이 시방세계 허공을 덮고 있는 것과 같다. 그러므로 부처님께서 팔만대장경의 경문을 설하시어 낱낱 사람들로 하여금 덮어 가리고 있는 인정을 버리고 확락한 천성을 깨닫게 하셨으니, 비유하면 마치 만 리 하늘에 구름이 없으니 만 리가 하늘인 것과 같구나.

격외선格外禪을 들어 조사님의 법령(令)을 수행하는 부처님은 의리선義
理禪을 벗어났고 격외선도 벗어났으며, 여래선如來禪도 벗어난 조사선祖師
禪이다. 유有를 가지고 유를 깨뜨리고 공空에 있으면서 공을 물리친다. 중
도中道도 역시 존재하지 않는, 높이 드는 조사의 법령이니, 비유하면 마치
하늘에 의지하고 있는 긴 칼과 같도다.

夫人情覆蔽之中。本有天性廓落伏也。箇箇同十方虛空。而箇箇人人之人
情覆蔽。同大雲布覆於十方虛空。故伏說八萬大藏經文。使箇箇人人。去其
覆蔽之人情。而得其廓落之天性。譬如萬里無雲萬里天者。
擧格外。行祖令佛。則義理禪外。格外禪外。如來禪外。祖師禪也。執有破
有。居空斥空。中道亦不存之高提祖令。如倚天長釖者。

회신灰身으로 종지宗旨를 삼고 적멸寂滅로 즐거움을 삼는 부처로다. 그
모습이 적적연寂寂然하여 본래 불로 익힌 음식을 먹지 않는 기미氣味요,
그 말씀은 점점언點點焉[65]하여 원래부터 번뇌(塵累)를 벗어난 기상氣像이
로다. 허깨비같이 공한 몸뚱이는 소리도 없고 냄새도 없어서 흡사 흙으로
빚고 나무로 조각한 것 같으며, 청정한 법신法身은 광대하고 원만하되 그
원만하기가 마치 시방세계의 허공과 같도다.

중생세계의 도성 가운데 천자天子가 일찍이 꿈으로 변했기 때문에 변
방 밖에 있는 장군의 명령도 실행되지 못했고, 모든 부처님의 궁성 안에
천자가 선포한 위엄이 막중하였으므로 변방의 장군 명령도 더욱 엄격하
도다. 밤낮으로 시행하는 정사政事에 깨달음의 광명(覺光明)의 대장이 8만
4천 바라밀波羅蜜의 갑병甲兵으로, 불각무명不覺無明한 큰 도적인 8만 4천
번뇌문(塵惱門)의 마군魔軍 무리들을 엄격하게 다스린다.

以灰身爲宗。以寂滅爲樂伕也。其容寂寂然。本非烟火食氣味。其言點點焉。元是脫塵累氣像。幻化空身之無聲無臭。恰似泥塑木雕。而清淨法身之廣大圓滿。圓同十方虛空者。
衆生之寶中天子曾成夢。故塞外將軍令不行。而諸佛之寶中天子宣威重。故塞外將軍令更嚴也。日夜政事。以覺光明大將之八萬四千波羅蜜甲兵。嚴治不覺無明人賊之八萬四千塵惱門魔群者。

대저 하늘을 찌르는 대장부의 일대사업一大事業은 곧 대도大道를 통하여 사람과 하늘의 대사大師가 되는 것이다. 하늘을 통하고 땅을 통하는 눈을 활짝 뜨고, 천지 무형無形의 밖까지 도를 통하고 난 뒤에 천지의 호연지기浩然之氣로 태극太極의 일관지도一貫之道를 통하고 건곤乾坤을 손바닥 안에 꽉 움켜쥐고 대천세계大千世界를 방외方外에 던져 버린다.

더럽고 깨끗함에 걸림이 없는 법계의 진응眞應이요, 걸림 없는 몸 구름(身雲) 같은 부처님이로다. 방편과 실제(權實) 두 가지 지혜로써 본체와 작용(體用)을 확실하게 깨달아 성性과 상相을 둘 다 닦고 적寂과 조照를 둘 다 증득하였다. 그런 까닭에 법상法相을 비추어 깨닫고 나면 곧 희화羲和[66]가 온갖 형상 앞에 임한 것 같고, 모든 법이 공空함을 통달하고 나면 곧 시원한 바람이 맑은 허공에 유희하는 것과 같도다.

大抵衝天大丈夫之一大事業。則通大道而爲人天大師也。豁開透地通天眠。[1] 道通天地無形外。然後以天地浩然之氣。行太極一貫之道。而握乾坤於掌中。擲大千於方外者。
染淨無碍法界眞應。無碍身雲伕也。以權實二智。頓悟體用。性相雙脩。寂照雙證。故照了法相。則如羲和之臨於萬像。而達諸法空。則如清風之遊於清虛者。

1) ㉘ '眠'은 '眼'의 오자이다.

도덕道德과 인의仁義로써 몸을 삼고, 자비慈悲와 희사喜舍로써 마음을 삼고, 법희法喜와 선열禪悅로써 음식을 삼은 부처님이로다. 화엄법계華嚴法界로써 큰 도량을 삼고 원각중원圓覺衆院으로써 큰 가람을 삼았으며, 적멸寂滅로써 궁전을 삼고 반야般若로써 문호門戶를 삼았으며, 해탈解脫로써 상좌牀座를 삼았도다.

깨닫고 통달한 연후에 성명性命의 이치로써 미루어 보고, 자비의 힘으로써 운행해서 용모를 바로잡아 깨달은 부처로다. 한량없이 많은 겁 동안 온갖 덕의 근본을 심고, 만행萬行으로 장엄하였으며 만선萬善으로 장엄하셨도다. 만복萬福으로 장엄하고 만수萬壽로 장엄하여 여러 중생들로 하여금 남은 훈습薰習에 귀의하여 공경하게 함이, 황홀하기가 마치 마음이 취한 듯하고, 한 마디 말로 가르침을 제창하면 기뻐함이 마치 마음이 취한 듯하다.

以道德仁義爲身。以慈悲喜舍爲心。以法喜禪悅爲食伏也。華嚴法界爲大道場。圓覺衆院爲大伽藍。以寂滅爲宮殿。以般若爲門戶。以解脫爲牀座者。
悟得渠。澈得渠。然後推之以性命之理。運之以慈悲之力。而正容悟佛也。無量劫中。植衆德本。而萬行莊嚴。萬善莊嚴。萬福莊嚴。萬壽莊嚴。令諸衆生歸揖餘薰。怳若心醉。一言提誨。悅若心醉者。

위없어라, 부처님이시여. 족함이 있거나 족함이 없거나 하나만 족하거나 많은 걸 족한 가운데에서 복덕(福)의 구족과 지혜(慧)의 구족, 이 두 가지를 모두 갖추신 존귀한 분께선 곧 법계法界의 공덕이요, 항하강 모래처럼 많은 복덕이기에 모두들 부처님 명호를 말하기를 '사람과 하늘 세계의 큰 복밭(大福田)'이라고 한다네.

도덕道德의 대가大家요 인의仁義의 고풍高風에 들어가 나한羅漢을 만나면 나한이 알아들을 만한 법을 설하시고, 아귀餓鬼를 만나면 아귀가 알아들을 만한 법을 설하시는 부처님이로다. 비유하면 마치 큰 종이 종틀(簴)에 걸려 있는데 크게 치면 큰 소리를 내고 작게 치면 작은 소리를 내는 것과 같고, 또 맑은 거울이 경대에 걸려 있는데 오랑캐가 오면 오랑캐의 모습이 나타나고 한인漢人이 오면 한인의 모습이 나타나는 것과 같도다.

無上哉佛乎。有足無足。一足多足之中。福足慧足兩足尊。則法界之功德。河沙之福德。都去於伕號曰。人天大福田者。
入道德大家仁義高風。逢羅漢說羅漢。逢餓鬼說餓鬼伕也。譬如洪鍾在虛。[1]
大扣大鳴。小扣少鳴。亦如明鏡當坮。胡來胡現。漢來漢現者。

1) 웹 편자의 생각에 '虛'는 '簴'가 아닌가 한다.

연화장蓮華藏세계에 천 길이나 되는 노사나盧舍那부처님이로다. 이 부처님은 하루아침 하룻저녁에 일체의 행行이 이런 경지에 이른 것이 아니다. 진실로 시간으로는 만겁萬劫을 경유하였고, 공덕으로는 만행萬行을 쌓은 연후에 이러한 경지에 이를 수가 있었던 것이니, 그런 까닭에 만덕萬德으로 장엄함이 마치 연꽃이 물 밖으로 나오는 것과 같고, 백복百福으로 장엄함이 마치 하늘 복판에 보름달이 떠오른 것과 같다.

천지를 통하고 고금을 꿰시고 건곤에 가득히 인仁을 시행하고 선善을 펴시며, 온 우주를 아울러 의리를 흠모하고 사랑을 베푸시는 부처님이로다. 그 우뚝하게 솟고 높고 큰 공功의 산이요, 넓고도 크며 광대하고 충만한 덕의 바다이거늘, 어찌 유독 살아생전의 백 년 동안만 화를 바꾸어 복이 될 것이겠는가? 또한 죽은 뒤에 만겁을 지나도록 고통을 여의고 즐거움을 얻을 것이로다.

蓮華莊[1]世界。千丈盧舍那伏也。此非一朝夕一切行之能至此也。實由時經萬劫。功積萬行然後。能至於此。故萬德莊嚴。若出水之蓮花。百福莊嚴。若當天之滿月者。
通天地貫古今。而行仁布善滿乾坤。并宇宙而慕義慈施伏也。其巍巍崔崔之功山。浩浩洋洋之悳海。豈獨生前轉禍爲福於百年。抑亦死後離苦得樂於萬劫者。

1) 역 '莊'은 '藏'의 오자인 듯하다. 혹 옛날에 서로 통용됐는지는 확실치 않다.

부처님께서는 선악善惡의 인과因果를 잘 아시는 큰 선지식善知識이다. 그 도道 됨이 천지사방에 가득(彌六合)하고, 그 교화함이 온갖 중생들을 제도(度萬品)하시어 사람들로 하여금 지근至近하고 지요至要하며 실천하기 쉽고 알기 쉬운 곳에서 악한 종자를 뽑아 버리고 선한 뿌리를 내리게 하시며, 아주 지극히 짧은 순간(造次顚沛)에 선을 닦고 악을 버리도록 하시며, 의지하고 떨어지고 분산分散하는 가운데 처하신 분이로다.

부처는 도를 깨달음이다. 도는 고요한 사이에 보이니 말씀도 없고 설명도 없다. 무릇 말씀은 덕의 글이요, 도의 경전이며, 설명은 이치의 계단이요, 성인의 인도함이다. 만약 배움이 있다면 말씀에 의지하여 도를 깨닫고, 만약 배움이 없어도 곧 이치에 합하고 아무 말씀이 없다.

佛爲善惡因果之大善知識也。其爲道也彌六合。其爲化也度萬品。使人拔惡種植善根於至近至要易行易知之地。而修善祛惡於造次顚沛之間。依離分散之中者。
佛之悟道也。道看乎寂之間。而無言無說也。夫言則德之詮。道之經。而說

則理之增。聖之導矣。夜[1]於有學。要憑言而會道。夜於無學。乃合理而無
言者。

1) ㉐ 아래 위 문장으로 볼 때 앞뒤의 '夜'는 '若'의 오자인 듯하다.

55위位 중에 유일하신 부처님이로다. 부처님은 곧 55위를 잘 갖추신 분
이다. 범부는 보았으면 보았다 말하고 보지 못하였으면 보지 못했다 말하
며, 들었으면 들었다 말하고 듣지 못하였으면 듣지 못했다고 말한다. 보
살은 증득했으면 증득했다고 말하고 증득하지 못했으면 증득하지 못했다
고 말하며, 얻었으면 얻었다고 말하고 얻지 못했으면 얻지 못했다고 말하
지만, 유독 묘각위妙覺位의 부처님께서는 다 보시고 다 얻으신 분이니라.

시각始覺[67]의 큰 광명장光明藏으로써 툭 트이고 확 통하신 분이요, 본각
本覺[68]의 큰 허공장虛空藏으로 넓고도 드높으며 밝으신 부처님이로다. 이
는 바로 무구백정식無垢白淨識[69]이라고 말하는 것이다. 모름지기 더러움이
없는 백정식白淨識의 자리와 합하면 다만 주리고 배부름이 서로 이어짐과
상관이 없고, 또한 나고 죽음이 번갈아 바뀌는 것과도 아무 상관이 없으
신 분이로다.

五十五位中。惟伕焉。伕乃能備擧也。凡夫於見言見。於未見言未見。於聞
言聞。於未聞言未聞。菩薩於證謂證。於未證謂未證。於得謂得。於未得謂
未得。唯獨妙覺位伕。能盡見盡得者。
以始覺大光明藏廓澈。本覺太虛空藏之廣高明佛也。此所謂巨[1]是無垢白
淨識。居處須以無垢白淨識。合則段[2]不干於饑飽之相尋。亦不干於生死之
交遷者。

1) ㉑ 편자의 생각에 '巨'는 '正'이 아닌가 한다. 2) ㉐ '段'은 '但'의 오자인 듯하다.

• 307

우리 크게 깨달으신 불세존佛世尊의 도덕과 인의는 세간에 계시면 세존
世尊이 되시고, 하늘에 계시면 천존天尊이 되신다. 도道와 덕德을 받을 만
하시고 인仁과 의義를 배울 만하며, 일은 은미한 데서부터 드러나는 데에
이르고, 공功은 작은 것을 쌓아서 큰 것을 이룩하신 분이다.

도안道眼으로 살펴보면 도 아닌 게 없고, 불안佛眼으로 살펴보면 부처
아닌 게 없도다. 평생토록 보는 것이 전부 다 부처님의 경계요, 평생토록
듣는 것이 전부 다 부처님의 경계이며, 평생토록 마음 내는 것이 전부 다
곧 보리菩提의 마음이요, 평생토록 일으키는 행위가 전부 다 바로 보살菩
薩의 행위이다. 그런 연후에 장차 다가올 미래 세계의 도량에 오실 정각正
覺이 되리라.

> 我大覺伕世尊之道德仁義。在世爲世尊。而在天爲天尊也。道與德可受。仁
> 與義可學。而事有從微至著。功有積可[1]成大者。
> 道眼看來無非道。伕眼看來無非伕也。平生所見都是伕境界。平生所聞都
> 是伕境界。平生發心盡是菩提心。平生起行盡是菩薩行。然後當來之世道
> 場來正覺者。

1) ㉠ '可'는 '小'인 듯하다.

샷된 것을 버리고 바른 데로 돌아가고 적은 것을 버리고 큰 데에 돌아
가며, 방편을 버리고 실제에 들어가고 치우침을 버리고 원만함에 돌아가
며, 교리를 버리고 선에 들어가고 선을 버리고 도에 들어가신 부처로다.
49년 동안 몸을 나누어 백억 티끌 수만큼 많은 곳에 나타나시고, 삼천三千
의 모래처럼 많은 세계에 골고루 교화를 하셨는데, 맨 처음에는 사람과
하늘 세계의 인과에 대한 가르침을 설하셨고, 그 다음에는 공空 가운데
삼관三觀[70] 법문을 설하셨으며, 마지막에는 즉심불卽心佛과 비심불非心佛

에 대하여 설하셨으며, 더 나아가 부처님과 조사님을 초월하는 데까지를 설하셨다.

舍邪歸正。舍少¹⁾歸大。舍權入實。捨偏歸圓。捨敎入禪。舍禪入道伕也。四十九年中。身分百億之塵方。化遍三千里²⁾之沙界。而初說人天因果敎。次說空中三觀法門。終說卽心伕及非心佛。乃至超越伕祖者。

1) ㉠ '少'는 '小'인 듯하다. 2) ㉠ 문장의 구성으로 보나 글의 내용으로 보나 '里'는 연자인 듯하다.

진眞이란 것도 본래 없는 것이요, 망妄이란 것도 또한 공空과 같은 것이다. 본래는 허공의 꽃처럼 아무것도 없는 부처님의 나라에서 49년 동안 동쪽에서 설하시고 서쪽에서 설하셨으며, 마군魔軍의 말을 횡설수설 설하신 부처님이로다. 한편으로는 근기가 영리한 중생들을 위하여 현교現敎의 팔만대장경문八萬大藏經門을 설하시어 사람들로 하여금 광명장光明藏 가운데로 들어갈 수 있게 하셨고, 한편으로는 근기가 둔한 중생들을 위하여 밀교密敎의 백천 다라니문陀羅尼門을 설하시어 사람들로 하여금 진언궁眞言宮 가운데로 들어갈 수 있게 하셨도다.

眞本無。妄如空。本無華之伕國。四十九年東說西說。橫說堅說之魔譚說法伕也。一邊爲利根衆生。現說八萬大藏經門。令人得入光明藏中。一邊爲鈍根衆生。密說百千陀羅尼門。令人得入眞言宮中者。

일천 꽃이 발을 받치고 일만 덕德으로 몸을 장엄하신, 세상에 보기 드문 세존이로다. 법계를 모두 포함하는 것으로 마음을 삼으시고, 만행萬行

을 다 갖추는 것으로 수행을 삼으셨으며, 공功은 만겁萬劫에 우뚝하시고 덕은 만품萬品을 다 덮으셨으니, 곧 그 공을 짊어지고 그 덕을 갚아야 하기 때문에 마음으로 기뻐하고 성심으로 복종하여 섬기나니, 공경해 주기를 바라지 않아도 하늘이 공경하고, 섬겨 주기를 구하지 않아도 사람들이 섬기도다.

대개 우리 부처님의 도술은 사방에서 찾아오는 이를 널리 접견하나니, 구하면 호응해 주시지 않음이 없고 원하면 들어주지 않는 게 없으시다. 마니주摩尼珠를 구하면 마니주를 얻고 삼매를 구하면 삼매를 얻으며, 오래 살기를 구하면 오래 삶을 얻고 복을 구하면 복을 얻으며, 벼슬을 원하면 벼슬자리를 얻고 자식을 원하면 자식을 얻으며, 마음대로 되기를 원하면 마음대로 됨을 얻는다. 수명은 산과 같고 복덕은 바다와 같도다.

千花承足。萬德莊身之希有世尊也。包法界而爲心。備萬行而爲修。功高萬劫。德冒萬品。則荷其功。報其德。故心悅誠服而事之。不敬求[1]而天敬之。不求事而人事之者。

盖吾佛之道術。普接方來。無求不應。無願不從也。求摩尼得摩尼。求三昧得三昧。求壽得壽。求福得福。願官得官。願子生子。求如意願如心。壽如山福如海者。

1) ㉠ '敬求'는 '求敬'인 듯하다.

나무로 성현의 모습을 조각하니 일천 몸에 일만 얼굴과 일억 머리를 지닌 부처님이로다. 참다운 석가모니부처님의 화신化身이거늘, 하물며 임시방편의 석가모니부처님 화신 가운데 환술로 변화하신 공신空身이야 말해 무엇 하겠는가? 이치의 시작과 끝이 끊어졌으니 『주역周易』을 만든

자가 언상言象을 본떠서 이치를 드러내고, 부처는 본래 공적空寂하니 세상을 건지는 자가 반드시 색상色相을 빌려서 공空을 밝혔다. 그런 까닭에 이르기를 "현신炫神이 허깨비 같은 경계에 통하지 않으면 진실로 혼미한 나루에서 방편을 열어야 한다."라고 하였다. 그런즉 색상을 머물러 두어서 마음을 깨달아 마음에 즉하게 하는 분이 바로 부처님이시다.

木雕聖賢相。千形萬面億頭頭[1]伕也。眞釋迦牟尼伕化身。況假釋迦伕化中之幻化空身耶。理絶端倪。作易者擬言象而顯理。伕本空寂。度世者須假色相而明空。故云。非眩神通於幻境。賓聞方便於迷澤。[2] 則留色而會心卽心而是伕者。

1) ㉰ 편자의 생각에 '頭'는 연자인 듯하다.　2) ㉰ "非眩神通於幻境。賓聞方便於迷澤。"에서 '眩'은 '炫'의 오자이고 '賓聞'은 '實開'의 오자이며, '澤'은 '津'의 오자이다.『佛法金湯編』권16에 "非炫神通於幻境。實開方便於迷津。"으로 되어 있다.

천백억 화신 석가모니부처님이로다. 대개 우리 부처님께서 말씀하신 팔만대장경의 경문은 말씀마다 구절마다 지남指南[71] 아닌 것이 없다. 낱낱 사람마다 천진天眞한 자기自己가 있는데, 그것이 천만억 세계에 다함이 없는 지남이라는 것이다. 삼계의 꿈과 같은 허무한 집에서 허깨비처럼 머무는, 장엄한 환신幻身 공신空身의 부처님이라는 것이다. 바람과 구름이 따라 모이는 곳에 사람과 하늘이 유희하고 제석帝釋의 인다라 그물이 중중重重한데, 다함이 없는 주인과 나그네는 허공이 허공과 합치는 것과 같고 물이 물로 돌아가는 것과 같도다.

千百億化身釋迦牟尼佛也。盖吾伕所說之八萬大藏經文。則言言句句。[1] 無非指南。箇箇人人之[2]天眞自己。於千萬億世之無窮指南者。三界夢宅中幻住。莊嚴之幻身空身伕也。風雲際會。遊戲人天。帝網重重。無盡住伴。如空合空。如水歸水者。

1) ㉠ '句' 아래 '句'가 탈락한 듯하다. 2) ㉡ '之'는 연자인 듯하다.

경찬
敬贊[1)]

정명 거사[72] 경찬

십 홀만 한 방장실(十忽方丈)[73]에 높고 넓은 사자상獅子牀이라 넓지도 않고 좁지도 않구나. 5만의 문수文殊가 한 발우의 향적반香積飯이라 주리지도 않고 배부르지도 않네. 진리는 평상적인 정(常情)을 초월하고, 말씀은 범부들이 듣고는 놀라게 하는 부사의不思議한 큰 성인이로다.

敬贊淨名居士
十笏方丈。高廣獅子牀。不寬不窄。五萬文殊。一鉢香積飯。不飢不飽。則理越常情。語驚凡聽之不思議大聖者。

---

1) ㉘ '敬贊' 두 자는 편자가 보입하였다.

방 거사[74] 경찬

속가에 살았던 보살로서 이미 재물과 여색女色을 멀리하였고, 게다가 번뇌(塵累)까지 끊었네. 가슴속을 깨끗이 씻어 내어 한 물건도 없게 한 연후에 패연沛然[75]히 맑고 텅 빈 대도大道에 들어가셨네.

敬贊龐居士
在家菩薩。旣遠財色。又絶塵累。而洗滌胷中無一物。然後沛然入於淸虛之大道也者。

선재동자[76] 경찬

삼세의 모든 부처님께서 전하신 도통道統의 화엄법계華嚴法界를 온몸으로 짊어지고 일생 동안 능사能事를 마치신 화엄보살華嚴菩薩이네. 이를 일러 한번 뛰어넘어 여래의 지위에 곧바로 들어가고 한 생각에 만행을 모두 닦은 이라 말하네.

敬贊善財童子
三世諸佛。傳道統之華嚴法界。全身荷擔。而一生能事畢之華嚴菩薩也。可謂一超直入如來地。一念齊脩萬行者。

가섭[77]존자 경찬

무명無明의 긴긴 밤 큰 꿈속에서 깨어나지 못한 가운데 천지의 만유萬有를 불각不覺과 범부凡夫는 모두 말하기를 "일체는 모두 존재하는 것이다."라고 하고, 성문聲聞과 연각緣覺은 모두 말하기를 "일체는 다 공한 것이다."라고 하며, 크게 깨달으신 여래께서는 다 말씀하시기를 "일체는 다 중中이다."라고 하시고, 격식을 벗어난 조사들은 모두 말하기를 "일체는 다 중中이라 함도 역시 잘못이다."라고 하였다.

비로자나毘盧遮那의 장해藏海에서 여유롭게 유람하며 함영涵泳하여 여래 큰 지혜의 광명을 다시 세상에 밝히셨네. 삼세의 지혜 등불을 이어서 대천세계에 종지種智를 전하셨네.

敬贊迦葉尊者

無明長夜。不覺大夢中。天地萬有。不覺凡夫。則皆曰一切皆有。聲聞緣覺。則皆曰一切皆空。大覺世[1]如來。則皆曰一切皆中。出格祖師。則皆曰一切皆中亦非者。

優遊涵泳於毘盧藏海。使如來大智慧光明。復明於世。續三世之慧燈。而傳大千之種智者。

---

1) ㉘ 편자의 생각에는 '世' 아래 '尊'이 탈락된 것같이 의심된다. ㉙ 문장의 구성으로 볼 때 '世'는 연자인 듯하다.

마명[78] 대사 경찬

선禪과 교敎의 사체事體가 다르기 때문에 교리의 자취에서 뽑아내어 선가禪家의 가풍을 펴시고, 선과 교의 이체理體는 똑같기 때문에 교리의 이치에 나아가 종지宗旨를 밝히셨네. 백 가지 요의경了義經을 종지로 삼아 『대승기신론大乘起信論』을 지으시어 마음자리 법의 문(心地法門)을 발양發揚하사, 당세當世를 유익하게 하셨고 그 명성은 만대에 전해졌네.

敬贊馬鳴大師
禪敎之事體異。故拔敎跡而展家風。禪敎之理體同。故卽敎義而明宗旨。字[1]百本了義經。造大乘起信。發揚心地法門。現益當世。流芳萬代者。

1) ㉠ '字'는 '宗'의 오자인 듯하다. 『大禮懺文』에는 '宗'으로 되어 있다.

용수[79] 대사 경찬

 만약 문자에 나아가 도를 구한다면 그것은 자기 집에서 부리는 종을 남편으로 인정함이요, 만약 문자를 떠나서 도를 구한다면 그것은 머리를 베고서 살기를 바라는 것이라 했네. 마땅히 문자에 나아가서 발명發明해야 하지만 문자를 여의고서야 얻는 소식이므로, 용궁에 있는 바다 창고에 들어가 약본略本『화엄경華嚴經』을 외워 가지고 나와 온 세상에 유포하셨도다.

敬贊龍樹大師
若卽文字而求道。則認奴作郞。若離文字而求道。則斬頭覓活也。當於卽文字發明。離文字消息。故入龍宮海藏。誦出畧本華嚴。流布萬世者。

달마[80] 대사 경찬

현궁玄宮[81]을 건너시어 명굴冥窟을 밟으셨네. 상승上乘을 참구하고 도추道樞[82]를 탐구하셨네. 그리고 나서 격식 밖의 가풍家風을 염롱拈弄하셨도다.

敬賛達摩大師
涉玄宮蹈冥窟。叅上乘探道樞。而拈弄格外家風者。

혜가[83] 대사 경찬

귀의하는 마음(歸懷)이 독실하였고, 무거운 짐을 지고 메고(荷擔) 하셨네. 공력工力을 쌓으심이 이미 깊으시니 대체大體가 이에 드러나셨네. 그런즉 백세에 한 번 나올 인물이시며, 천 년에 한 번 만날 수 있는 분이셨네.

敬贊慧可大師
歸懷之篤。荷擔之重。積工旣深。大體斯呈。則[1]則百世一出。千載一遇者。

1) ㉑ 편자의 생각에 '則'은 연자가 아닌가 한다.

육조[84] 대사 경찬

현욱玄郁하고 현류玄流한 현모玄眸로써 살펴보면 해解에 대해서는 현묘하고도 현묘하셨고, 행行에 대해서는 물욕物慾을 줄이고 또 줄이셨네. 부처님께서 말씀하시기를 "만물은 덧없는 것인지라, 다 함께 죽음으로 한결같이 돌아가거니와 한 물건만은 우뚝 높게 솟아 천지보다 먼저이며 독보적 존재이다."라고 하셨고, 육조 스님은 말씀하시기를 "단지 만萬만이 없을 뿐만 아니라 일一도 역시 없고, 그 없다는 것마저도 없어서 현묘하고 또 현묘하도다."라고 하셨으니 대저 부처와 조사를 초월하신 분이로다.

敬賛六祖大師
以玄郁玄流之玄眸看來。於解則玄之又玄。於行則損之又損也。仸言萬物無常。同歸一死。一物巍巍。先天地而獨存。祖曰。非但萬無。一亦無。無亦無。無亦無。[1] 玄又玄。大抵超仸越祖者。

1) 卍 편자의 생각에 '無亦無' 세 글자는 연문이 아닌가 한다.

백장[85] 화상 경찬

마조馬祖[86]의 한 마디 할喝에 백장百丈은 대기大機를 터득했고, 황벽黃蘗[87]은 대용大用을 터득했네. 불법佛法이 싹트던 초기에는 특별히 총림叢林이 없었으므로 출가하여 산문에 든 사람들은 풀숲에서 기거하면서 나무 열매를 먹으며 연명하였다. 그러다가 화상이 풀을 맛보고 가람을 지은 뒤로부터 출가하여 산문에 들어온 사람들이 선방에서 기거하면서 음식을 불로 익혀 먹었으니, 그렇다면 이분은 이른바 가택家宅을 조성하여 사람들을 구원하신 분이요, 음식을 베풀어서 사람들을 살린 분이로다.

敬贊百丈和尙

馬祖一喝。百丈得大機。黃蘗得大用也。佚法權輿之初。別無叢林。故出家入山者。於[1)]處而木食矣。自和尙草味。[2)]建伽藍後。出家入山者。宅處而火食。則此所謂造家宅而救人。說[3)]飮食而活人者。

1) ㉠ '於'는 혹 '艸'가 아닌가 생각된다. 2) ㉭ 편자의 생각에 '味'는 아마도 '昧'가 아닌가 한다. ㉠ '草味' 그대로 '풀을 맛보다'라는 의미로 해석해도 좋을 듯하다. 번역은 후자를 따른다. 3) ㉠ '說'은 '設'인 듯하다. 번역은 후자를 따른다.

현장[88] 법사 경찬

꿈과 허깨비 같은 몸과 마음으로 그림자 같은 형상의 세계에서 노닐면서, 신이 가호하는 미묘한 경계에서 지혜로 의로운 문을 다 거치셨네. 태양이 떠오르니 육합六合[89]이 명랑하고, 큰 바다가 맑으니 만상萬像이 밝게 드러나네.

敬贊玄莊[1]法師

以夢幻身心。遊於影償[2]世界。而神冥妙境。智歷義門也。大陽昇而六合明朗。巨海澄而萬像昭彰者。

1) ㉭ '莊'은 '奘'인 듯하다. 2) ㉭ '償'은 '相' 또는 '像'의 오자인 듯하다.

도안[90] 법사 경찬

미천彌天 석도안釋道安 법사의 학문은 천하에 어느 누구도 대적할 이가 없었네. 무릇 어떤 일에 접촉하면 크고 작은 것을 결단하고 모든 질서를 바로잡았네. 삼대절三大節[91]을 올바르게 유통시켰으며, 고명한 판별은 은근히 서역(인도)의 학자들과 부합하니,[92] 진실로 고금이 다 함께 따라야 할 분이로다.

敬賛道安法師

彌天釋道安法師。學無敵於天下也。凡於觸事。決大少[1]而皆有序。正流通三大節之。高辦暗符而城[2]古今同遵者。

1) ㉡ '少'는 '小'인 듯하다. 2) ㉠ 편자의 생각에 '城'은 아마도 '誠'이 아닌가 한다.

청량[93] 국사 경찬

도道는 유교와 불교를 다 통달하였고 학문은 장자莊子와 노자老子까지 겸하였네. 도덕과 문장은 진정 법왕法王의 길을 활보했다 말할 만하고, 길이 보리수菩提樹의 긴 가지에 나아가셨네. 대업大業으로는 『화엄경』을 오주사분五周四分[94]으로 개연開演하였고, 법계法界의 육상십현六相十玄[95]을 선양하셨네. 그러하기에 스님은 곧 불일佛日을 거듭 빛나게 하고 다시 법륜法輪을 굴리신 분이로다.

敬贊淸凉國師

道通儒釋。學兼莊老。道德文章。可謂法王道之濶步。長趣菩提樹之長枝。大業開演華嚴之五周四分。宣揚法界之六相十玄。則重輝佛日。再轉法輪者。

조백 대사[96] 경찬

화엄華嚴에 대하여 칼놀림이 능수능란했으니 보살이 아니면 대사처럼 그리 할 수가 없네. 마음에는 맑은 거울이 있었고 손에는 서릿발 같은 칼날이 있었다네. 넓고도 넓어서 능히 그 미묘한 솜씨를 지어서 법계의 태허에 하늘을 뒤덮는 날개를 펼치고, 해인海印의 대정大定(큰 삼매)에 배를 삼킬 듯한 물고기를 허용하셨으며, 한 시대의 일을 다 마쳐서 만세의 도를 여시었도다.

敬贊棗栢大師

遊刃華嚴。非菩薩則不易大師。明鏡居心。霜刃在手。恢恢焉。能造其妙。而展垂天之翼法[1]界之太虛。容吞舟之魚於海印之大定。盡一代之事。而開萬八[2]世之道者。

1) 옝 '法' 앞에 '於'를 넣어야 할 듯하다. 2) 옝 '八'은 연자인 듯하다.

구마라집[97] 법사 경찬

  도덕의 대가요, 문장의 거벽巨擘이로다. 삼승三乘과 일승一乘의 도덕은 마음 밭(心田)에서 쏜살같이 달리고, 천함千函과 만축萬軸의 문장은 입의 바다에서 파도처럼 일어났네. 범서梵書 경전을 당서唐書 경문으로 번역하고, 뜻을 취하고 경에 과목을 매기셨네.

敬贊羅什法師
道德大家。文章巨擘。三乘一乘之道德。馳驟於心田。千函萬軸之文章。波騰於口海。譯梵爲唐。取義課經者。

불도징[98] 경찬

마음은 거울 같고 지혜는 맑으며 살핌은 마치 거울을 어루만지는 것 같고 밝기는 흡사 불을 보는 것 같았네. 여래장如來藏을 이따금씩 지혜롭게 살핌은 마치 해와 달이 광명을 합하여[99] 드날리는 것 같았고, 겨드랑이에 하나의 구멍이 있어 오장五臟을 꺼내 세척하여 다시 넣곤 했는데 마치 솜을 빨듯[100]이 하는 능숙한 의사였다.

敬贊佛圖澄

心鏡智澄。候如憮鏡。明若觀火。知[1]來藏往往智鑑。如揚合辟。[2] 而腋有一空。[3] 出入五臟而洗滌。如浣澣繢者。

1) ㉤ 편자의 생각에 '知'는 '如'가 아닌가 한다. 2) ㉢ '辟'은 '璧'의 오자인 듯하다. 3) ㉢ '空'은 『高僧傳』「佛圖澄」편에는 '孔'으로 되어 있다. 번역은 후자를 따른다.

규봉[101] 대사 경찬

　대방가大方家의 크고도 너그러운 솜씨로 단지 『원각경圓覺經』을 깨닫고 이 경의 소疏를 썼으니 이른바 『원각경소』이고, 대광명大光明의 광명으로 장엄함이 그지없이 너그러웠으니, 거의 장엄한 경지에 이르렀기 때문이네. 또한 『화엄경華嚴經』을 강론까지 하였는데, 이 경을 강론하고 이 경의 소를 강론하니, 대중들은 마치 목마른 사람이 감로를 만난 듯하고 가난한 사람이 보물 창고를 만난 듯하였네. 그런즉 대사는 스승이 없이 스스로 깨달으신 분으로서 거의 대면하지 않고도 먼저 마음으로 법륜을 굴리신 진자眞子에 가깝다고 하겠네.

敬贊圭峰大士
大方家之大寬手拳。非但悟圓覺經如是疏。可謂著圓覺疏。而使大光明光莊爲無盡寬。所以爲庶幾乎莊也。亦能講華嚴也。運如是經。運如是疏。渴逢甘露。貧遇寶莊。則無師自悟。[1] 廣[2] 幾乎不面而先心之轉輪眞子者。

1) ㉑ 편자의 생각에 '情'은 '悟'가 아닌가 한다.　2) ㉑ 편자의 생각에 '廣'은 '庶'가 아닌가 한다.

장수[102] 선사 경찬

지혜가 진리와 계합契合함이 비유하면 마치 상자와 그 뚜껑이 서로 꼭 맞는 것과 같았네. 그런 연후에 해解와 행行을 함께 실천하고 종宗과 설說을 아울러 달통했네. 기개를 토해 내고(吐氣) 드러내 보여 줌(提看)이 자약自若하였으며, 섬세한 논리는 우리 가풍에 그 현묘함이 아직까지 전해지지 않은 것이었네.

敬贊長水禪師

以智契理。猶函盖之相稱。然後解行霎行。宗說兼通。吐氣提看自若。細論吾家不傳之妙者。

지자[103] 대사 경찬

본래부터 미묘하고 영특하신 재주였기에 삼시다라니三施陀羅尼를 얻었고, 법화삼매法華三昧에 들어서 『법화경法華經』의 제목을 풀이하여 설하셨으니, 천진天眞하고 살아서 꿈틀거리는 언어(活語)를 지닌 신출귀몰하신 분이셨네.

敬贊智者大師
本以妙悟之才。得三施陀羅尼。入法華三昧。而說釋法華經題。天眞活語。神出鬼沒者。

천연[104] 선사 경찬

장부로서 스스로 하늘을 뚫을 듯한 의지가 있었기에 부처와 여래가 간 길이라 해서 무턱대고 따라가지 않았네. 그런 까닭에 전단栴檀으로 조각한 거짓 불상을 불에 태웠으니, 곧 제일가는 천의天義의 참 부처요, 본래 저절로 천연天然하신 분이었네.

敬贊天然禪師

丈夫自有衝天志。不向如來行處行。所以燒却栴檀假伕像。則第一天義眞伕。本自天然者。

대혜[105] 대사 경찬

대방大方을 높이 밟고 대도大道에 깊이 들어간 완전한 덕을 간직한 법기法器였네. 가슴속에 쌓은 것은 호한浩瀚하여 하해의 연원과 같고, 바깥으로 발산하는 것은 찬란하여 일월의 광명과 같았네. 현묘한 말은 깨달은 분의 말이요, 격조 높은 담론과 활발한 논리는 한 세대에 독보적이었네.

敬贊大慧大士
高蹈大方。深入大道之全德法器也。積於中則浩瀚。若河海之淵源。發於外則粲爛。日[1)]月之光明。玄言如悟。高譚潤論。獨步一世者。

1) 㗯 문장으로 볼 때 '日' 앞에 '如'가 있어야 할 듯하다.

고봉[106] 화상 경찬

큰 의지를 빼앗고 현묘한 관문을 통하였네. 철위산鐵圍山을 쪼개고 금강권金剛圈을 뚫었네. 큰 바다의 물을 다 마시고 밤 가시 같은 칼날을 머금었네.

敬贊高峰和尙
奪大志。透玄關。而劈鐵圍山。透金剛圈。吸大海水。吞栗棘鋒者。

태전[107] 선사 경찬

 도덕은 성품에 뿌리를 내리고 문장은 학문에 근원을 두었네. 그런 까닭에 도덕과 문장은 수식과 바탕이 어우러져 비단 위에 꽃을 더한 것 같은 분이셨네.

敬贊太顚禪師
道德根於性。而文章源於學。故其爲道德文章。文質彬斌。錦上添花者。

선각[108] 선사 경찬

이미 도를 깨닫고 나서 날마다 했던 공부는 관음수월觀音水月의 명호를 염念하는 것이었네. 그로 인해 두 마리 호랑이를 감복시켜 와서 가호加護하고 모시는 보답을 받았으니, 도가 높아 용과 호랑이에게 항복받은 분이었네.

敬贊善覺禪師
旣悟道以後。日用工夫。觀音水月號。而感得二虎來侍之報。則道高龍虎伏者。

황벽[109] 화상 경찬

당唐나라에 세 천자天子가 있으니 선禪 가운데 천자는 대사가 바로 그 분이시네. 7천의 용과 코끼리가 고상한 걸음을 따르고 만 리 향화香火로 수승殊勝한 인연을 맺었네.

敬贊黃蘗和尙

唐有三天子。禪中天子。大師是也。七千龍像[1]隨高步。萬里香火結勝緣者。

1) ㉠ '像'은 '象'인 듯하다.

조주[110] 화상 경찬

선문禪門의 노장으로서 큰 고추古錐[111]셨네. 활인活人에 대소가 없었으니, 언어의 길이 끊어지고 이치의 길도 끊어지며 더듬고 만질 수도 없고 자미滋味조차 없는 것 아님이 없어서 다른 사람들로 하여금 어떻게 그것을 얻을 수 없게 하였네.

敬贊趙州和尙

禪門之老大古錐也。活無大小。而無非沒語路。沒義路。沒摸搎沒滋味。令人奈何陀[1]不得者。

1) ㉠ '陀'는 '他'의 오자인 듯하다.

혜원[112] 법사 경찬

마음자리를 사무쳐 깨달았고 성품의 땅에 깊이 들어갔네. 그런 까닭에 예토穢土가 곧 정토淨土이고 범부의 마음이 원래 진인眞人의 마음이라는 걸 알았으며, 자기 성품의 미타彌陀를 보시었네.

敬賛惠遠法師
徹悟心地。深入性土。故穢土則淨土。凡心元眞心。得見自性彌陀者。

일행[113] 대사 경찬

재주와 술법은 천부적으로 구비하였으므로 인사人師를 빌리지 않으셨네. 그런 까닭에 도량度量 안에 산수山水를 가두었고 마음속에 신비한 기능을 운영하셨네. 산을 바꾸고 물을 옮기는 비밀한 법을 지니셨고, 귀신을 부리는 신비한 기미를 지닌 분이셨네.

敬賛一行大師
藝術天備。而不假人師。故籠山水於度內。運神機於心上。轉山移水之密法。使思役神神秘機者。

도선[114] 국사 경찬

하늘이 내신 신비한 눈이라 위로는 천문天文을 통하시고 아래로는 지리地理를 밝게 살피셨네. 그런 까닭에 3천여 곳에 사탑寺塔을 세우시어 우리나라 산천의 악기惡氣를 진압하시고, 삼한三韓을 한 나라로 통일하여 우리 동방에 억만세토록 큰 공을 세우셨네.

敬贊道詵國師
天生神眼。上通天文。下察地理。故運寺塔三千餘所。鎭我國山川。而統三
爲一。吾東方億萬世大功者。

지공[115] 화상 경찬

위로는 천자天子의 신하가 아니었고 아래로는 제후諸侯를 섬기지 않으셨네. 총림叢林을 길러 키우심이 대도大道를 달통하여 인천人天의 큰 스승이 됨과 같았네. 1천 산과 1만 냇물을 빈 것처럼 관하고 도를 즐기셨네. 1만 나라 1천 성에 사물을 이롭게 하고 중생들을 건지셨네.

敬贊指空和尙
上不臣天子。天[1)]不事諸王。養高[2)]林。若通大道。而爲人天大師也。千山萬水。觀空樂道。萬國千城。利物濟生者。

1) ㉠ '天'은 '下'의 오자인 듯하다. 2) ㉠ '高' 아래에 '叢'이 결락된 듯하다.

나옹[116] 화상 경찬

젊어서는 성인의 도를 전하시고 늙어서는 북면北面[117]하지 않으셨네. 높은 덕을 지니신 분이라서 신하의 예를 하지 않으셨네. 성왕聖王의 붓놀림은 구름을 타고 승천하는 용의 기상이었고, 천문을 탑에 걸어 놓으니 해와 달의 찬란한 빛도 멈추었네.

敬贊懶翁和尙
傳[1]聖道。老不北面。有盛德者。無臣禮也。聖札飛毫。動雲龍之氣像。天文掛塔。駐日月之光輝者。

1) ㉭ '傳' 앞에 '少'가 결락된 듯하다.

무학[118] 화상 경찬

덕이 두터우니 중생의 아버지였고 도가 높으시니 임금의 스승이었네. 왕륜王綸의 처소를 빌리니 기림을 의탁하여 중금重金[119]이 찬란하고, 제석帝釋의 인다라망因陀羅網 모양과 짝하니 광명을 머금어 옥찰玉刹에 융화融和했네.

敬贊無學和尙
德之厚爲父衆生。道之尊爲師王者也。假王綸之所。托譽重金輝。侔帝網之相。含光融玉刹者。

아도[120] 화상 경찬

우리 불여래佛如來를 직접 끌어안고 보내온 도덕 높은 고승이었네. 먼저 간비竿妃의 집에 이르러 불교를 전하려 하면서도 말을 꺼내지 못하였더니, 범궁梵宮에 기거할 적에는 방포方袍[121] 입은 이들이 끊이지 않고 찾아들었으니, 곧 우리 동방의 나라에 시조가 된 화상和尙이시네.

敬贊阿度和尙

我佛如來。親抱送之道德高僧也。先倒[1]竿妃傳悱之。而梵宮處之。方袍繼繼。則我東方之鼻和尙者。

1) ㉯ '倒'는 '到'의 오자가 아닌가 생각한다.

자장[122] 율사 경찬

자장 율사慈藏律師는 보현보살님의 후신으로, 법문을 듣고 실천의 수레와 계법을 같이 급하게 해서(乘戒俱急) 단번에 뛰어올라 곧바로 여래의 지위에 들어가 여래와 손을 맞잡고 함께 거닌 분이시네.

敬贊慈藏律師
慈藏律師。普賢後身。乘戒俱急。一超直入如來地。與如來把手共行者。

원효[123] 대사 경찬

도는 일관一貫[124]을 다하였고 지식은 구류九流[125]를 해박하게 아셨네. 세상을 건질 재주를 짊어졌고, 하늘을 이야기할 만한 말[126]을 토해 내었네. 현묘하게 통한 논리의 미묘함은 한 세대에 으뜸으로서 짝이 될 사람이 없었네.

敬贊元曉大師
道極一貫。識該九流。而負濟世之才。吐譚天之辯。湘[1]玅玄通之論。冠一世而無雙者。

1) ㉠ '湘'은 연자이거나 아니면 오자인 듯하다.

의상[127] 대사 경찬

온 마음이 교연皎然하였고 만덕萬德을 갖추시었네. 물에 통달하여 항상 젖어 있었으니 어찌 파도가 일어나고 사라짐을 의심할 것이며, 깨달음의 거울이 항상 밝게 비추니 영상이 있건 없건 상관하지 않으셨네.

敬贊義相[1)]大士
一心皎然。萬德斯備也。達水常濕。寧疑波濤濤[2)]起滅。悟鏡恒明。不恤影像之有無者。

1) ㉠ '相'과 '湘'은 혼용된다. 2) ㉡ '濤'는 '之'의 오자인 듯하다.

윤필[128] 대사 경찬

몸은 세속에 살고 있었으나 마음은 저절로 맑고 텅 비었네. 옷은 세속 옷을 입었으나 마음은 석자釋子와 같으셨네. 대명천하大明天下에 집 없는 나그네요, 태백산 속 머리 기른 승려라고 말할 만하네.

敬贊尹弼大師
身居塵而心自淸虛。衣是白而心同釋子。可謂大明天下無家客。太白山中有髮僧者。

무착[129] 조사 경찬

지혜롭고 고요하여 말 없는 마음으로, 합하고 있고 없음이 모두 융화하는 도에 계합하셨네. 그런 까닭에 안으로는 공空에 걸리지 않고, 밖으로는 상相에 집착하지 않으셨네.

敬贊無著祖師
以智寂不言之心。契空有雙融之道。故內不滯空。外不著相者。

대각[130] 국사 경찬

자기 집에 있는 보배 창고를 스스로 깨달으셨고, 자기 마음의 밝은 등을 스스로 비추셨네.

敬贊大覺國師

自覺自家之寶莊.[1] 自照自心之明燈者。

1) ㊋ '莊'은 '藏'의 오자인 듯하다.

일선[131] 화상 경찬

한결같은 의지 흩어짐이 없으셨고, 위로 향하는(向上) 관문(關門)을 통과하셨네. 손을 들어 하늘을 뒤흔들었고 입을 열어 강물을 다 마시니, 귀신도 어찌하지 못하였네.

敬贊一禪和尙
一志無散。而透向上關也。擧手掀天。開口吸江。鬼神沒奈何陀[1]者。

1) ㉭ '陀'는 '他'의 오자인 듯하다.

보조[132] 국사 경찬

부처님의 모습 없는 법을 깨달아 지취旨趣를 얻고 말은 잊으셨네. 이미 언어와 문자 속에서 얻음이 있었고, 다시 그 공功을 추구하여 역시 언어와 문자 밖에서 얻음이 있으셨네.

敬贊普照國師
悟伕無相。得旨忘言。旣有得於言語文字之中。故復推其功。亦有得於言語文字之外者。

혜철[133] 국사 경찬

마음자리에서 무명초無名草를 베어 내고, 의리의 하늘에서 광명장光明藏을 드날렸네. 유루有漏를 버리고 무루無漏를 취하였으며, 색신色身을 버리고 법신法身을 증득하셨네.

敬贊慧澈[1]國師
伐無明草於心地。揚光明藏於義天也。捨有漏而取無漏。棄色身而證法身者。

---
1) 역 '澈'은 '徹'의 오기인 듯하다.

함허당[134] 경찬

한량없이 많은 겁을 지내 오는 동안 부처님의 인연을 심었기에, 금생今生에 이르러서는 진계眞界의 구름 속에 기거하면서 자신의 마음을 비추어 보되 마치 등불이 사물을 비추듯 하였네. 백세토록 하어下語[135]를 하시어 길 잃은 이들에게 지남指南[136]이 되셨으니, 봉황鳳凰이 뭇 새들 중에 천자天子인 것과 같네.

敬贊涵虛堂

自無量劫來。種得佅緣。至于今生。眞處塵[1)]棲雲。照見自心。如燈照物。下語百歲。而爲迷塗之指南者。鳳卽爲鳥中天子者。

1) ㉠ '眞處塵'은 '處眞'의 오기가 아닌가 생각된다.

태고[137] 화상 경찬

중국에 들어가 석실石室 대사 앞에 이르러 문자나 모양으로 표현할 수 없는 도장을 몸에 차고 나와 사람마다의 면전에서 지시하였으니, 우리 동방에 단전單傳[138]의 밀지密旨를 열어 주신 비조(始祖)시네.

敬贊太古和尙
入中國於石室前。佩來無文印子。指示人人面前子。以開東方單傳密旨之鼻祖者。

환암[139] 대사 경찬

병을 끌어당기기도 하고 병을 놓아 버리기도 하면서, 부름에는 부름으로 응대하셨네. 한바탕 웃음 가운데 응하여, 곧바로 자기 집의 전지田地를 뒤집고 저쪽에다 뜻을 세우셨네.

敬贊幻庵大師
提瓶放瓿。應喚以喚。應一哄中。直飜自家田地。志立耶[1]邊者。

1) 역 '耶'는 '那'의 오자인 듯하다.

구곡당[140] 경찬

진리의 토굴에 깊이 나아가 현묘玄妙한 진리를 깊이 깨달았네. 그런 까닭에 현묘한 지견知見으로 부처님과 조사님의 출신처出身處에 깊이 계합하여 1천7백 칙則의 공안公案을 눈만 대면 풀어내었네. 비유하면, 마치 백정이 푸줏간에서 소를 해부하듯이 하여 그 눈에는 온전한 소가 없으셨네(目無全牛[141]).

敬贊龜谷堂

深造理窟。而玄悟玄理。故玄妙之知見。深契佛祖出身處。一千七百則公案。寓目觸解。如庖丁之解牛。目無金[1)]牛者。

1) 옙 '金'은 '全'의 오자이다.

등계[142] 선사 경찬

진제眞諦와 속제俗諦 두 진리 가운데에서 자재自在하게 유행遊行하셨고, 의복은 바꾸어 입었으나 심법心法을 전하였으니 진속眞俗을 한집안으로 이룩하신 분이시네.

敬贊登階禪師
眞俗二諦中。自在以行。衣變傳心。眞俗打成一家者。

벽송당[143] 경찬

속가에 계셨을 때에는 인의를 실천하신 군자였고, 출가하셔서는 도덕을 전하신 불자佛子이셨네.

敬贊碧松堂
在家行仁義之君子。出家傳道德之伕子者。

부용당[144] 경찬

세속 밖의 업業을 일삼으셨으니 마음자리 위에서의 공부였네. 완전하게 깨닫고 종파를 초월하였으며, 마음의 등불을 이어서 비추셨네. 비유하면, 마치 좋은 옥(良玉)이 옥돌(璞) 속에서 나온 경우와 같으시네.

敬贊芙蓉堂
物外事業。心上工夫也。頓覺超宗。照繼心燈。猶如良玉之出璞者。

사명당[145] 경찬

반야般若 지혜의 칼을 놓아 버리니 건곤乾坤이 빛을 잃고, 거두어들이니 해와 달도 광명이 없어졌네. 산과 강은 이에 힘입어서 존경했고 용과 호랑이는 이를 보고 항복하였으니, 한 세대의 영웅이라고 이를 만하네.

敬贊泗溟堂

船[1]若慧釖。放去也。乾坤失色。收來也。日月無光。山河賴以奠。[2] 龍虎見而伏。可謂一世之英雄者。

1) ㉮ '船'은 '般'의 오자이다. 2) ㉮ '奠'은 '尊'의 오자인 듯하다.

허응당[146] 경찬

선불장選佛場[147]에서 심공급제心空及第[148]하셨으니, 이 스님이야말로 용호방龍虎榜 아래에서 문장으로 날실을 삼고 무예로 씨실을 삼은 재주를 지닌 분이었네. 부처님과 조사님의 도량에서 하늘이 감추고 땅이 숨겨 둔 덕을 지닌 분이라 말할 만하네.

敬贊虛應堂

選佛場中。心空及第也。此可謂龍虎榜下。文經武緯之才。佛祖場中。天從[1] 地備[2]之德者。

---

1) 옮 '從'은 '藏'의 오자인 듯하다. 2) 옮 '備'는 '秘'의 오자인 듯하다.

청매당[149] 경찬

불자佛子의 자리에 기거하면서 불자의 일을 실천하셨네. 마음에는 늘 도를 안고 살았고, 기운은 항상 온화한 기색을 띠었네. 형상은 늘 기쁨을 띠었고, 입으로는 늘 함흡含吸[150]하시었네.

敬贊靑梅堂
居仸子之位。行仸子之事也。心常抱道。氣常帶和。形常帶喜。口常含吸者。

부휴[151] 대사 경찬

도가 한 세대에 높으니 사부대중이 그 도를 공경했네. 덕이 온 나라에 중후하니 팔방八方이 그 덕을 우러렀네. 동방의 나라에서 상탑牀榻이 부러질 정도로 대중들이 많이 모였던, 격조 높은 법회(折牀高會)라고 하겠네.

敬贊浮休大師
道高一世。四象[1]欽道。德重一國。八方仰德。東方之拆[2]牀高會者。

1) ㉠ '象'은 '衆'의 오자인 듯하다. 2) ㉠ 『景德傳燈錄』 권6 「如會禪師」조에 있는 "僧堂內床榻爲之陷折。時稱折床會也。"라는 내용에 비추어 보아 '拆'은 '折'의 오자인 듯하다.

벽암당[152] 경찬

바른 믿음으로 출가하여 동진童眞으로 도의 문에 들어갔네. 온몸이 도덕이요, 뱃속에는 문장이 가득하였네. 사방에 명성을 떨쳐 대중들 삼백을 접견했네.

敬贊碧巖堂
正信出家。童眞入道。全身道德。滿腹文章。名動四隣。衆接三百者。

소요당[153] 경찬

하늘이 낸 작가[154]로서 문장은 이미 풍부했고 도 또한 부족하지 않으셨으니, 곧 천지를 소요하신 아주 굉장한 청한淸閑 도인道人이네.

敬贊逍遙堂
天生作家。文旣富而道又不貧。則逍遙天地之一大閑道者。

편양당[155] 경찬

교학敎學의 바다에 용상龍象이요, 선의 숲(禪林)에 봉황鳳凰이셨네. 깨달음의 꽃을 교원敎院에 다시 펴시어 부처님의 태양을 다시 밝히셨고, 꽃을 뽑아 들어 선림에 재삼 발양發揚하여 조사의 가풍을 다시 불러 오셨네.

敬贊鞭羊堂

敎海龍像。[1] 禪林鳳凰。覺花重敷於敎院。佽日以重明。[2] 拈花再發於禪林。祖風息而再換者。

1) 엮 '像'은 '象'인 듯하다. 2) 엮 이하 구절에 빠진 것이 있는 듯하다.

중관당[156] 경찬

마음을 이미 깨달았으므로 그의 자연스러운 시는 모두 다 산가山家(불가)의 도를 닦는 일상생활에서 뽑아낸 것이었네. 이 어찌 세상의 청황적백 靑黃赤白(세속의 일상적인 일)과 더불어 심상尋常한 시격詩格에 뇌동雷同[157]한 것이겠는가?

敬贊中觀堂

心旣覺悟故。其天成之詩。皆拈出山家道用。則豈與世上靑黃赤白之乎者也。尋常詩格雷同者。

진묵당[158] 경찬

삼계의 온갖 법은 마치 바람이 구름을 걷은 것과 같았고, 확락廓落하여 경계가 없는 유일한 진심眞心에 처하셨네.

敬贊震默堂
三界萬法。如風捲雲。處唯一眞心廓落無際者。

취미당[159] 경찬

백마白馬가 서쪽에서 오고 상교象敎가 동쪽으로 전해지니 우리 스님께서 그 마음을 꺾고 그 현묘한 법을 터득하셨네.

敬贊翠微堂
白馬西來。象敎東傳。我師折其裏。而得其妙者。

풍담당[160] 경찬

선禪과 교敎에 있어서 대기大機요, 대용大用이셨네. 세워져 있는 물건을 옆으로 하거나 거꾸로 해서 자유자재로 활용하였으며, 원융문圓融門[161]과 항포문行布門[162]을 먼저 열고 뒤에도 연 선호禪虎이시며, 교룡敎龍이시네.

敬贊楓潭堂
於禪於敎。大機大用。橫拈而倒用。圓融行布先闢。而後開之禪虎敎龍者。

백암당[163] 경찬

가슴속은 물처럼 거울처럼 맑아서 중화中華와 천축天竺의 풍월이 함께 밝게 비치었고, 조화의 붓 끝에선 진제眞諦와 속제俗諦의 용사龍蛇[164]가 교차하여 치달렸네.

敬贊栢巖堂

水鏡胷中。華竺之風月幷朗。造化筆下。眞俗之龍蛇效[1]馳者。

1) 옌 '效'는 '交'의 오자인 듯하다.

선탄 선사 경찬

구름을 능멸하는 기개요, 신비한 경지에 들어간 학문이었네. 세속을 끊어 버린 문장이요, 범부를 초월한 작품이었네. 정말로 방외方外의 귀신 같은 재주라 일컬을 만하네.

敬贊禪綻禪師
凌雲之氣。入神之學。絶俗之文。超凡之作。可謂方外之鬼神者。

백곡당[165] 경찬

높은 학식을 지닌 선비요, 도를 담론하는 작가였네. 산수의 풍경을 수습하여 금낭錦囊[166] 속에 담으셨네. 사람들로 하여금 시를 읊게 하면 자못 세속을 초월한 시상詩想을 느끼게 하였네.

敬贊白谷堂
高識之士。譚道之作也。收拾山水。趣於錦囊中。令人吟咏。頗有出塵之想者。

구피 선사 경찬

하늘이 내신 조사로서 소리도 냄새도 없고 탐욕도 없는 한 시대의 위대한 무극옹無極翁이셨네. 규중閨中에서는 또한 황명黃鳴[167]의 어짊이 있었고, 몸과 마음은 청정하여 마치 하얀 유리와 같으셨네.

敬贊枸皮禪師

天生祖師。無聲臭無貪慾之一大無極翁。而閨中又有黃鳴之賢。身心之淸淨。猶若白琉璃妹[1]者。

1) ㉭ '妹'는 연자인 듯하다.

영월당[168] 경찬

세상이 무상함을 깨달으셨고, 마음의 진상眞常을 깨달으셨으며, 본래의 진심을 잘 지키셨네. 세상만사는 모두가 몸(形骸) 밖의 일이요, 일심一心은 다만 폐부肺腑 사이에 붙었다는 말과 같은 스님이셨네.

敬賛咏[1]月堂
覺世無常。悟心眞常。而守本眞心也。萬事都付形骸外。一心秪寄肺腑間者。

---
1) 역 '咏'은 '詠'과 같이 쓰인다.

침굉당[169] 경찬

마음이 넓어지고 몸이 편해져서 도덕의 광채가 찬란하였고, 아울러 문채가 찬란한 문장을 이루니 그 광채가 빛을 다투었네.

敬賛枕肱堂

心廣體胖之道德光輝。與裵[1]然成章之文章。光彩爭光者。

---

1) ㉭ '裵'는 '斐'의 오자인 듯하다. 『論語』「公冶長」에 "공자가 일찍이 진陳에 있을 때에 이르기를, '돌아가리라, 돌아가리라. 우리 당의 소자들이 뜻만 컸지 행동은 허술해서 찬란하게 문채만 이루었을 뿐이요, 스스로 재단할 줄을 모르도다.'라고 하였다.(子在陳曰。歸與歸與。吾黨之小子狂簡。斐然成章。不知所以裁之。)"라는 말이 나온다.

월저당[170] 경찬

웅대하고 위대하도다, 월저당이여. 거인장자巨人長者의 기상氣像으로 미천彌天[171]은 한 시대에 굉장한 호걸豪傑이었네.

敬贊月渚堂

雄偉哉。月諸[1]也。巨人長者之氣像。彌天一大豪傑者。

1) ㉮ 편자의 생각에 '諸'는 '渚'로 의심된다.

월담당[172] 경찬

뜻은 조화의 진리를 다 연구했고, 학문은 천인天人의 경계를 꿰뚫었네. 여러 지방을 다니면서 많은 사람을 널리 교화하였고, 사람들의 안목을 열어 주셨네. 그렇다면 이분이야말로 가히 우담발화를 당시에 다시 피게 하신 분이라 할 만하네.

敬贊月潭堂

志窮造化之理。學貫天人之際。而廣化諸方。開人眼目。則可謂優曇鉢華時再現者。

무용당[173] 경찬

하늘이 내신 대재大才인지라 노자老子와 장자莊子의 크고 한결같은 지취旨趣를 잘 탐구하였고, 장차 부처님 조사님과 거의 같은 경지에 이른 스님이셨네.

敬贊無用堂
天生大才。能探究老莊大一之旨。而將庶幾乎佛祖大同之域者。

환성당[174] 경찬

영민하고 달관한 재주에다가 독실한 공부까지 겸하여서 대천세계大千世界의 끝까지 크게 달관하셨네. 석가 당년의 7처 9회의 법문을 사바세계 해동의 나라에 다시 천양闡揚하셨네.

敬贊喚惺堂
以敏達之才。兼篤實之工。而窮大千之大觀也。當年之七處九會。重闡於娑婆之海東者。

설암당[175] 경찬

용이 길게 소리를 뽑으니 안개가 일어나고, 호랑이가 울음을 우니 바람이 생기네. 바람이 구름을 몰아오듯 격조 높은 법회에 사람들이 몰려들고, 모든 하늘까지 거의 다 유희하였네.

敬贊雪巖堂
龍吟霧起。虎嘯風生也。風雲一高會。遊戲幾諸天者。

계음당 경찬

인생의 성하고 쇠함이 마치 꽃과 같나니 가련한 일이요, 행락行樂이 엎치락뒤치락함이 흡사 구름과 같으니 가소로운 일이로다. 그렇다면 세상의 만사는 모두 오유향烏有鄉[176]으로 돌아가는 것이 강한 바람에 조각구름 같았으니, 그런 까닭에 사물을 보잘것없이 무시하고 세상을 가볍게 보며 도를 닦아 신선 되기를 구하셨네.

敬贊桂陰堂

人生盛衰。如花可憐。行樂飜復。如雲可哂。則世上萬事。皆歸於烏有之鄉。不啻長風於片雲。故傲物輕世。學道求仙者。

영해당[177] 경찬

기이하고 위대한 그릇이었고, 멀리 초월한 뛰어난 재주셨네. 부처님과 조사님의 골수셨고, 사람과 하늘의 안목이셨네.

敬贊影海堂
奇偉之器。超邁之才。佛祖骨髓。人天眼目者。

회암당[178] 경찬

청량淸凉 국사[179]는 『화엄경』의 소를 쓴 주인(疏主)이었고, 회암晦庵은 『화엄경』을 강하신 분으로 화엄의 부사의한 진리를 강당에서 평론하고 밝고 분명하게 논하셨네.

敬贊晦庵堂

淸凉華嚴之疏主。晦庵華嚴之講之。[1] 華嚴不思議處。有堂之評赫赫論者。

1) ㉤ 편자의 생각에 '之'는 '主'로 의심된다.

호암당[180] 경찬

하늘이 도가 깜깜하게 묻힐까 염려하여 호암 스님을 안아 보내셨네. 도가 존재하는 곳으로 사람들이 돌아가는지라, 멀리서 가까이서 구름처럼 모여들어 스님과 속인이 별처럼 줄을 서니 부처님 법이 동쪽 나라에 들어온 이후로 일찍이 없었던 일이었네.

敬贊虎巖堂

天於道慮其晦。抱送虎巖。道之所存人之所歸。遐邇雲集。緇素星懸。伏法東來後。未曾有者。

남악당[181] 경찬

대세지大勢至보살의 후신이 남악南岳 대사이시네. 대사는 성대하고 드높은(磅礴) 기상을 타고났으며, 보불黼黻[182]의 문장을 지니셨네. 혀끝에선 백가百家를 토해 내고, 붓 끝에는 만상萬像을 머금었네.

敬贊南嶽堂

勢至後身。南岳大師也。師以磅礴氣像。與黼黻之文章也。吐百家於舌端。含萬像於筆端者。

상월당[183] 경찬

도덕道德과 인의仁義를 지닌 법 가운데 왕이셨네. 비유하면 기어 다니는 짐승 중에 기린을 온갖 짐승이 따르는 것 같았고, 새 가운데 봉황을 온갖 새들이 따르는 것 같았네.

敬贊霜月堂
道德仁義之法中王也。獸中麒獜。百獸隨之。中[1]鳳凰。百禽之[2]者。

1) ㉮ 편자의 생각에 '中' 앞에 '禽'이 탈락된 것으로 의심된다.   2) ㉮ 편자의 생각에 '之' 앞에 '隨'가 탈락된 것으로 의심된다.

원참[184] 조사 경찬

입으로 대승大乘의 법을 설하기는 쉽지만, 몸으로 소승少乘의 법을 실천하기는 어렵네. 그러므로 이르기를 "소승을 폐하고 대승을 설하라. 그 대승을 아우르면 역시 소승일 것이요, 대승을 깨달아 소승에 사용하라. 저 소승을 아우르면 그 역시 대승이니라."라고 하였다네.

敬贊元昰祖師
駕[1]說於大乘易。躬行於少乘難。故云廢少譚大。并其大而亦非。[2] 悟大用少。并其少而亦大者。

---
1) ㉠ '駕'는 '口'의 오자인 듯하다.　2) ㉾ 편자의 생각에 '非'는 '小'로 의심된다.

상봉당[185] 경찬

선종禪宗과 교종敎宗의 큰 종장宗匠이셨네. 기러기와 고니(鴻鵠)는 더러운 못에 모여들지 않고 곤과 고래(鵾鯨)는 웅덩이 물에는 들어가지 않는 법이라면서, 오솔길의 기구한 운명을 부끄럽게 여기고 큰길에서 여유 있게 놀기를 희망하셨네.

敬贊霜峰堂
禪敎兩宗之大宗匠也。鴻鵠不集汚池。鵾鯨不入潢流。則恥崎嶇於少徑。希優遊於大道者。

설봉당[186] 경찬

혜안慧眼으로 비추어 나고 죽음이 없는 자리에 이르셨고, 오래도록 관하여 어둡지 않으셨네. 한 점 마음의 등불이 티끌 세계를 두루 비췄는데, 지금까지 그 등이 사라지지 않았네.

敬贊雪峰堂
慧眼照到不生滅地。長觀不昧也。一點心燈。遍照塵刹。而至今不滅者。

명진당 경찬

무명無明의 관려자關棙子[187]를 때려 부수고 곧장 현묘한 경지에 이르렀네. 곧 올바른 지견知見을 얻었고, 마음의 등불에 기름을 부어 환하게 밝히셨네.

敬贊明眞堂
打破無明關棙子。直到玄妙之地頭。卽得正知見。而添油於心燈之明之者。

함월당[188] 경찬

학문은 진리의 자리(理地)를 다 터득했고, 지혜는 의리의 하늘(義天)에 이르렀네. 광명을 돌이켜 되돌려 비추셨고, 평상심을 돌려서 도에 합하셨네.

敬贊涵月堂
學窮理地。智到義天。廻光返照。而返常合道者。

용담당[189] 경찬

가슴속에는 도덕을 간직하셨고, 기개는 모든 방편을 압도했네. 선승禪僧으로서 염송拈頌을 뱃속에 간직하셨고, 대기大機와 대용大用을 일시에 베푸신 조계종曹溪宗의 큰스님이셨네.

敬贊龍潭堂

胃藏道德。氣壓諸方也。禪而拈頌我肚裡。而大機大用。一時齊施之大曺溪宗者。

설파당[190] 경찬

상왕象王의 자질을 지니셨고, 사자후獅子吼의 법음을 토하셨네. 교학의 스님으로서 『화엄경』을 뱃속에 간직하셨고, 대기大機와 대용大用을 일시에 베푸신 조계종의 큰스님이셨네.

敬贊雪坡堂

以象王之資。吐獅子音也。教而華嚴。藏於肚裡。而大機大用。一時齊施之大曺□[1]宗者。

1) ㉑ 편자의 생각에 '□'는 '溪'로 의심된다.

남악당 경찬

하늘이 만들어 낸 그릇이었고, 학문을 심어 날마다 성취하셨네. 마음은 마치 옥처럼 깨끗하였고 얼음처럼 해맑았으며, 강론은 흡사 정제된 쇠붙이와 같았고 아름다운 옥과 같았네.

敬贊南岳堂
器宇天成。學植日就。心若玉潔冰淸。講若精金美玉者。

해봉당[191] 경찬

사해四海의 재능 높은 학승이요, 삼교三敎를 다 달통한 분이셨네. 웅장한 글 솜씨에 거대한 글씨를 지닌 문장이었네. 비유하면, 마치 낭간琅玕[192]과 해주海珠[193] 같아 사람의 폐부까지 쏘아 비추었네.

敬贊海峰堂

四海才學。三敎通人。雄文章[1)]巨筆之文章。如琅玕海珠。射人肺腑者。

1) ㉮ 편자의 생각에 '章'은 연자로 의심된다.

용암당[194] 경찬

학문은 유학과 불교의 문장을 겸한 종장이셨으니, 아무리 고승이요, 큰 선사라 하더라도 우리 대사의 원만하고 완전한 것만 같지 못하리라.

敬贊龍嚴堂

學兼儒釋之文章宗匠。雖古之高僧大禪。未有如吾師之圓且金[1]者。

1) ㉮ 편자의 생각에 '金'은 '全'으로 의심된다.

환암당[195] 경찬

마음이 거울처럼 맑아 이미 앎을 터득하였고, 때를 긁어내고 갈아서 빛나게 하셨네. 번뇌는 장차 쉬어지고, 광명은 장차 발하리라.

敬贊喚庵堂
心鏡旣而知得。而刮垢磨光也。塵將息而光將發者。

관송당 경찬

마음의 성城을 잘 지키셨고, 계율을 잘 받들었네. 밤낮으로 깊이 사색했고, 아침저녁으로 실천에 옮기셨네.

敬贊觀松堂
守心城奉戒律。而日夜思之。朝夕行者。

천봉당[196] 경찬

대인大人께서는 세간世間을 자세히 관찰하시되 마치 꿈속에서 꿈을 보듯 하였으며, 집착함이 없어서 물결을 타고 흐르는 빈 배처럼 여기셨네. 마음대로 동쪽으로 가고 싶으면 동으로 가고, 서쪽으로 가고 싶으면 서로 가곤 하셨네.

敬贊天峯堂
大人之大觀之世間。如夢中夢。故無著於如虛舟駕浪。任東任西者。

대원당[197] 경찬

위대하신 명장名匠으로서 거울처럼 맑은 마음에 때가 끼지 않았네. 계율의 구슬에 광명이 찬란하여 대중들 가운데 존귀한 존재였네. 비유하면, 마치 온갖 꽃들 가운데 지초芝草와 난초蘭草 같으셨네.

敬贊大圓堂
大乎名匠。心鏡無塵。戒珠有光。衆中尊貴。如衆卉中芝蘭者。

묵암당[198] 경찬

경서와 모든 책에 대하여 천연으로 터득하였고, 강론은 마치 나그네가 돌아갈 곳을 얻은 듯하였네. 설법은 넓은 바다와 같아서 1만 가지 단서와 1천 가지 실마리를 참착參錯[199]하여 거듭 풀어내었으니, 일찍이 들어 본 적이 없는 강론이었네.

敬贊默庵堂
於經於書。天得之。講論如客得歸。其說汪洋。萬端千緖。參錯而重出。未曾聞者。

와운당 경찬

알고 있다 하여 꼭 그것을 다 실천하는 사람도 있지 않고, 자기를 위할 줄 안다고 해서 반드시 남을 위하는 사람도 있지 않으며, 시작을 잘했다고 해서 반드시 마침까지도 잘하는 사람도 있지 않으나, 우리 스님은 알면 실천하고 실천하면 이해하여 서로 자본으로 삼았네. 자신과 남이 다 같이 이익이 되는 일을 하였으며, 시작도 맑았지만 마침까지도 잘하셨네.

敬贊臥雲堂

有解未必有行。爲己未必爲他。善始未必善終。吾師則解行相資。自他兼利。淑始善終者。

연담당[200] 경찬

유학이면 유학 불경이면 불경, 일이면 일 이치면 이치 모두 선禪에 이르셨네. 글과 이치가 모두 수승하여 한 세대의 이목耳目을 용동聳動케 하셨으니, 일찍이 이런 스님은 본 적이 없네.

敬贊蓮潭堂

儒焉釋焉。辭[1]理俱到禪也。文理俱勝。而聳動一世耳目。未曾有者。

1) 역 '辭'는 '事'의 오자인 듯하다.

허곡당 경찬

사람을 사랑하고 사물을 사랑하여 그 은혜가 사해四海에 흘렀네. 옷을 나누어 주고 음식을 나누어 주어 그 덕이 팔방八方에 가득했네. 발우와 옷은 다 돌이 되었으나, 공덕의 숲은 아직까지도 무성하네. 푸른 바다는 다 날아갔어도, 자비의 방은 아직까지 존재하네.

敬贊虛谷堂

愛人愛物。恩流四海。分衣分食。德滿八方。鉢衣盡石。而功德之林尙茂。碧海塵[1]飛。而慈悲之室猶尊[2]者。

1) ㉭ '塵'은 '盡'의 오자인 듯하다.　2) ㉭ '尊'은 '存'의 오자인 듯하다.

응암당[201] 경찬

부처님의 법문을 바르게 보고 깨달음을 얻어 이윽고 분명해졌으므로, 말을 하면 역시 명백해질 수 있었네. 말을 하는 것이 바르게 본 것과 일치해서, 올바른 실천 또한 말과 일치하셨네.

敬贊應嚴堂
相佽法門見得。旣而分明。故說得亦可明白也。說得旣同見得。而行得而亦同說得者。

운월당 경찬

타고난 성품이 맑고 온화하였으며, 타고난 자질이 단정하고 엄숙했네. 마음속에는 공적空寂을 간직했고, 밖으로는 방편을 여시었네.

敬贊雲月堂
賦性清和。天資端嚴。中藏空寂。外開方便者。

이악당 경찬

대사님이시여, 대사님이시여. 우뚝 높으시고 우뚝 높으시네. 산악과 같은 기상은 높고 높아 몇만 길이나 되었고, 하해 같은 국량局量은 넓고 넓어 몇만 이랑이나 되었네.

敬贊而嶽堂

師乎師乎。巖矣巖矣。山岳之氣像。峩峩乎幾萬丈。河海之局量。洋之[1]乎 幾萬頃者。

---
1) ㉑ 편자의 생각에 '之'는 '洋'으로 의심된다.

농암당 경찬

바다처럼 넓은 국량 헤아릴 길 없었고, 하늘이 낸 재능 평범하지 않았네. 학업엔 제해提海²⁰²를 번민하지 않았고, 강경은 면강勉强²⁰³을 따르지 않으셨네. 대방가大方家에서 자랐으나, 의발 전하는 일을 허락받으셨네.

敬贊聾庵堂
海量不測。天才非常。學業不煩乎提海。講經不因乎勉强。長於大方家。許以衣鉢之傳者。

혜암당 경찬

가슴속에는 8만 경권經卷을 간직하였고, 입으로는 백천 개의 공안을 전하셨네. 패엽에 쓰인 신령한 경문을 번역하였고, 염화拈花의 미묘한 뜻을 떨치셨네. 강하신 것은 『화엄경華嚴經』이요, 논하신 것은 『선문염송禪門拈頌』이었으니, 선림禪林의 호랑이요, 교해敎海의 용이셨네.

敬贊惠庵堂

恼[1]莊[2]八萬經卷。口傳百千公案。飜貝葉之靈文。振拈花之玄旨。所講者華嚴[3]。所論者拈頌。則禪林之虎。敎海之龍者。

1) ㉘ 편자의 생각에 '恼'은 '胸'으로 의심된다. 2) ㉑ '莊'은 '藏'의 오자인 듯하다. 3) ㉑ '嚴'은 '嚴'의 오자인 듯하다.

완월당[204] 경찬

비 갠 날의 달과 맑은 날의 바람(月霽光風)[205] 같은 풍류였고, 숱한 별 가운데 보름달과 같은 존재로서 밝게 빛남이 독보적이셨네.

敬贊玩月堂
月霽光風之風流。如衆星中滿月。朗然獨步者。

영파당[206] 경찬

넓은 바다가 하늘에 다다른 듯한 큰 법기法器셨고, 선장禪丈이요 교백敎伯이었던 큰 종장이셨네. 교학의 이치를 강론하면 활기가 넘쳐 만 이랑의 파도와 같으셨고, 선의 지취를 담론하면 지혜가 뛰어나서 천 길 아득한 절벽과 같으셨네.

敬贊影波堂

天臨海瀾之大法器。禪丈敎伯之大宗匠。論敎義則洋洋焉波濤萬頃。譚禪旨則凝凝焉涯岸千尋者。

추파당[207] 경찬

하늘이 내신 법기시라, 이미 삼장三藏(經律論)으로 배를 불렸고 천기天機를 누설하셨네. 감회를 일으킬 적에는 천진난만한 구석이 있으셨고, 저 모기와 등에가 시끄럽게 앵앵거리고 개구리 떼가 다투어 운다는 말에 대해서는 웃으면서 보아 넘겼네.

敬贊秩[1]波堂
天生法器。旣飽三藏。漏洩天機。故興懷所天眞爛熳也。笑看他蚊蚋之亂啾。蛙部之爭鳴者。

---
1) ㈜ 편자의 생각에 '秩'은 '秋'의 오자인 듯하다.

역암당 경찬

외짝 눈에 석 자 부리요, 정상적인 법도(經)로 상도常道를 지켰고, 임기응변의 도리(權)로 사물에 호응하셨네. 지혜로써 자기 처신을 잘하였고, 자비로써 사람들을 맞이하셨네.

敬贊櫟庵堂
以一隻眼。三尺喙。經以守常。權以應物。智以處己。悲以接人者。

취암당 경찬

의기가 떨쳐 일어나는 자질이었고, 기이하고 위대한 그릇이셨네. 삼교三敎를 융통하셨고, 온갖 경전을 박람하셨네. 선학禪學과 교학敎學을 해박하게 분석하셨으니, 마치 대나무를 쪼개는 것과 같았네.

敬贊鷲巖堂
軒昂之資。奇偉之器。融通三敎。博覽衆典。剖析禪敎。如破升[1]節者。

1) ㉮ '升'은 '竹'의 오자인 듯하다.

통연당 경찬

우뚝 솟은 법성의 산 드높았으며, 호탕하게 넓은 진여의 바다 드넓었네. 일여一如의 평상 위에 누웠으며, 삼덕三德의 창고 속을 거니셨네.

敬贊洞然堂
巍巍乎法性山高。而蕩蕩乎眞如海濶。則一如牀上臥。而三德藏中行者。

나암당[208] 경찬

평범치 않은 용모와 거동은 마치 순수하고 아름다운 백옥과 같았으며, 범상치 않은 신성한 기개는 흡사 맑게 사무치는 가을 물과 같았네. 경전을 강론하고 그 맛을 완상함은 마치 신비한 용이 여의주를 가지고 노는 듯했네.

敬贊懶菴堂
容儀之不凡。如白玉之粹美。神氣之非常。如秋水之瀅澈。講經玩味。若神龍之弄珠者。

퇴암당 경찬

살아 있는 중생은 모두 끌어안았고, 말의 기운은 평범함을 벗어났네. 경을 강론하여 돌아갈 길을 가르쳐 주니, 귀머거리가 그 말을 듣는 듯했고 취한 사람들도 깨어난 듯했네.

敬贊退巖堂
活盡所抱。辭氣脫凡。講經指歸。如聾得聞。如醉得醒者。

청파당 경찬

강론하고 남는 시간에는 붓을 들어 글씨를 쓰셨네. 재주가 뛰어났고 학식이 풍부하여, 온갖 사람들의 입에 떠들썩하게 전해졌네. 백 가지 방법으로 논하여 설법을 하니, 서로 베끼려고 다투고 서로 전하려고 다투었네. 그의 운손雲孫[209]은 지극히 존귀하게 되었네.

敬贊靑坡堂
講餘走筆。長於才。富於學。喧傳萬口。論說百端。爭寫競傳。雲孫至貴者。

몽암당 경찬

하늘이 낸 신비한 재주를 지녀서, 삼교三敎와 백가百家에 다 통하지 않은 것이 없는 강사셨네. 늘 수강하는 이를 무마하여 논설을 크게 펴니, 마치 소진蘇秦²¹⁰과 장의張儀²¹¹의 웅변과 같았네.

敬贊蒙庵堂

天生神才。三敎百家。無不該通之講師。每憮¹⁾講授。大肆其說。如蘇能²⁾之確³⁾辯者。

---
1) ㉭ '憮'는 '撫'의 오자이다. 2) ㉭ '能'은 혹 '張'의 오자가 아닐까 조심스럽게 의심해본다. 소진蘇秦과 장의張儀를 말하는 듯하다. 3) ㉭ 편자의 생각에 '確'는 '雄'으로 의심된다.

설송당[212] 경찬

　법이 공한 문 아래에서 깨달음을 귀하게 여긴 대사였기에, 공을 관하고 도를 즐기셨네. 불법佛法을 스승과 벗으로 삼았고, 중생 가르침을 자신이 해야 할 임무로 삼으셨네. 법의 문을 활짝 열어 놓고, 사방에서 오는 이를 널리 맞이했네.

敬贊雪松堂

法空門下。悟貴大師。觀空樂道者。以佚法爲師友。以秋[1]生爲己任也。洞開法門。普接方來者。

---

1) ㉠ '秋'는 '衆'의 오자인 듯하다.

사봉당 경찬

일신一身은 본래부터 공한 것임을 깨달아 온갖 번뇌를 전부 끊었고, 온갖 법은 모두 공한 것임을 깨달아 일심一心을 원만하게 밝히셨네.

敬贊獅峯堂
一身本空之。萬累都盡。萬法皆空。而一心圓明者。

혜월당 경찬

이미 맑은 바람 밝은 달이 아니요, 또한 맑은 날의 바람과 비 갠 날의 달도 아니라면, 그것은 곧 공문空門의 밝은 지혜의 달임을 깨달은 것이네.

敬贊慧月堂
既非淸風明月。又非光風霽月。則爾得空門之慧月朗然者。

낙허당 경찬

이 마음은 텅 비고 밝으며 통철洞澈하지만, 고요하지 않으면 얻을 수가 없네. 그런 까닭에 고요할 때라야 반드시 태극太極이 동하기 이전의 소식을 관찰할 수 있어서, 나도 모르는 사이에 함께 일어나서 손으로 춤추고 발로 뛴다네.

敬贊樂虛堂

此心之虛明洞澈。非靜則不得。故靜時須觀太極未動前消息。不覺共起立。而手舞足蹈者。

월성당 경찬

화풍華風(世俗)에서 몸을 뽑아내어 선로仙露에 마음을 담았도다. 잠깐 사이(毫忽)에도 힘을 가하고, 짧은 시간(造次)에도 게을리 하지 않았네. 반드시 한 삼태기에 온 힘을 다 기울여서, 공공功이 아홉 길에 무너지지 않게[213] 하였네.

敬贊月城堂
抽身於華風。沃心於仙露。而毫忽之間著力。造次之中不懈。力必竭於一簣。

취암당[214] 경찬

도는 존재하지 않는 곳이 없나니, 범부와 성인을 일관해서 오직 거룩하고 항상한 도가 엉기게 되었네. 천기天機를 통하고 난 뒤에 유희삼매遊戲三昧에 들어가셨네.

敬贊翠巖堂
道無不在。一貫乎凡聖。而惟聖常之道凝也。透得天機以後。入於遊戲三昧者。

제봉당[215] 경찬

호랑이 싸움을 말린 석장(解虎錫)[216]을 □에게 전하고, 용을 항복 받은 발우(降龍鉢)[217]를 원숭이에게 분부하니, 산이 있고 물이 있는 마을에 옳은 것도 없고 그른 것도 없었네.

敬贊霽峯堂
解虎錫傳於□。降龍鉢付於猨。則有山有水之鄕。無是無非者。

율봉당[218] 경찬

율봉 선객께선 뛰어난 기운(間氣)을 받아 태어나시니, 선나禪那에 독보적인 존재셨네. 눈의 광명으로 사천하四天下의 잠들어 혼미한 사람들을 녹여서 깨뜨리셨네.

敬贊栗峯堂

栗峯禪客。間氣以生。獨步禪那也。眼光爍破四天下昏睡者。

납암당 경찬

가섭의 두타행頭陀行을 실천하신 나그네요, 천금으로 사람을 살리신 만 집의 살아 있던 부처이시네. 비둘기가 날아와서 설법을 들었고, 사나운 호랑이가 스님을 따르기도 했다네.

敬贊衲庵堂
以迦葉頭陀行客。千金活人之萬家生佁也。飛鳩聽法。惡虎相從者。

일지당 경찬

일심으로 부처님께 귀의하여 온몸을 땅에 던지셨고, 팔을 지지고 손가락을 태우셨네. 몸을 잊고 뼈를 가루로 만들며 수행하고 정진하셨네. 달리는 말에 채찍을 가하듯이, 잘 가는 배에 노를 더 젓듯이 하시었네.

敬贊一指堂
一心歸伕。五體投地也。燃臂燒指。忘身粉骨。修行精進。走馬加鞭。行舡擧棹者。

화악당[219] 경찬

일찍부터 도덕이 원만하더니, 결국에는 문장을 끌어안았네. 대사大師라고 스스로 높이지 않고, 대도大道를 깨달았다고 스스로 뛰어났다 하지 않으셨네.

敬贊華岳堂
夙員[1]道德。果抱文章。而不以大師自高。能以大道自勝者。

1) ㉮ 편자의 생각에 '員'은 '圓'으로 의심된다.

뇌묵당[220] 경찬

백옥 촛대와 황금 향로에 아침저녁으로 향 사르고 촛불 켜고서 성수聖壽가 만세토록 이어지기를 기도했네. 삼베옷 입고 풀 자리에 앉아서, 낮에는 교리를 강론하고 밤에는 참선을 일삼으시며 천추千秋토록 법륜을 굴리셨네.

敬贊雷默堂
玉燭金爐。朝焚夕點。而祝聖壽於萬歲。麻衣艸座。晝講夜禪。轉法輪於千秋者。

성곡당[221] 경찬

천지를 주막으로 삼은 파초 같은 신세는 곧 허깨비로 변화한 공신空身이요, 허망한 들뜬 마음이라 하셨네. 삽시간에 늙어 위태로워지는 몸이요, 경각에 허환虛幻한 목숨이거니, 그런 까닭에 장생불사를 이루고자 도모하셨네.

敬贊聖谷堂

蘧廬天地。芭蕉身世。則幻化空身。虛忘浮心。須臾老殆之身。頃刻虛幻之命地。[1] 所以圖得長生不死者。

1) ㉮ 편자의 생각에 '地'는 연자로 의심된다.

연파당[222] 경찬

본래 곤鯤과 붕새(鵬) 같은 큰 재목이시라. 비교하여 말하면, 바다에 들어갔을 때 북해의 신인 약若은 바다의 대방가大方家이거늘 황하의 신인 백伯이 그를 비웃으며 말하기를 "천하에 나만 한 사람은 없다."라고 한 것과 같도다.[223]

敬贊蓮波堂

本以鯤鵬之大材。況入於海。若。海之大方家。而幾好哄於河伯之鳥[1]謂莫己若者。

---
1) 편 '鳥'는 '烏'의 오자인 듯하다.

당호堂號는 해붕海鵬[224]이라 하니, 이른바 남쪽으로 날아가기를 도모하는 붕새와 같은 의미다.

하늘이 내신 일대一大로서 그 이름은 새 중의 붕새이니, 천지를 장대하게 노닐었으며 날마다 풍운을 만 리에 일으키신 스님을 두고 한 말이다.

堂號曰海鵬。此所謂圖南鵬者。
天生一大。其名鳥中鵬。壯遊天地。日風雲起萬者。

[1]

범부를 바꾸어서 성인을 이룬 것을 비유로 말하면	革凡成聖有其喩
물고기가 용으로 변화하고 곤이 붕새로 변화함이라	魚變成龍鯤化鵬
곧장 구만 리 높은 하늘에 날아 올라가	直上長天九萬里
조용하고 넓은 하늘을 날아다니는 그것을 '붕새'라 한다	翶翔寥廓是名鵬

[2]

커다란 꿈같은 건곤의 한바탕 잠 속에서	大夢乾坤一枕上
새는 날고 물고기는 뛰는 자연의 이치를 전부 깨달았네	鳥飛魚躍各全能
거센 바람에 날개를 펼쳐 장대하게 유람하는 것이	高風逸翮壯遊者
한 번 날아 만 리 하늘(九霄)을 가는 붕새와 같네	一發九霄萬里鵬

[3]
봉황이 인간 세계의 뭇 새들을 불러　　　　　鳳喚人間衆鳥翾
한 나무 위에 날아 내려서 다시 달게 든 잠　翾翔一樹又甘眼[1]
다만 천 길이나 되는 대수大樹225를 찾으니　秖慣一千尋大樹
구만 리 하늘이 높은 줄을 알지 못하겠네　　不知九萬二[2]長天

---

1) 엮 '眼'은 '眠'인 듯하다.
2) 편 편자의 생각에 '二'는 '里'로 의심된다.

불호佛號를 천유天遊라 하니, 이른바 하늘에 올라 노니는 것을 말한다.

곤이 붕새로 변하여 남쪽으로 일만 리의 천지를 도모하네. 둥근 달이 뜬 푸른 하늘에 그 소리가 구천九天을 진동하네.

佛號曰天遊。此所謂上天遊者。
鯤化爲鵬鳥。圖南萬里天地。月員[1]靑[2]天處。其聲動九天。[3]

1) ㉮ 편자의 생각에 '員'은 '圓'으로 의심된다. 2) ㉮ 편자의 생각에 '靑'은 '淸'으로 의심된다. 3) ㉯『韓國佛敎全書』에서는 이 부분을 제1수로 보고 총 4수로 소개하였으나, 이 부분은 제목을 설명한 부분으로 보고 총 3수로 정정하여 제시한다.

[1]
세속 밖 사람은 세속 밖에서 노니니	方外人之方外遊
항상 일대사 가운데에서 노니셨네	常遊一大事中遊
어떤 것을 일대사 가운데에서 노닌다고 하는가?	何謂一大事中遊
장주[226]가 말했던 천유[227]가 그것이라네	莊周所謂之天遊

[2]
용이 가는 길 푸른 바다 동쪽이 드넓고	龍程碧海東而濶
붕새가 가는 길 푸른 하늘 우주에 넓구나	鵬路靑天宇宙恢
소요하며 방랑하는 하늘에서 노니는 자	逍遙放浪天遊者
남쪽 하늘로 한번 가더니 다시 오지 않는구나	一去南天更不來

[3]
펄펄 날아다니던 호랑나비는 꿈속에서 사라졌고　　蝴蝶翶翔夢裡無
앵앵거리던 하루살이는 병 속을 하늘이라 하네　　蜉蝣鼓動壺中天
곤과 고래는 천 길 깊은 바다에서 노닐고　　　　　鯤鯨遊戲千尋海
난새와 봉황은 만 리 높은 하늘을 나네　　　　　　鸞鳳飛騰萬里天

도호道號를 현허玄虛라 하니, 이른바 현묘하고 텅 빈 도라는 의미다.

    현성玄聖은 현묘하고도 현묘함을 말하되
    사람들 저마다 현묘하다 하셨네
    까만 소는 원래부터 까맣고 까마며
    검은 제비는 본래부터 검고 검다네
    사람들 하나하나마다 현묘하며
    하늘은 둥글고 또한 둥근 하늘이라네

    道號曰玄虛。此所謂虛玄道者。
    玄聖談玄玄。人人箇箇玄。
    黑牛元黑黑。玄烏[1]本玄。[2]
    人人箇箇上[3]玄。天圓又圓天。

1) 㡿 '烏'는 '鳥'의 오자인 듯하다. 다음도 같다. 2) 㡿 『韓國佛敎全書』 편자는 '玄' 아래 한 글자가 탈락된 것으로 보았는데, 아마도 '玄'이 탈락된 것으로 보인다. 3) 㡿 '上'은 연자인 듯하다.

    현곡玄鵠은 한결같이 아름다운 게 아니니, 마치 백조가 항상하지 않은 경우와 같다. 묵념默念은 본래부터 저절로 현묘한 것이요, 현기玄機는 일상생활 속에 세 가지 현묘한 진리로다. 사람들은 원래부터 현묘한 가운데 현묘하나니 미묘하고도 미묘함이며 현묘하고도 현묘함이며, 하나하나가 본래부터 진리 밖에 있는 게 아니로다.

    玄鵠非一休。猶能白鳥不常。默念本自玄。玄機日用用[1]三玄理。人人元是

玄中玄。妙又妙兮玄又玄。箇箇本非理外。²⁾

1) ㉤ 편자의 생각에 '用'은 연자로 의심된다. 2) ㉡ 『韓國佛敎全書』 편자는 '外' 아래 '物'이 탈락된 것으로 추정했으나, '玄'이 탈락된 것으로도 볼 수 있다. 이 단락의 문장은 문맥이 잘 이어지지 않고 말이 되지 않는 것으로 보아, 원문에 오자나 탈자 등이 있는 것이 아닌지 의심스럽다.

자운子雲²²⁸이 지은 현경玄經을	子雲所制作玄經
무슨 까닭에 초현草玄²²⁹이라 했는가?	何以謂之曰草玄
검은 눈동자가 비춤이 태현太玄까지 이르렀고	玄眸照到太玄境
눈에 가득한 꽃과 꽃, 풀과 풀이 현묘하도다	滿目花花艸艸玄

인악당[230]을 찬하다

타고난 자질이 괴걸魁傑하였고, 받은 성품은 심원深遠하였네. 재능과 식견이 고명高明하였고, 학문과 견해가 광박廣博하였네. 내전과 외전을 모두 달통하였고, 진제眞諦와 속제俗諦에 다 원융하셨네.

讚仁嶽堂
天資魁傑。禀性深遠。才識高明。學解廣博。內外兼通。眞俗俱融者。

정암당을 찬하다

도덕을 지니셨고, 인의를 실천하셨네. 자비한 마음을 품었으며, 선禪과 교敎에 쇄쇄낙락灑灑落落[231]한 통쾌한 납승이셨네.

讚靜庵堂
抱道德。行仁義。而服慈悲心。禪敎灑灑落落之痛快衲僧者。

만암당을 찬하다

보통날 이야기를 나눌 때에도 모두 의미가 담겨 있었네. 심지어 저 속에 담겨 있는 소식의 진리를 토설해 내면, 마치 천상 인간이 천상의 일을 듣는 것과 같았네.

讚萬嚴堂
平日說話。皆有意味。而至於說出箇裏消息處。如聞天上人間天上事者。

의암당을 찬하다

문장과 도덕을 다 완전하게 갖춘 대단한 강사셨네. 다함이 없는 법의 바다(法海)에 법안法眼을 열고 혜명慧命을 이은 분이시네.

讚義庵堂
文章道德兼全之大講師也。開法眼續慧命於無盡法海者。

경암당을 찬하다

선禪과 교教의 종장이었고, 경전을 강론하는 삼매에 빠지셨네. 그때 이후로 교학의 바다에서 노닐었으나, 마음은 항상 본래부터 선의 도량에 두시었네.

讚鏡庵堂

禪敎宗匠。講經三昧時。後遊可敎海。心常本可詳[1]場者。

1) ㉡ '詳'은 '禪'의 오자인 듯하다.

남명당 전령 대사를 찬하다

글씨는 조물주의 변화에 참예하였고, 문장은 귀신과 같으셨네. 글도 잘 지으셨고 글씨도 잘 쓰신, 글씨와 글을 겸전兼全했던 큰 역사力士이셨네. 붓만 들었다 하면 훌륭한 글씨를 이루셨고, 입을 열었다 하면 유명한 문장을 토해 내셨네. 웅장한 문장가였고 거대한 명필로서 한 세상에 이름을 떨치셨네.

讚南溟堂殿¹⁾翎大師

筆參造化。文如鬼神之。能文能筆。兼全大力士也。投筆成字。吐口成章之。雄文巨筆。大鳴可世者。

1) ㉠『韓國佛敎全書』에 '殿'으로 되어 있으나, 저본에 '展'으로 되어 있다.

해명당을 찬하다

 세속을 버리고 도를 완상玩賞하신 선비이며, 세상 번뇌(塵累)를 벗어났고 물욕物慾을 초월하셨네. 얼음과 백옥처럼 맑았으니, 곧 정신이 맑고 골격이 신선과 같은 분이셨네.

讚海溟堂

遺世玩道之士。脫塵累超物欲。而氷淸玉壺。則神淸骨若仙者。[1]

1) ㉯ 경찬 내용은 여기에서 끝이 난다. 『韓國佛敎全書』에는 이하 시 부분 이전에 19행 정도(無亦無~入道惠之門而)가 있다. 이는 저본에 따른 것이다. 그러나 이는 앞의 「서문」 일부(『韓國佛敎全書』 239c 10행~240a 6행. 3단락 정도)를 불완전하게 베낀 것이다. 따라서 본서에서는 이 부분을 별도로 제시하지 않는다.

김 상사에게 드리다
呈金上舍

몇천의 도술, 국사도 양보하였고	道術幾千國士讓
억만의 꽃다운 명성 장안에 널리 퍼졌네	名馨億萬長安浮
황금방 아래 장원한 나그네요	黃金榜下壯元客
백옥당 가운데 일품의 사람일세	白玉堂中一品流

---

1) ㉮ '詩' 한 자는 편자가 보입하였다.

사람마다 가지고 있는 보배 창고
題人之箇箇寶藏

사람마다 참다운 보배 창고요	人人眞寶藏
낱낱이 원만하게 밝은 구슬이네	箇箇圓明珠
부처님은 몸속을 향하여 찾아야 하는 법	伕向身中覔
도를 마음 밖에서 구하면 안 된다네	道非心外求

선객
題禪客

광명을 돌이켜서 되돌려 비추어 보고	回光而返照
근본을 돌이켜서 다시 근원으로 돌아가네	返本而還源
동국에 사람을 살리는 부처님이요	東國活人佛
남주南州에 세상을 건지는 배로구나	南洲濟世船

봄 풍경
春景

언덕의 배나무 떨기마다 눈송이요   岸梨叢叢雪
바위틈의 꽃은 걸음마다 봄이로다   巖花步步春
누가 온갖 미묘함을 잘 관찰하랴   誰能觀衆妙
나 홀로 숱한 참다움을 체득한다네   我獨體羣眞

〈은하수〉 시의 운자를 따서
次銀河水韻

지상에서는 천상의 편지를 보지 못하나니   地上不見天上書
신선 사는 곳에서만 자고로 하늘 사람을 만난다네   仙居自古接天居
오작교 변두리엔 광한전이요   烏鵲橋邊廣寒殿
은하수 밑에는 황금 물고기 있네   銀河水底有金魚

〈선암사 서청의 봄〉 시의 운을 따서
次仙巖書廳春□韻

강산의 맑은 기운에 꽃은 한창 피어나고	江山淑氣花方發
천지의 정신에 내리던 비 통쾌하게 개었네	天地精神雨快晴
율시 한 수 지을 때는 당나라 이태백이요	詩律題時唐太白
술통 기울이는 곳은 진나라 도연명이로다	酒罇傾處晋淵明

고운 선생의 시운을 따서
次孤雲先生韻

만 층의 봉우리 일어나니 봉마다 구름이요 　　萬層峰起雲峰巒
그 사이에 신선이 사니 세간이 아니로다 　　仙在其間非世間
한번 떠나간 고운 선생은 소식이 없는데 　　孤雲一去無消息
가야산이 삼신산보다 더 좋구나 　　伽倻山勝三神山

석천암
題石泉菴

땅은 복밭을 열어 이 땅과 함께 오래되었고 　　地闢福田同地久
하늘은 덕의 집을 열어 저 하늘과 함께 오래되었네 　　天開德宇共天長
여러 산봉우리는 천 겹으로 둘러쳐 읍하고 섰고 　　羣峯揖立應千疊
모든 물은 만 번을 굽이돌아 바다로 모여드네 　　衆水朝流必萬行

정암당에게 드리다
贈靜菴堂

신령한 근원은 스스로 기미를 잊는 데 있고　　靈源自在忘機地
오묘한 법은 원래 말 없는 때에 있는 법이네　　妙法元存不語時
유를 말하고 무를 말함도 모두 환망이요　　　　說有說無都幻忘[1)]
마음을 보느니 본성을 보느니 하는 것도 더욱 지리하네　　觀心觀性轉支雖[2)]

---

1) ㉭ '忘'은 '妄'의 오자인 듯하다.
2) ㉽ 편자의 생각에 '雖'는 '離'로 의심된다.

철 스님이 시를 구하기에 수답하여
酬哲師求

부처의 제자는 군자를 스승으로 하는 데 응하지 않는 법	伕子不應師君子
현류로서 하필이면 유교의 가르침을 배우겠는가	玄流何必學儒流
천진은 본시 마음속에서 얻는 법	天眞本是無心得
세상일도 애초부터 생각으로 구하는 게 아니라네	世事初非有意求

〈단비의 기쁨〉 시의 운을 따서
次喜雨韻

일천 성에 비 내리니 곳곳마다 노랫소리요 　　雨施千城處處曲
온 나라에 구름 퍼지니 집집마다 거문고로다 　　雲行萬國家家絃
많고 많은 물로 들에는 밝디 밝은 빛이요 　　　野光白白重重水
첩첩한 밭에는 푸르디푸른 봄 색깔이로다 　　　春色靑靑疊疊田

〈서쪽 도적을 소탕함〉 시의 운을 따서
次西賊掃盪韻

모기나 등에가 민운장閩雲將[231]을 어찌 대적하며 　　蚊虻奚敵閩雲將
개미 따위가 용호龍虎의 군졸을 어찌 감당하랴 　　螻螘豈當龍虎兵
도적을 막기 위해 천 근의 칼을 당겨 취하고 　　軒賊援千斤大釰
도둑을 막기 위해 만 리의 긴 성을 쌓는다 　　防盜築萬里長城

삼가 용루에 걸린 〈평복〉 시의 운을 따서
謹次龍樓平復韻

대궐에는 요순 임금의 달이 다시금 밝아지고	大闕再明堯舜月
장안에는 한나라와 당나라의 풍속이 거듭 일어나네	長安重扇漢唐風
우리 임금 거룩한 시대가 이미 한계가 없으니	吾主聖代旣無限
우리나라 선도仙都도 또한 다함이 없으리라	我國仙都亦不窮

한 가지 진리가 만 가지로 다르며 만 가지 다른 것도 한 가지 진리
一理萬殊萬殊一理

하나의 기운이 본래 만물의 근원이요　　　　一氣本來萬物源
만 가지 다른 형상도 원래는 참된 근원 하나라네　萬殊元是一眞元
만 가지 형상의 근원이 다르다고 말하지 말게　　莫言萬像根源別
대지와 산천이 모두 한 하늘 아래 있는걸　　　大地山川共一天

장안의 거사에게 드리다
贈長安居士

번화한 곳에서 흩어진 자손들 노래하며 춤추니	散褢歌舞繁華地
기오寄傲[233]하는 풍류는 하늘처럼 호탕하네	寄傲風流浩蕩天
천은天隱[234]은 큰 성 저자에 숨어들고	天隱隱於大城市
장안 큰길이 구천九天을 가로질렀네	長安大道橫九天

초의당 의순에게 드리다
贈草衣堂意洵[1]

풀 뜯어 옷 지어 입고 나무 열매로 배를 채우며	草作衣時木作食
하늘로 천막을 삼고 땅으로 방석을 삼았네	天爲幕處地爲茵
공화불사空花佛事[235]를 할 때는 입관入觀[236]하시고	空花仸事入觀者
수월도량水月道場[237]에서는 증명 법사로 통하셨네	水月道場澈證眞

---

1) ㉮ 편자의 생각에 '洵'은 '恂'으로 의심된다.

보리암에서
題菩提菴

첩첩한 산성은 진나라 채찍[238] 그림자 밖의 돌이요　　疊疊秦鞭影外石
층층한 절벽은 우임금 도끼[239] 소리에 열린 것이로세　　層層禹斧聲中開
이것은 하늘이 드리운 백옥으로 만든 잔이 아니면　　不是天垂白玉盞
분명코 땅이 황금 잔을 치켜 든 것이리라　　分明地擎黃金橲

중암당의 시운을 따서
次中巖堂韻

문채와 바탕이 조화를 이룬 대도의 마음은	文質斌斌大道心
하나하나 사람마다 평상한 마음인 것을	人人箇箇平常心
평상한 마음 밖에 다른 물건 없나니	平常心外無餘物
부처님과 조사님이 전하신 유일심이라네	佛祖相傳唯一心

아객의 시운을 따서
次衙客韻

하늘과 땅 사이에 억조의 사람이 생겨나나니   天地間生億兆人
사람의 사업은 임금과 어버이를 섬기는 일이라네   人之事業事君親
임금에게는 충성을 다하고 어버이에게는 효도해야 하나니   君則忠而親則孝
백 가지 행실의 근원이 이로부터 새로워진다네   百行之源自此新

〈금강암〉 시의 운을 따서
次金剛菴韻

[1]
병 속의 별유천지[240]를 비로소 믿고서　　　　　始信壺中別有天
암자에 오르니 나 또한 신선이 된 듯하네　　　　登臨我亦是神仙
장춘동의 늙지 않고 오래 사는 사람들이　　　　　長春不老長生者
문득 인간이 백 년 사는 것을 비웃는구나　　　　却笑人間老百年

[2]
성 쌓느라 날라 온 돌 진나라 채찍의 그림자요　　築城動石秦鞭影
절 짓느라 바위 다듬은 건 우임금 도끼 소리로다　作寺巖開禹斧聲
부처님의 도 현묘하고 현묘함은 만 리의 하늘이요　佛道玄玄天萬里
선의 마음 밝고 밝음은 삼경의 달이로다　　　　　禪心白白月三更

도솔암에서
題兜率庵

한 걸음 한 걸음 옮겨 높이 도솔암에 오르니	步步登高兜率庵
장관의 경치 삼남三南을 연 것만이 아니로다	壯觀不啻擅三南
남쪽 바다 굽어보니 바다는 수만 리에 뻗어 있고	俯看南溟海萬里
큰 붕새 나는 곳엔 물빛이 쪽빛처럼 푸르구나	大鵬飛處水如藍

바다를 건너며 읊다
越海吟

산꼭대기 살던 신선 물 위의 신선이 되니	山上仙爲水上仙
만 리 남쪽 바다에 물이 하늘에 잇닿았네	南溟萬里水蓮¹⁾天
큰 붕새 작은 날갯짓에 삼천 리 물이 요동치니	大鵬小擊三千里
한정 없이 많은 물고기와 용이 차례로 옮겨 가네	無限魚龍次第遷

---

1) 옝 '蓮'은 '連'의 오자인 듯하다.

용문사
題龍門寺

소요하고 방랑하며 천유天遊²⁴¹하는 나그네가	逍遙放浪天遊客
지금은 명승지에서 장대한 유람을 하네	勝地於今辦壯遊
붕새 가는 길에 구름 걷히니 하늘은 만 리요	鵬路雲開天萬里
용이 드나드는 문에 비 개니 천추에 달이 밝다	龍門雨霽月千秋

금산에서 2운
題錦山二韻[1)]

[1]
어느 누가 서촉에서 단청하는 붓을 가져와　　　誰將西蜀丹靑筆
동방의 금수산을 그려 냈는가?　　　　　　　　畫出東方錦繡山
하늘이 이뤄 놓은 부처 나라 길이 편안한 길에　　天成佛國長安道
세상에 보기 드문 세존께서도 돌아오셨네　　　　希有世尊亦徍還

[2]
천 리 먼 강남에 빈도의 나그네가　　　　　　　千里江南貧道客
통쾌하게 금수산에 올라와 산속을 구경하네　　　快登錦繡山中看
흰 구름 사이에 찍힌 점은 바로 학인 줄 알겠는데　點白雲間知是鶴
푸른 하늘 밖에 주먹 같은 건 무슨 산이냐고 묻노라　拳靑天外問何山

---

1) 옉 저본에는 '員'으로 되어 있다.

화방사
題花芳寺

산세는 분명히 연꽃이 물에서 솟아난 듯하니	山勢分明蓮出水
절 이름은 당연히 '화방花芳'이라 걸어야 하리	寺名宜以揭花芳
고승은 본시 고상한 자취를 남기나	高僧本是行高躅
대사는 원래 대방大方에 걸터앉는다네	大士元來踞大方

화림사
題花林寺

물고기와 용은 반드시 창명의 바다를 집으로 삼고	魚龍必宅滄溟海
난새와 봉황은 당연히 금수의 숲에 둥지를 튼다	鸞鳳應巢錦繡林
호랑이 싸움 말린 석장242 옆에서 잠든 범을 보고	解虎錫邊看虎睡
용을 항복 받은 발우243 밑에서 용의 울음 듣는다	降龍鉢下聽龍吟

대원사
題大源寺

다투어 흐르는 만 골짜기의 물소리는 땅을 뒤흔들고	萬壑爭流聲動地
수려함을 다투는 천 봉우리의 색깔은 하늘에 참예하네	千峯競秀色叅天
층층의 옥탑에는 층층의 불상이 있고	曾[1]層玉塔層層佛
금모래 밭을 걷고 걸으니 걸음마다 신선이로다	步步金沙步步仙

---

1) ㊟ '曾'은 '層'의 오자인 듯하다.

다솔사
題多率寺

충천대장衝天大將[244]은 하늘 처소에 기대 있고	衝天大將倚天處
백천 만억 군사들 많이도 거느렸네	多率百千萬億兵
군사를 거느리고 전쟁에서 이기던 날을 생각해 보니	遙憶行軍勝戰日
일만 나라와 일천 성을 항복 받았었네	受降萬國與千城

촉석루
題矗石樓

땅을 가로지른 긴 성 그 위풍이 진동하고	長城擴[1]地威風動
하늘에 기댄 대장의 씩씩한 기운 떠오른다	大將倚天壯氣浮
공덕은 천추토록 산과 함께 오래 전하고	功德千秋山共遠
꽃다운 이름 만고에 물과 같이 흐르리	芳名萬古水同流

---

1) ㉭ '擴'은 '橫'의 오자인 듯하다.

방장산
題方丈山

세속을 벗어난 삼신산이 차례로 몰아오고	世外三山次第驅
그 가운데 방장산이 최고의 신선 경계일세	於中方丈最仙區
우뚝 높이 홀로 솟아 하늘 끝에 잇닿아 있고	卓然獨立連天際
기상은 웅대하여 곁에 아무것도 없는 듯하네	氣像雄雄旁若無

삼가 용암당의 시운을 따서
走次聳巖堂韻

얼굴에 가득한 자비는 일천 성의 달이요	慈悲滿面千城月
가슴을 채운 인의는 일만 나라의 봄이네	仁義充腸萬國春
위의는 흡사 금선인 부처님 같나니	威儀恰似金仙伏
그런 연후에야 사람 중에 제일가는 사람이 되리라	然後人中第一人

삼각산 보토소[245]
題三角山補土所

백두산 산맥이 은연히 내려와서	白頭山脈偃然來
여기 이르러 특별한 구역에 천지를 열었구나	到此別區天地開
만 대에 군왕이 이 자리를 얻어 도읍을 하고	萬世君王得此地
백성들과 함께 즐기며 삼대 춤[246]을 추네	與民同樂舞三臺

학송당 묘원 스님에게 드리다
贈鶴松堂妙圓

넓고도 큰 의로운 하늘 그 하늘은 넓고도 크며	廣大義天天廣大
밝게 빛나는 지혜의 태양 그 태양 밝게 빛나네	光明智日日光明
천추에 한수 북쪽에는 스님과 같은 이 없고	千秋漢北僧無等
만고의 바다 동쪽에는 이름 난 나라가 있네	萬古海東國有名

금강반야
題金剛般若

반야 대장은 대지를 일으키고	般若大將起大地
금강 긴 칼은 높은 하늘에 의지했네	金岡[1]長劒倚長天
시방 삼세가 모두 공한 곳에	十方三世俱空處
빛나고 당당한 하나의 둥그런 모양이네	赫赫當當一相圓

---

1) ㉠ 편자의 생각에는 '岡'은 '剛'으로 의심된다.

최고의 화가 관허당 설훈[247]
題寬虛堂雪洲[1]畵魁

관허라는 당호의 의미를 알고자 한다면	要識寬虛之號旨
마음 넓기가 만 리나 되고 태허처럼 넓단 뜻이네	心寬萬里太虛寬
명성 있는 화가로 세상 밖에 이름을 크게 떨치고	名畵大鳴於世外
인위적 작용도 없고 일도 없어 한평생 한가하게 지내네	無爲無事一生閒

---

1) ㉢ '洲'는 저본에 쓰인 행초서의 형태를 살펴볼 때 '訓'이 타당하다.

남한산성에 올라
登南漢城

천하에 짝이 없는, 한강 북쪽의 서울이요   天下無雙漢北京
해동에 제일가는, 한수 이남의 성이로다   海東第一漢南城
우리 왕이 이 황금성의 보배를 열었으니   吾王開此金城寶
억만 년 동안 태평을 이루리로다   億萬斯年致太平

흥림재 벽상의 시운을 따서
次興林齋壁上韻

[1]
이 흥림 재실로부터 사림이 생겨나니	從此興林作士林
사람 마음 극진한 곳에 천심이 보호하네	人心盡處保天心
공덕의 산 드높고 삼산은 우뚝하며	功山磅礴三山屹
덕의 바다 드넓고 사해는 깊구나	德海汪洋四海深

[2]
도원 마을 속에 신선의 숲이 있는데	桃源洞裡神仙林
개인 달과 서늘한 바람에 마음이 상쾌하네	霽月光風灑落心
첩첩한 천 봉우리 어진 이 좋아하는 산은 멀고	千峰疊疊仁山遠
중중한 만 골짜기 지혜로운 이 좋아하는 물은 깊네	萬壑重重智水深

순천 이 사군이 부르는 운으로
順天李使君呼韻

순천의 명철한 부사는 좋은 마음을 열고	順天明府好意開
산속의 중을 위하여 한잔 마시기를 청하네	爲飮山僧請一椑
선풍에 도골 겸한 분께 감사할 일 많아	多謝仙風兼道骨
삼신산의 신선 섬에서 한 선객이 찾아왔네	三神仙島一仙來

삼가 계음헌의 시운을 따서
謹次桂陰軒韻

그대에게 하직 인사 하고 자맥을 나와	辭君出紫陌
부처님을 따라 청산으로 들어간다	隨佚入靑山
학의 눈물에 소나무는 촉촉하게 젖고	鶴唳松雲濕
원숭이 울음에 하얀 달빛만 싸늘하구나	猨啼雪月寒
비록 부처님께 정성으로 기도하지만	誠雖禮獅足
용안을 섬기는 충성은 하지 못하네	忠未事龍顏
만고의 계수나무 그늘진 방	萬古陰桂室
광명이 온 세간에 가득하네	光明滿世間

삼가 〈수석정〉 시의 운을 따서
謹次水石亭韻

이미 장생하는 부처님이 계시거늘	旣有長生佛
어찌 불로의 신선이 없겠는가?	胡無不老仙
진나라 채찍으로 몰아 돌 성을 쌓았고	秦鞭驅石築
우임금 도끼로 산을 깎고 뚫었네	禹斧鑿山穿
신선 세계의 달을 완상하려고 하여	欲玩壺中月
먼저 귤리橘裡[248]의 하늘에 올라갔네	先登橘裡天
노을과 안개는 아침저녁으로 변화하건만	烟霧朝暮變
흐르는 물과 돌은 예나 지금이나 그대로일세	水石古今然

삼가 〈보조암〉 시의 운을 따서
謹次普照菴韻

보조 국사가 등림하시던 날	普照登臨日
시를 쓰고픈 마음에 채호彩毫²⁴⁹에 오르네	詩情上彩毫
구름 깊으니 세속 마을 먼 줄 알겠고	雲深知世遠
북두성 가까우니 누각 높은 줄 알겠네	斗近覺樓高
병 속의 별세계에 신선이 내려오고	仙降壺中界
샘물은 졸졸졸 달빛 아래 구유 속을 흐른다	泉鳴月下槽
단청하여 아름답게 꾸민 누각 속에서	丹楹畫閣裡
방포方袍²⁵⁰ 입은 스님들이 차례로 둘러앉네	次第坐方袍

삼가 대둔사 현판 위의 시운을 따서
謹次大芚寺板上韻

나그네가 장춘동에 머무니	客主¹⁾長春洞
산의 광경이 수놓은 비단 같네	山光錦繡時
일천 봉우리는 수국에서 왔고	千峯來水國
일만 골짜기는 천지를 향하네	萬壑向天地
구만리 곤붕鵾鵬이 가는 길을	九萬鵾鵬路
일천 용상龍像들이 따르는구나	一千龍像²⁾隨
삼신산의 신선 섬이 가깝고	三神仙島近
꽃이 피니 가지마다 눈꽃이로구나	花發雪花枝

---

1) ㉮ '主'는 '住'의 오자인 듯하다.
2) ㉮ '像'은 '象'의 오자인 듯하다.

성천 강선루에 올라
登成川降仙樓

옛날 들었던 누각을 오늘에야 올라와 보니	今上昔聞樓
난간이 굽이굽이 흐르는 강에 떠 있구나	欄干曲曲浮
신선은 하늘에서 내려와서 놀고	仙從天際降
사람은 저절로 그림 속에서 노네	人自畫中遊
물은 양강襄江251으로 흘러들고	水是襄江入
산은 초협楚峽252에서 달려왔네	山如楚峽驅
그지없이 펼쳐진 장관의 이 경치를	無窮壯觀景
붓 한 자루로는 다 거두기가 어렵겠구나	一筆盡難收

삼가 〈정수암〉 시의 운을 따서
謹次淨水庵韻

정수암 암자 이름 예부터 전해졌으니	淨水庵名爐[1]自古傳
신선 구역 바람과 달 이 가운데 전해 오네	仙區風月此中專
절은 여섯 가지 상서[253]가 분등하는 땅에 세워졌고	寺開六瑞紛騰地
스님네는 네 가지 꽃[254]이 어지러이 떨어지는 속에 있구나	僧在四花亂落天
옥촉 광명 속에서 만세를 외치고	玉燭光中呼萬歲
금□향의 향불 아래 천년을 축수한다	金□香下祝千年
열뇌의 세속을 벗어난 청량한 경계에서	熱惱世外淸凉界
뼈를 바꾸고 창자 씻으니[255] 기분 상쾌하구나	換骨洗腸氣爽然

---

1) ㉮ '爐'는 연자인 듯하다. 따라서 『韓國佛敎全書』와 다르게 연을 나눴다. 또한 경련頸聯의 '金香' 사이에 한 글자가 탈락된 것 같다. 『韓國佛敎全書』에는 다음과 같이 되어 있다. "淨水庵名爐自古 / 傳仙區風月此中 // 專寺開六瑞紛騰 / 地僧在四花亂落 // 天玉燭光中呼萬 / 歲金香下祝千年 // 熱惱世外淸凉界 / 換骨洗腸氣爽然"

관해당에서
題觀海堂

관해당 속에 펼쳐진 장관의 경치	觀海堂中壯觀景
남쪽 바다 만 리에 바다 문이 열렸구나	南溟萬里海門開
용이 다니는 길 사해는 아득하게 넓고	龍程四海茫茫濶
붕새 가는 길 구천은 우뚝 높고도 넓구나	鵬路九天落落恢
높이 솟은 옥우玉宇엔 별들이 나뒹굴고	玉宇崢嶸星宛轉
찬란한 은하에는 달이 서성거리네	銀河粲爛月徘徊
봉래산 방장산 영주산이 가까우니	蓬萊方丈瀛洲近
세속을 벗어난 삼신산이 차례대로 오는구나	世外三神次第來

담연정에 올라
登澹然亭

금산 산 밑이요 옥산의 동쪽에	金山山下玉山東
별유건곤은 굴 속²⁵⁶과 같구나	別有乾坤橘裡同
학을 타고 오르는 정신은 삼도三島²⁵⁷의 달이요	登鶴精神三島月
고래를 타고 목표에 이름은 십주十洲²⁵⁸의 바람이라	騎鯨標格十洲風
바다는 천지의 창망한 밖까지 통하고	海通天地蒼茫外
구름은 물고기가 용으로 변화하는 가운데 일어나네	烟起魚龍變化中
담연정에 담긴 주인의 뜻을 알려고 한다면	要識澹然亭主意
남쪽 바다 만 리에 물과 하늘이 잇닿음이네	南溟萬里水蓮[1]空

---

1) ㉡ '蓮'은 '連'의 오자인 듯하다.

삼가 〈죽수와〉 시운을 따서
走次什[1]水窩韻

명당의 주인을 기다리나 지금까진 비어 있고	明堂待主至今空
죽수에 와혈[259]을 이뤘으니 운수가 대통하리라	竹水窩成運大通
강산은 영원토록 성현의 굴이 될 것이요	江山永作聖賢窟
천지는 길이 도덕의 바람을 불게 하리라	天地長吹道德風
여유로운 정취는 거문고 타고 비파 뜯는 일이니	閒趣鳴琴兼鼓瑟
신선 구역으로 귤 속이요 병 가운데라네	仙區桶[2]裏亦壺中
아들에게 전하고 손자에게 전하여 밤낮으로 이어져서	傳子傳孫繼繼日
천추 만세에 즐거움이 그침이 없으리라	千秋萬世樂無窮

---

1) 옐 '什'은 '竹'의 오자인 듯하다.
2) 옐 '桶'은 '橘'의 오자인 듯하다.

주도에서 온 객의 시운을 따서
次主都客韻

갖가지 꽃과 풀들 전부 다 천진하니	花花草草盡天直[1]
이곳에 이르러서 겁 외의 봄인 줄 비로소 알았네	到此始知刼外春
산과 물은 변화하여 그림 속의 경치가 되고	山河變作畵圖境
하늘과 땅은 변하여 수놓은 비단옷을 입은 몸이 됐네	天地化爲錦繡身
백옥의 선경엔 잡초라곤 하나도 없고	白玉仙京無草[2]
황금의 불국에는 티끌 먼지 끊어졌네	黃金仸國絶織塵
현도玄都의 집에 이르러 현묘한 이야기를 나누니	玄都家至玄譚處
현묘하고 현묘한 이야기 새롭고 또 새롭구나	玄又玄談斯[3]又新

---

1) ㉱ 편자의 생각에 '直'은 '眞'으로 의심된다.
2) ㉱ 편자의 생각에 이 구 중에 탈자가 있는 것으로 의심된다. ㉱ '草' 아래에 '穢'가 탈락된 듯하다.
3) ㉱ '斯'는 '新'의 오자인 듯하다.

윤 생원이 지은 〈한양〉 시의 운을 따서
次尹生員吟漢陽韻

한양 성 밖에는 봄볕이 그윽한데　　　　　漢陽城外春陽幽
장관의 경치 열려 나의 눈을 씻어 주네　　　闖我壯觀拭我眸
몇천 년 큰길엔 꽃과 버들이 늘어서 있고　　花柳幾千年大道
억만 년 장안에선 관현악이 울려 퍼지네　　管絃億萬長安樓
지세 신령한 삼각산 가운데로 내려오고　　　地靈三角山中降
천기天氣의 다섯 강은 물 위로 떠오르네　　天氣五江水上浮
또다시, 특별한 구역인 명승의 자리가 있으니　更有別區名勝處
돌 끝에 매달려 있는 금선사가 그것이라네　　金仙寺在石頭頭

태극정에 올라
登太極亭

긴 강물 거센 물결 허공에 잇닿았고	長江巨浪接虛空
물나라 어룡은 수정궁에서 노니네	水國魚龍水晶宮
다섯 색깔 뜬구름은 백 리 밖에 뻗쳐 있고	五色雲浮百里外
천추에 영원한 달 만파 속에 들어 있네	千秋月上萬波中
산어귀의 높고 낮은 언덕에는 마을이 가로질러 있고	村橫洛口高低岸
한양의 호탕한 바람에 배들만 떠다니는구나	舟泛漢陽浩蕩風
태극정 앞에 한없이 많은 경관이 펼쳐졌는데	太極亭前無限景
동쪽 남쪽 천지는 예나 지금이나 똑같구나	東南天地古今同

영파당이 지은 〈영각〉 시의 운을 따서
次影波堂影閣韻

사미四美[260]와 삼가三佳[261]가 아름답고도 아름다우니	四美三佳美又佳
도덕을 경영하시는 대사의 재실이로다	經營道德大師齋
인자의 산과 지자의 물이 있는 신선의 경계	仁山智水神仙界
개인 달과 서늘한 바람이 가장 좋은 회포로세	霽月光風最好懷
태극 가운데엔 만 가지 차별이 없는 법이나	一太極中無萬別
음양 속에서는 천 가지 차별이 있기 마련이네	二陰陽裏有千差
아름다운 자손을 많이 안아 보내어	令子令孫多抱送
노끈처럼 끊임없이 이어져 천지와 함께하소서	繼繼繩繩天地偕

입춘음
立春吟

오늘은 일 년 중에 아름다운 계절로 들어서는 날	此日一年佳節來
지금 이 시기는 만고에 봄이 돌아오는 때일세	今時萬古方春回
이전엔 풀이 눈을 이고 있다가 새싹이 꿈틀거리고	草初戴雪頭應動
꽃봉오리도 서리에 덮였다가 입이 벌어지려고 하네	花亦披霜口欲開
금수강산의 기미가 미묘하고 현묘하나니	錦繡江山機妙妙
천지에다 그림 그리려고 붓을 널리 휘두르네	畵圖天地筆恢恢
소리면 소리 색깔이면 색깔 새롭고 새로운 곳에	聲聲色色新新處
동군東君[262]의 조화 재주에 저마다 감사드리네	多謝東君造化才

〈제야음〉 시의 운을 따서
次除夜吟

을해년에 태어나 을해년을 보내는 乙亥生送乙亥年
천 리 타향의 나그네 자리로다 千里他鄉客子筵
여기에 이르러 비로소 경지에 들지 못함을 알았고 到此方知不入地
오늘날에서야 처음으로 본래의 하늘을 깨달았네 至今始覺本來天
사람마다 태극에 대해 이미 아무 말이 없었고 人人太極旣無說
낱낱이 혼돈에 대해서도 전하지 않았네 箇箇混沌亦不傳
다만 우리 임금 만세 누리라 기도를 하고 但祝吾王壽萬城[1]
삼세의 여래 앞에 향을 사르네 㷊香三世如來前

---

1) ㉾ 편자의 생각에 '城'은 '域'으로 의심된다.

〈한묵장〉 시의 운을 따서
次翰墨場韻

시부는 날마다 새로워지고 또 날로 새로워지니 　　詩賦日新又日新
황금 방문 아래 장원의 이름 올린 사람일세 　　黃金榜下壯元人
용이 서린 사해는 용무늬의 자리요 　　龍盤四海龍文席
호랑이 웅크린 삼산은 호표의 자리로다 　　虎踞三山虎豹茵
하늘의 옥추玉樞[263]에 땅의 보축寶軸을 겸하였고 　　天玉樞兼地寶軸
산중의 요로要路 또한 바다를 통하는 나루로다 　　山要路亦海通津
임금과 신하가 천 년에 한 번 기이한 만남이라 　　君臣千載一奇遇
북극성의 풍운제회風雲際會[264]와 비슷하네 　　北極風雲際會隣

삼가 『표충록』의 운을 따서
謹次表忠綠[1]韻

[1]
하늘에 의지하고 땅을 덮을 만한 기운 삼천세계 함께하여	倚天氣盖三千共
우리나라로 하여금 만세토록 번영하게 하셨도다	使我邦家萬歲榮
황제 수의로 담대함을 보이셨고	皇帝首[2]衣開大膽
장군의 머리가 보배[265]라고 웅대한 뜻을 토설하셨네	將軍頭寶吐雄情
천하에 스스로의 짝이 될 만한 장수는 없다 하시고	自爲天下無雙將
인간 세계에서는 제일가는 명성이라 홀로 천단하셨네	獨擅人間第一名
만 리의 용정龍庭[266]에서 깨끗하게 쓸어버린 뒤라	萬里龍庭掃淸後
태평스러운 세월이 오늘날까지 분명하구나	太平日月至今明

[2]
한 차례 스스로 서불徐市[267]의 군졸 깨끗이 소탕하니	一自掃淸徐市兵
도도산桃都山[268] 선리仙李[269]가 천추에 영화 누리네	桃都仙李千秋榮
청년 시절엔 칼을 잡고 임금의 은혜를 갚을 뜻이었더니	靑年仗劒報君意
머리가 희어서는 배를 타고 나라를 위하는 마음이었네	白首乘槎爲國情
우주 백 년에 큰일을 감당하였으며	宇宙百年當大事
고금 천재에 꽃다운 이름 떨쳤네	古今千載有芳名
해동 천지가 태평하게 된 뒤에	海東天地太平後
천봉에 높이 누워 밝은 달을 희롱했네	高臥千峰弄月明

---
1) ㉠ '綠'은 '錄'의 오자이다.
2) ㉠ '首'는 '垂'의 오자인 듯하다.

삼가 충무각에 제하다
謹題忠武閣

지난 임진 계사의 왜란이 있었던 날	昔在龍蛇板蕩日
남쪽 바다 만 리에서 왜적의 배가 밀려왔네	南溟萬里賊舡浮
폭풍이 일고 천둥 번개 치며 하늘도 노여워하고	風馳雷震天爲怒
바다와 산도 오열하고 땅마저 근심에 쌓였었지	海咽山鳴地欲愁
이 나라엔 무과 급제한 재주 뛰어난 무관이 있어	中鵠才高國有武
과녁을 맞히는 기교는 세상에 짝할 이 없었지	射鵰技巧世無儔
장군의 한 마디 호령 소리가 떨어지자	將軍號令一聲下
한없이 많은 왜병들이 모두 머리를 바쳤네	無限倭兵盡獻頭

삼가 〈정종조 인산〉 시의 운을 따서
謹次正宗朝因山韻

아! 슬프다, 망극한 일이로다. 어찌하여 가을이 다가 왔나?	嗚呼罔極奈何秋
창오蒼梧[270]에 해가 저무니 시름을 견딜 길 없도다	日暮蒼梧不勝愁
한수 북쪽 억만 집에서는 창자가 끊어지고	腸摧漢北億千戶
해동의 나라 삼백 고을에서는 통곡 소리 진동한다	聲慟海東三百洲
달도 울고 바람도 우니 그 울음 언제나 그칠 것이며	啼月啼風何時止
하늘에 울부짖고 땅에 울부짖는 일 어느 때나 멈추려나	呼天呼地幾時休
선가仙駕가 승하한 뒤를 따라가길 원하여	願從仙駕昇遐後
삼십삼천이 차례차례 유행한다네	三十三天次第遊

새로 옛 강학을 열다
新開舊講

남섬부주에서 옛 강원을 새로 여니	舊講新開贍部州[1]
가을 석원釋苑에는 시방에서 날마다 모여드네	十方日聚釋苑秋
삼천세계에서 스승은 강론을 토해 내고	三千世界師開口
백억 건곤의 제자들은 고개를 끄덕이네	百億乾坤子點頭
대지가 진동함은 여섯 상서[271]가 일어날 조짐이요	震動地徵六瑞起
천우의 분등은 네 가지 꽃[272]을 내릴 조짐이라	紛騰天雨四花浮
저 옛날 영산회상과 비슷도 하고	依俙昔日靈山會
당년의 화엄루에서와 엇비슷하네	彷彿當年華嚴[2]樓

---

1) ㉠ '州'는 '洲'의 오자이다.
2) ㉠ '巖'은 '嚴'의 오자인 듯하다.

〈차를 달이다〉 시의 운을 따서
次烹茶韻

선약을 달여 마시니 세상의 막힘이 그치고 　　烹飮仙藥歇世枉
비로소 도술이 사람 건네 주는 배인 줄 알겠네 　　始知道術濟人舡
오래 사는 단약은 머리털이 희어짐을 다스리고 　　長生丹理頭邊雪
죽지 않는 약은 귀밑머리 희어짐을 치료하네 　　不死藥治鬢上霜
귀중하고 소중한 공은 천일주보다 뛰어나고 　　珍重功過千日酒
청허한 맛은 백화향보다 더 낫구나 　　淸虛味勝百花香
지금 툭툭 털어 버리고 정신을 차리는 곳에 　　如今抖樓[1]精神處
부상扶桑²⁷³에 태양이 떠오르듯 상쾌하네 　　快若扶桑踢太陽

---

1) ㉘ 편자의 생각에 '樓'는 '搜'로 의심된다.

순종 사미에게 주다
贈順宗沙彌

산하의 정기를 받은 호걸이요	氣受山河傑
마음은 천지에 참예한 영웅이라	心叅天地雄
말을 뱉으면 말마다 주옥을 생산하고	吐言言產玉
붓을 들면 붓 끝마다 바람이 일어나네	落筆筆生風
당년에 대업을 성립하였으니	成立當年業
그 공은 만세토록 흘러 전하리라	流傳萬世功
우리 가문의 한정 없는 취미는	吾家無限趣
산은 겹쳐 있고 물은 거듭거듭 흐르네	山疊水重重

과객이 지은 시의 운을 따서
次過客韻

도덕을 지닌 참다운 군자요	道德眞君子
문장 또한 큰 선비로다	文章亦大儒
하늘 위의 황금 까마귀요	天上黃金烏
달 가운데 백옥 토끼로다	月中白玉兔
문장의 칼날은 웅장한 지략을 안았고	詞鋒抱壯略
붓을 들면 글씨의 형세가 웅대하다네	筆陳勢雄屠[1)
천지에 이름난 선비가 있건만	天地有名士
강산은 나를 써먹지 않는구나	江山無用吾

---

1) ㉯ '屠'는 '圖'의 오자인 듯하다.

〈승가사 모임〉 시의 운을 따서
次僧伽寺會韻

승가사의 장관이여	僧伽之壯觀
장안의 큰길이로다	長安之大路
옥엽의 구슬 같은 숲이요	玉葉之珠林
금지의 보배 같은 나무로다	金枝之寶樹
천도天道는 강건하여 쉬지 않아	天行健不息
삼백육십 도수를 운행하네	三百六十度
밤마다 오경의 종이 울리고	夜夜五更鍾
물시계는 몇 번이나 기울었던가?	幾傾漏水注
우뚝 솟은 함원전으로는	巍巍含元殿
천 문과 만 호가 갈마드네	千門萬戶互
문관과 무관은 금어 띠를 찼고	文武佩金魚
장수와 정승은 화려한 신 신었네	將相著華屨
신선 같은 여인들은 집집마다 숨었고	神女家家隱
신선 같은 사내들은 곳곳마다 드러나네	仙郎處處露
사물은 산에서 물이 솟아나듯 하고	物水湧山出
사람의 풍속은 구름을 몰아가듯 하네	人風趨雲赴
저 낱낱의 사람들은 다 누구인고?	箇箇人人誰
장안에서 큰 도를 깨달았다네	長安大道悟

〈미타회〉 시의 운을 따서
次彌陀會韻

현명국玄冥國[274]의 흑제黑帝[275]가	黑帝玄冥國
조화로 새롭게 눈꽃을 피웠네	造化雪花新
온 골짜기가 은빛 새끼줄이 있고	萬壑銀有索
일천 봉우리는 티 없이 맑은 옥 같구나	千峰玉無塵
자리를 바꾸면 일반적인 선비이니	易地一般士
하늘에서 받은 성품 어찌 두 사람이랴	禀天豈兩人
물은 유리 같은 달을 머금었고	水含琉璃月
산은 수놓은 비단의 봄으로 장엄하네	山莊錦繡春
천지간에 함께 살고 있는 날에	宵壤共處日
하나로 꿰뚫는 도덕을 이웃하네	一貫道德隣

부록附錄[1]

해붕 대사 시축의 운을 따서 짓다
題海鵬大師詩軸韻

공정이 수수한 큰 문장이요	工程首首大文章
화기가 심심하니 태양을 향한 듯하네	花氣深深若向陽
글자마다 경음瓊音[276]이라 호걸스런 의지를 알겠고	字字瓊音知志傑
구절마다 선어仙語[277]라 재주가 뛰어남을 알겠구나	句句仙語點才良
성가는 백 년 동안 모래사장을 울리고	百年聲價鳴沙界
공명은 일대의 도량을 가득 채웠네	一代功名滿道場
해붕 스님 풍채와 거동 이를 좇아 알 수 있나니	海釋風儀從此見
산이 우뚝하게 높은 곳에 물이 길게 흘러가네	山與高處水與長

푸른 양의 해(乙未) 윤 6월 하순(下澣)에 세속 나그네 장제張濟가 쓰다.

歲在靑羊。六閏下澣。俗客張濟。

문장은 다만 문장만 배우기 위한 것이 아니요	文章非特學文章
그냥 태음과 태양을 깨닫기 위함이었네	聊得太陰與太陽
세속을 벗어나 먼저 깨달으니 밝은 일월이요	出世先知明日月

---

1) 원 '附錄' 두 자는 편자가 보입하였다.

산에 들어가 욕심을 버리니 감추어진 현량이로다	入山還欲晦賢良
삼겁의 티끌을 씻어 내니 더러운 티끌이 없고	浴塵三刼無塵累
천추에 길을 인도하려고 도량을 여시었네	引道千秋闢道場
그러므로 해붕은 푸른 바다 겁파를 건너	所以海鵬滄海刼
구만 리 높고 높은 푸른 하늘을 소요하셨네	逍遙九萬碧天長

위와 같은 날, 세속 나그네 장타張沱가 쓰다.

右日。俗客張沱。

주

1 이 글은 서문과 본문의 구분이 명확하지 않다. 혹 처음부터 일원상이 있는 게송偈頌 이전까지, 또는 일원상이 있는 게송까지가 서문의 성격을 지니는 것으로 보이나 명확하지는 않다.
2 하백河伯 : 본래 하백은 황하의 신인데, 고구려 건국신화에 시조 주몽의 외조부로 등장한다. 여기서는 '동국', '해동'과 같은 의미로 쓰였다.
3 대방가大方家 : 학문과 견식이 높은 사람.
4 낙락落落 : 뜻이 커서 세상과 서로 부합하지 않는 것으로, 정도를 걷는 것이 세상과 부합되지 않음을 뜻하는 말이다.
5 배 상국裵相國 : 『唐書』 권182 「裵休傳」에 의하면 "성명은 배휴裵休이고 자는 공미公美이니, 당唐나라 때 명신名臣이다. 불교를 숭상하여 평일에 술과 고기를 먹지 않았고, 불교의 교리를 연구하여 수만 언言을 연역演繹하였다."라고 되어 있다.
6 삼공三公 : 원문에는 '三生'으로 되어 있는데 '三公'으로 비정하여 번역하였다. 배도가 삼공의 반열에 늦게야 오를 수 있었던 고사에 근거한 것이다.
7 장선莊仙 : 장주莊周를 말한다.
8 오유향烏有鄕 : '무하유향無何有鄕'과 같은 말이다. 생사生死가 없고 시비是非가 없으며 지식도 마음도 하는 것도 없는, 아무것도 없는 참으로 행복한 곳을 가리킨다.
9 자라장紫羅帳 : 자주색 비단으로 만들어, 귀인이 있는 곳에 치는 휘장.
10 문질文質 : 겉으로 나타난 문체文體의 아름다움과 실상實相의 바탕. 겉으로 꾸민 모양과 속에 든 본바탕.
11 빈빈욱욱彬彬郁郁 : 공자가 "형식인 문文과 본바탕인 질質이 고르게 갖추어진 뒤에야 군자君子이다.(文質彬彬然後君子』)"라고 하였으니, '빈빈'은 문과 질이 고르게 균형을 이루었다는 뜻이다. 또 "주나라는 성하게 문채롭다.(周郁郁乎文哉。)"라고 하였으니, '욱욱'은 문채가 성한 모양이다.
12 태재太宰 : 육경六卿 가운데 하나를 가리킨다.
13 공공空空 : 십팔공의 하나로서 내신과 외경이 다 공(실체가 없음)이며, 그 공이라 하는 것도 또한 공이라는 것이다. 일체제법의 공도 또한 공이라고 하는 것이다.
14 현현玄玄 : '현지우현玄之又玄'의 준말로, 현묘하고 현묘함 또는 신비하고 신비함이라는 뜻이다.
15 우리 도는~것을 펜다 : '일이관지一以貫之'는 모든 이치가 하나의 이치로 관통된다는 뜻으로서, 『論語』 「里仁」편에서 공자가 증자曾子에게 "우리 도는 하나로써 모든 것을 펜다.(吾道一以貫之)"라고 한 데서 온 말이다.
16 제1의第一義 : ① 제1차적인 절대통일絶對統一의 원리. 가장 수승殊勝한 도리. 궁극적인 진리. ② '제1의제第一義諦'의 준말. ③ 선종에서는 언어言語와 사려思慮를 초월한 절대적인 이상을 보이는 표어로 사용하고 있다.
17 오계五戒 : 재가자在家者나 출가자出家者 모두가 지켜야 하는 가장 기본적인 생활 규범. ① 살생하지 말 것(不殺生), ② 도둑질을 하지 말 것(不偸盜), ③ 음행을 하지 말 것(不邪淫), ④ 거짓말을 하지 말 것(不妄語), ⑤ 술을 마시지 말 것(不飮酒)이다.

• 515

18 십선十善 : '십선계十善戒'라고도 하며, 대승보살의 적극적인 자비행으로 십선도를 말하는데 산목숨을 죽이지 않는 불살생不殺生, 훔치지 않는 불투도不偸盜, 간음하지 않는 불사음不邪淫, 거짓말을 하지 않는 불망어不妄語, 상스러운 말을 하지 않는 불악구不惡口, 이간하는 말을 하지 않는 불양설不兩舌, 희롱하는 말을 하지 않는 불기어不綺語, 탐욕에 빠지지 않는 불탐욕不貪慾, 분노하는 마음을 갖지 않는 불진에不瞋恚, 간사한 소견을 품지 않는 불사견不邪見의 규범을 지키는 것이다.

19 사제四諦 : '사성제四聖諦'라고도 하는 고苦·집集·멸滅·도道를 말한다. ① 고제苦諦 ─ 현실의 상相을 나타낸 것이니, 현실의 인생은 고苦라고 관하는 것. ② 집제集諦 ─ 고苦의 이유근거 혹은 원인이라고도 하니, 고의 원인은 번뇌인데, 특히 애욕과 업業을 말한다. 위의 2제諦는 유전流轉하는 인과. ③ 멸제滅諦 ─ 깨달을 목표. 곧 이상理想의 열반. ④ 도제道諦 ─ 열반에 이르는 방법. 곧 실천하는 수단. 위의 2제는 오悟의 인과. 이 사제설四諦說 자체에는 아무런 적극적인 내용이 들어 있지 않지만, 후대에 이르면서 매우 중요시하게 된 데는 여러 체계를 포괄하여 조직적으로 취급한 것이 있기 때문이다. 고제는 무상無常·고苦·무아無我·오온설五蘊說을, 집제·멸제는 연기설緣起說을, 도제는 팔성도설八聖道說을 표하는 것. 그리고 고제·집제는 십이인연의 순관順觀에, 멸제·도제는 역관逆觀에 각각 해당된다.

20 십이인연十二因緣 : 사람의 고뇌가 어떻게 성립하는가를 추구하여, 12항목으로 나눈 것. 존재의 12개의 기본적 구조. 연기緣起의 도리를 12로 나누어 설한 것. ① 무명無明 ─ 무지無知. ② 행행 ─ 잠재적 형성력. ③ 식識 ─ 식별識別 작용. ④ 명색名色 ─ 명칭과 형태. 정신과 물질. 몸과 마음. ⑤ 육처六處 ─ 마음의 작용이 성립하는 장소인 안眼·이耳·비鼻·설舌·신身·의意. ⑥ 촉觸 ─ 감각 기관과 대상의 접촉. ⑦ 수受 ─ 감수 작용. ⑧ 애愛 ─ 맹목적 충동. ⑨ 취取 ─ 집착. ⑩ 유有 ─ 생존. ⑪ 생생 ─ 태어나는 것. ⑫ 노사老死. 무상無常한 모습. 차례대로 앞의 것이 뒤의 것을 성립시키는 조건이 되어 있다.

21 아공我空 : 삼공三空의 하나. 중생의 신체는 오온이 화합한 것일 뿐이며, 거기에는 영원하고 불변하는 유일한 주체나 실체로서의 자아가 없다. 생공生空·인공人空·인무아人無我라고도 한다.

22 법공法空 : 삼공의 하나. 모든 법이 공한 것을 이르는 말이다.

23 구공俱空 : 삼공의 하나. 나라는 관념과 나의 소유물이라는 주관적 미집迷執과 아집我執이 일어난 근본 곧 물질과 마음의 여러 가지에 대한 객관적 법집法執을 여의고, 다시 아공我空·법공法空까지도 버려 비로소 제법諸法의 본성에 계합契合함을 이른다.

24 오유 선생烏有先生 : 한漢나라의 사마상여司馬相如가 「子虛賦」에서 자허子虛, 오유烏有 선생, 망시공亡是公이라는 가공의 세 인물을 설정하여 문답을 전개했는데, 자허는 '빈말'이라는 뜻이고, 오유 선생은 '무엇이 있느냐'는 뜻이며, 망시공은 '이 사람이 없다'는 뜻이다. 후세에 허무한 일을 말할 때 흔히 '자허·오유'라 하였다.

25 의리선義理禪 : 말이나 글로 해석하고 설명을 하는 선을 이름이니, 마치 인장을 진흙에 찍으면 인발이 분명하게 드러나 있는 것과 같다.

26 일미선一味禪 : 참선參禪하여 부처님의 참뜻을 문득 깨닫게 되는 경지를 이르는 말로서, 참선으로부터 돈오頓悟에 이르는 경지를 말한다.

27 여래선如來禪 : 생각과 알음알이가 아주 끊어지지가 않아서, 말의 자취가 있고 이치의

길이 남아 있어서, 마치 인장을 물에 찍은 것과 같다.
28 조사선祖師禪 : 말의 자취와 생각의 길이 함께 끊어져, 이치나 일에 다 걸림이 없는 것이 마치 인장을 허공에 찍은 것과 같다.
29 요확寥廓 : ① 공허함. 휑하니 넓고 큰 모양. 널찍한 상공. ② 알 수 없는 모양. 천지의 기운을 아직 모르는 모양.
30 이법계理法界 : 사법계四法界의 하나. 모든 법의 차별을 일관一貫하여 존재한 체성體性으로서 본체평등계本體平等界의 방면에서 이름한 우주宇宙를 말한다.
31 이사무애법계理事無礙法界 : 사법계의 하나. 본체계本體界와 현상계現象界가 장애하지 않고, 서로 융합한 방면에서 이름한 우주를 말한다.
32 사법계事法界 : 사법계四法界의 하나. 현상 차별계를 말한다.
33 사사무애법계事事無礙法界 : 사법계의 하나. 화엄종 세계관의 하나로, 현상계 만유의 낱낱 사물이 서로 장애되지 않고, 중중무진重重無盡하게 상융相融하며, 낱낱 사물 가운데, 우주의 중중무진한 연기緣起를 표현하는 것을 보이는 법문.
34 공왕불空王佛 : 과거 공겁空劫에 세상에 나온 최초의 부처님을 말한다. 공왕은 부처님의 총칭이었으나 지금은 한 부처님만을 일컫는다.
35 충천대장衝天大將 : 기개氣槪가 하늘을 찌를 듯한 큰 장수. 황소黃巢의 난과 관련하여 황소의 직위를 충천대장衝天大將軍이라 하였으나 본문과 큰 관련은 없는 듯하다. 참고로 소개하면 다음과 같다. 왕선지王仙之는 당唐의 복주인濮州人으로 희종僖宗 초에 무리를 모아 난을 일으켰다. 뒤에 황소가 호응해 주어 크게 세력을 떨쳤으나, 진압된 후 죽었다. 왕선지가 죽은 뒤 황소는 왕으로 추대되고 충천대장군이 되었다. 10년 동안 여러 지역을 점령하여 큰 세력을 떨쳤으나, 뒤에 패망하여 자결했다.
36 변계遍計 : '변계소집성遍計所執性'의 준말로 삼성三性의 하나. 변계는 이리저리 억측(周遍計度)한다는 뜻, 계탁計度은 자기의 감정과 욕망에서 시비선악是非善惡의 차별적 집착을 일으키는 것. 또 이 집착은 일체 사물에 대하여 주관적 색채를 띠고 보는 것이므로 '주변周遍'이라 한다. 소집은 변계에 의하여 잘못 보이는 대상이다. 곧 주관의 색안경을 쓰고서 대상을 올바르게 보지 못하고, 언제든지 잘못 분별하는 것을 '변계소집'이라 한다. 이 능변계能遍計하는 마음이 소변계所遍計의 법을 망령되이 집착할 적에 그 망정妄情 앞에 나타나는 그림자를 '변계소집성'이라 한다. 곧 망정으로 아我가 아니며, 법法이 아닌 것을 아요 법이라고 집착할 적에 나타나는 실아實我・실법實法이라는 모양을 말한다. 그러나 이것은 주관인 망정으로만 실實이라 하는 것이고 객관인 이理로는 없는 것이므로 정유이무情有理無라 한다. 또 전혀 실재성이 없는 것이므로 체성도무體性都無라 한다. 또 실재가 아닐 뿐만 아니라 가유假有도 아니므로 망유妄有라 하고, 잠깐 있는 주관의 망정에만 있는 것이므로 당정현상當情現相이라 하고, 주관의 망정이 그 주관과 객관 사이에 잘못 그려 놓은 그림자이므로 '중간존경中間存境'이라 한다. 비유하면 길에 버려진 노끈을 뱀인 줄 잘못 볼 적에 노끈은 소변계, 뱀이라고 분별하는 마음은 능변계, 그때에 눈앞에 떠오르는 뱀의 그림자는 변계소집성이다.
37 의타依他 : '의타기성依他起性'의 준말로 유식唯識 삼성三性의 하나. 자기의 원인만으로는 나기 어렵고 반드시 다른 연緣을 기다려서 나는 물심物心의 모든 현상.『唯識論』에 의하면 백법百法 중에 94법은 여기에 딸린다. 색법色法은 인연과 증상연에 의하여 생기고, 심법은 사연四緣에 의하여 생긴다고 하였다.

38 원성실성圓成實性 : 삼성三性의 하나. 원만히 성취한 진실한 자성. 진여眞如를 말한다. 진여의 자체는 우주에 가득하여 있지 아니한 데가 없고, 생멸 변화하지 않고, 인연으로 성립된 허망한 존재가 아니다. 이 세 뜻을 갖춘 것은 진여뿐이므로 이렇게 이름한다.

39 자지무柘枝舞 : 중국 자지 지방에서 나온 춤이라 하여 붙여진 이름이다. 춤의 내용은 봉래蓬萊에서 내려온 두 동녀童女가 연꽃 꽃술로 태어났다가 군왕의 덕화에 감격하여 가무로써 그 은혜에 보답하는 것이다.

40 제1의第一義 : 주 16 참조.

41 오성五性 : '오성각별五性各別'의 준말로서 유식종에서 중생의 성품에는 선천적으로 보살정성菩薩定性·연각정성緣覺定性·성문정성聲聞定性·삼승부정성三乘不定性·무성유정無性有情의 5종의 구별이 있다는 것. ① 본래부터 부처가 될 무루종자無漏種子를 갖춘 이는 보살정성. ② 벽지불辟支佛이 될 무루종자를 갖춘 이는 연각정성. ③ 아라한阿羅漢이 될 무루종자를 갖춘 이는 성문정성. ④ 두 가지 종자나 세 가지 종자를 갖춘 이는 삼승부정성.(여기에 4종이 있음. 부처가 될 수 있는 종자와 아라한이 될 수 있는 종자를 갖춘 이는 보살·성문 부정성, 부처가 될 종자와 벽지불이 될 종자를 갖춘 이는 보살·연각 부정성, 아라한이 될 종자와 벽지불이 될 종자를 갖춘 이는 성문·연각 부정성, 아라한이 될 종자와 벽지불이 될 종자와 부처가 될 종자를 갖춘 이는 성문·연각·보살 부정성.) ⑤ 성문·연각·보살의 무루종자는 없고, 다만 인승人乘이나 천승天乘이 될 유루종자만을 갖춘 이는 무성유정.

42 삼공三空 : 또는 '삼삼매三三昧·삼해탈三解脫'이라고도 한다. 번뇌의 계박에서 벗어나, 증오證悟의 경지에 이르는 방법 세 가지, 즉 공해탈空解脫·무상해탈無相解脫·무원해탈無願解脫 등을 가리킨다.

43 오탁五濁 : 말세末世에 발생하는, 피하기 어려운 사회적·정신적·생리적인 다섯 가지의 좋지 않은 일들. ① 전쟁·질병·기근 등이 많이 일어나며, 시대적인 환경과 사회가 혼탁해지는 겁탁劫濁(kalpa-kaya). ② 그릇된 사상이나 견해가 무성하여 세상이 혼란하고 흐려지는 견탁見濁(di-kaya). ③ 여러 번뇌가 극성스럽게 일어나 중생을 흐리게 하고, 악덕이 넘쳐흐르게 되는 번뇌탁煩惱濁(klea-kaya). ④ 인간의 마음이 둔해지고 몸이 약해지며 중생의 자질이 저하되는 중생탁衆生濁(sattva-kaya). ⑤ 인간의 수명이 짧아지는 명탁命濁(yu-kaya).

44 대치對治 : 번뇌를 끊는 것. 염환猒患대치·단斷대치·지지대치·원분遠分대치 등 네 가지가 있다.

45 천중천天中天 : Ⓢ Devātideva. 부처님의 존호尊號. 천天은 사람이 존숭하는 바이며, 부처님은 다시 천들이 존숭하는 바이므로 '천중천'이라 하였다. 또 부처님은 제일의천第一義天으로 오천五天 중에 가장 높으므로 '천중천'이라 한다.

46 근본법륜根本法輪 : 삼전법륜三轉法輪의 하나.『華嚴經』의 설법을 말한다.『華嚴經』은 석존께서 성도한 뒤, 맨 처음 설법으로 순전히 보살을 위하여 자신의 깨달은 바를 그대로 말한 법문이다. 이 경은 부처님께서 일대에 설법 교화하는 근본이며, 모든 경이 유출한 근본 법륜이므로 이같이 말한다.

47 지말법륜枝末法輪 : 삼전법륜의 하나.『華嚴經』은 석존께서 성도 직후에 설한 것으로 어리석은 근기는 알아들을 수 없으므로, 그 다음 40년 동안 근기에 맞추어 삼승三乘을

설한 교법을 말한다.

48 회말귀본법륜會末歸本法輪 : 삼전법륜의 하나. 『法華經』에 말한 교법. 지말법륜에서는 박복하고 둔근한 이를 위하여 삼승교를 말하였으나, 『法華經』을 말함에 이르러서 40여 년 동안의 설법인 삼승교는 근기를 성숙시키기 위하여 일불승을 셋으로 나누어 말한 것임을 표시하고, 삼승을 회통하여 일도一道에 돌아가게 한 법문을 말한다.

49 남가일몽南柯一夢 : 남쪽으로 뻗은 나뭇가지 아래서 꾼 꿈이라는 뜻으로, 덧없는 인생과 부귀영화를 비유한 것이다.(이공좌李公佐, 『南柯記』)

50 허령지각虛靈知覺 : 성리학에서 허령은 마음의 체體를 말하고, 지각은 마음의 용用을 말한다.

51 삼업三業 : 몸으로 짓는 신업身業, 입 즉 말로써 짓는 구업口業, 뜻 즉 생각으로 짓는 의업意業 등의 세 가지 업을 말한다.

52 목무전우目無全牛 : 눈앞에 온전한 소가 남아 있지 않다는 뜻으로, 일의 솜씨가 신神의 경지에 이른 것을 형용하는 말이다. 『莊子』에 나오는 이야기이다.

53 육합六合 : 천지天地와 동서남북 사방四方을 일컫는다. 또는 상하上下·사방을 말하기도 한다.

54 십지十地 : 보살이 수행하는 계위階位인 52위 중, 제41위로부터 제50위까지. 이 10위는 불지佛智를 생성生成하고, 능히 주지住持하여 움직이지 아니하며, 온갖 중생을 짊어지고 교화 이익케 하는 것이, 마치 대지大地가 만물을 싣고 이를 윤익潤益함과 같으므로 '지地'라 이른다. ① 환희지歡喜地 — 처음으로 참다운 중도지中道智를 내어 불성佛性의 이치를 보고, 견혹見惑을 끊으며 능히 자리이타自利利他하여 진실한 희열喜悅에 가득 찬 지위. ② 이구지離垢地 — 수혹修惑을 끊고 범계犯戒의 더러움을 제하여 몸을 깨끗하게 하는 지위. ③ 발광지發光地 — 수혹을 끊어 지혜의 광명이 나타나는 지위. ④ 염혜지焰慧地 — 수혹을 끊어 지혜가 더욱 치성하는 지위. ⑤ 난승지難勝地 — 수혹을 끊고 진지眞智·속지俗智를 조화하는 지위. ⑥ 현전지現前智 — 수혹을 끊고 최승지最勝智를 내어 무위진여無爲眞如의 모양이 나타나는 지위. ⑦ 원행지遠行智 — 수혹을 끊고 대비심을 일으켜, 이승二乘의 오悟를 초월하여 광대무변한 진리 세계에 이르는 지위. ⑧ 부동지不動地 — 수혹을 끊고 이미 전진여全眞如를 얻었으므로, 다시 동요되지 않는 지위. ⑨ 선혜지善慧地 — 수혹을 끊어 부처님의 십력十力을 얻고, 기류기류機類에 대하여 교화의 가부可否를 알아 공교하게 설법하는 지위. ⑩ 법운지法雲地 — 수혹을 끊고 끝없는 공덕을 구비하고서 사람에 대하여 이익이 되는 일을 행하여 대자운大慈雲이 되는 지위.

55 삼현三賢 : 소승·대승에 따라 구별이 있다. ① 대승은 보살 수행의 지위인 십주·십행·십회향 위位에 있는 보살을 말한다. ② 소승은 오정심위五停心位·별상념주위別相念住位·총상념주위總相念住位를 말한다. 이들은 성위聖位에 들어가기 위한 방편위方便位이다.

56 십신十信 : 보살이 수행하는 계위階位 52위 중, 처음의 10위. 부처님의 교법을 믿어 의심이 없는 지위. 신심信心·염심念心·정진심精進心·혜심慧心·정심定心·불퇴심不退心·호법심護法心·회향심廻向心·계심戒心·원심願心을 이른다.

57 오계五戒 : 주 17 참조.
58 십선十善 : 주 18 참조.

· 519

59 사제四諦 : 주 19 참조.
60 십이인연因緣 : 주 20 참조.
61 3천 위의威儀 : 비구의 일상 행동에서 지킬 이백오십계를 행行·주住·좌坐·와臥 사위의四威儀에 곱하여 천이 되고, 이를 또 삼세에 곱한 것이다.
62 옥玉 : 여기에서의 옥은 부처님 말씀인 경전을 가리킨다.
63 연성지벽連城之璧 : 전국戰國 시대 때 조趙나라 혜문왕惠文王이 소장하고 있었는데, 진秦나라 소왕昭王이 조나라 혜문왕에게 15개의 성과 맞바꾸자고 청한 화씨벽和氏璧을 말한다. 『史記』「藺相如傳」에, "조趙나라가 초楚의 화씨벽和氏璧을 얻으니, 진소왕秦昭王이 조왕趙王에게 글을 보내어 성城과 바꾸자고 청했다."라고 하였다.
64 야광지주夜光之珠 : 밤에 빛을 발하는 진주眞珠를 말한다.
65 점점언點點焉 : 점을 찍은 듯이 여기저기 퍼져 있는 모양을 일컫는 것으로, 부처님의 말씀이 온 세상에 퍼짐을 말한다.
66 희화羲和 : ① 역사 속에서의 희화란 장력지관掌曆之官 즉 일관日官이 된다. 하지만 신화 속에서의 희화는 태양을 수레에 태우고 달리는 태양의 어머니이다. ② 요堯의 시대에 천문天文을 맡은 일관日官으로, 희의는 해를 맡은 벼슬이고 화和는 달을 맡은 벼슬이다. ③ 태양을 모는 마부 이름이다. 매일 여섯 마리의 용이 끄는 수레에 태양을 싣고 동쪽에서 서쪽으로 운행하다가 해가 들어가는 우연虞淵이라는 곳에서 멈춰 휴식을 취한다고 한다.
67 시각始覺 : 『大乘起信論』에서 본각本覺, 곧 일체 유정有情과 비정非情에 통하여 그 자성 본체로서 갖추어 있는 여래장 진여如來藏眞如에 대하여, 도로 그 본각이 수행의 공功을 가자假藉하여 각증覺證한 각覺을 '시각'이라 한다.
68 본각本覺 : 근본 각체覺體. 온갖 유정有情·무정無情에 통한 자성의 본체로서 갖추어 있는 여래장 진여. 곧 우주 법계의 근본 본체인 진여의 이체理體를 말한다.
69 무구백정식無垢白淨識 : 제9식인 아마라식阿摩羅識을 말하며, 아말라阿末羅 또는 암마라菴摩羅라고 음역하고, 무구無垢·백정白淨·청정淸淨이라 번역한다. 중국의 번역가 중에서 신역가新譯家는 우주 현상을 설명하는 데 8식을 들어 제8식 아뢰야阿賴耶로써 미계迷界·오계悟界를 전개하는 근본이라 하므로, 제8식의 밖에 따로 제9식을 인정하지 아니하고 정계淨界의 제8식을 아마라식이라 함에 대하여, 구역가舊譯家에서는 이것을 따로 세워 제9식이라 하며 '아마라식'이라 한다.
70 삼관三觀 : 관법觀法의 내용을 3종으로 나누는 것이다. ① 천태종에서 세우는 공관公觀·가관假觀·중관中觀. ② 화엄종에서 세우는 진공관眞空觀·이사무애관理事無礙觀·주변함용관周遍含容觀. ③ 율종에서 세우는 성공관性空觀·상공관相空觀·유식관唯識觀.
71 지남指南 : 길을 인도하여 이끌어 가르쳐 주는 것을 말한다.
72 정명 거사淨名居士 : 인도 비사리국의 장자長者. 석가의 재가在家 제자로서 속가俗家에서 보살 행업行業을 닦았다. 대승 불교의 경전인 『維摩經』의 주인공이다. 수행이 대단하여 불제자로도 미칠 수 없었다고 한다. ⓢ Vimalakīrti의 음을 따서 '유마라힐維摩羅詰'·'비마라힐毘摩羅詰'이라 하고, 줄여서 '유마힐維摩詰' 또는 '유마維摩'라고도 한다. 뜻으로 번역하여 '정명淨名' 또는 '무구칭無垢稱'이라고도 한다.
73 십 홀만 한 방장실(十笏方丈) : 사방 1장丈(10尺) 되는 작은 방을 의미하며, 『維摩經』에

서 유래한다.

74 방 거사龐居士(?~808) : 성은 방龐이고 이름은 온蘊이며, 자는 도현道玄이다. 중국의 형주 형양현 사람. 당唐나라 정원貞元 때 석두石頭에게 가서 선지禪旨를 짐작하였다. 뒤에 마조馬祖에게 가서 묻기를 "온갖 법으로 더불어 짝하지 않는 이가 무슨 사람입니까?" 하니, 마조가 "네가 서강의 물을 한 입에 마셔 버린 뒤에야 일러 주마."라고 하였다. 거사는 이 말에 의심을 가지고 2년 동안 정진하여 깨달았다. 죽으려 할 즈음에 딸 영조를 시켜 오시午時가 되거든 말하라고 부탁하였다. 영조가 "지금 오시가 되었는데 일식日蝕을 합니다."라고 하니, 거사가 평상에서 내려와 문밖에 나가 보는 동안에 영조가 거사의 평상에 올라 앉아 죽어 버렸다. 이를 보고 거사는 웃으면서 "내 딸이 솜씨가 빠르구나!" 하고는 7일 후에 숨을 거두었다. '호설편편好雪片片'이라는 그의 공안公案이 남아 있다.

75 패연沛然 : 비나 폭포 따위가 매우 세차게 쏟아지는 모양을 일컫는다.

76 선재동자善財童子 : 『華嚴經』 「入法界品」에 나오는 구도자의 이름이다. 그는 53명의 선지식善知識을 찾아 천하를 역방歷訪하다가, 마지막으로 보현보살普賢菩薩을 만나서 그의 십대원十大願을 듣는다. 그 공덕으로 아미타불의 국토에 왕생하여 입법계入法界의 큰 뜻을 이루었다고 한다. 우리나라에서는 이 구도의 이상을 불교 도입 시초부터 존중해 온 흔적이 짙으며, 자장慈藏은 선재동자의 구도행각을 본받기 위하여 선재가 만났다는 53명을 상징하는 선지수善知樹 53그루를 뜰에 심었다. 화랑이 산수를 찾아 각처를 돌아다니며 심신을 연마한 것도 선재동자의 구법행각과 연관된 것으로 해석된다.

77 가섭迦葉 : 불제자 중에서 마하가섭摩訶迦葉·우루빈라가섭優樓頻螺迦葉·가야가섭伽耶迦葉·나제가섭那提迦葉·십력가섭十力迦葉의 다섯이 있는데, 이들을 모두 줄여서 '가섭'이라 부르나, 흔히는 마하가섭을 가리킨다.

78 마명馬鳴 : [S] Aśvaghoṣa. 중인도 마갈타국 사람. 불멸후 6백 년경에 출세한 대승의 논사論師. 본디 외도外道의 집에 나서 논의를 잘하며 불법을 헐뜯었다. 협존자脇尊者(일설에는 부나사富那奢)가 북쪽에서 와서 토론을 하여 설복하자 그의 제자가 되었다. 그 뒤부터 마갈타국을 중심으로 중인도에서 전도하였다. 그때에 가니색가왕迦膩色迦王이 중인도를 정복, 배상금 대신에 마명을 데리고 북인도로 돌아갔다. 마명은 북쪽의 월지국에 들어가 임금의 보호를 받고 대승 불교를 선전하였으므로, 옛적부터 그를 대승 불교의 시조라 한다. 마명은 문학과 음악에도 조예가 깊어 마갈타국에 있던 때에 〈賴吒和羅〉라는 가곡歌曲을 지었고, 몸소 악사들과 어울려 왕사성에서 이 가곡을 연주하여 무상無常한 이치를 가르쳐, 성중의 5백 왕자를 출가케 하였다. 저서는 『大乘起信論』 1권, 『大莊嚴論經』 15권, 『佛所行讚』 5권 등을 남겼다. '마명'이라는 같은 이름이 많은데, 『釋摩訶衍論』에서는 6인의 마명이 있었다고 한다.

79 용수龍樹 : [S] Nāgārjuna. 인도의 대승 불교를 크게 드날린 이. 불멸후 6~7백 년경 (B.C. 2~3세기)의 남인도(혹은 서인도) 사람. '나가알랄수나那伽閼剌樹那'라 음역하고 '용맹龍猛'·'용승龍勝'이라 번역한다. 어려서부터 총명하여 일찍 4베다·천문·지리 등 모든 학문에 능통하였다. 처음에 인생의 향락은 정욕을 만족하는 데 있다 하고, 두 벗과 함께 주색에 몸을 맡겼다. 왕궁에 출입하면서 궁녀들과 통하다가 일이 탄로가 나두 친구는 사형되고, 그는 위험을 간신히 면하였다. 욕락은 괴로움의 근본이 되는 것

• 521

을 깨닫고 절에 가서 가비마라에게서 소승 삼장三藏을 배우다가 만족하지 못하고 설산 지방으로 갔다. 늙은 비구를 만나 대승 경전을 공부하고, 후에 여러 곳으로 다니면서 대승 경전을 구하여 깊은 뜻을 잘 통달하였다. 그는 또 용궁에 들어가『華嚴經』을 가져 왔고, 남천축의 철탑鐵塔을 열고,『金剛頂經』을 얻었다 한다. 마명馬鳴의 위에 출세하여 대승 법문을 성대히 선양하니, 대승 불교가 이로부터 발흥하였으므로 후세에서 그를 제2의 석가, 8종의 조사라 일컬었다. 저서로는『大智度論』100권,『十住毘婆沙論』17권,『中論』4권,『十二門論』1권 등이 있다.

80 달마達摩 : 부처님 이후 법통法統으로 내려온 전례에 의한 조사祖師로서는 28대가 되는 달마 대사達磨大師로, 중국에 건너 중국 선종의 초조初祖가 되었으며 중국에서 불교를 크게 혁신시켰다.

81 현궁玄宮 : 인군人君이 공경하여 마음속으로 그리는 도궁道宮을 말한다.『莊子』「大宗師」에 "전욱은 도를 터득하여 현궁에 살게 되었다.(顓頊得之. 以處玄宮.)"라고 하였다.

82 도추道樞 : 사물의 상대적인 참과 거짓, 옳고 그름의 대립을 넘어선 절대적인 도道의 경지.『莊子』「齊物論」에 "저것과 이것의 대립이 그치는 것을 '도추'라고 일컫는다.(彼是莫得其偶. 謂之道樞.)"라고 하였다.

83 혜가慧可(487~593) : 중국 스님. 선종 제2조. 이름은 신광神光이고 속성은 희姬씨이며, 낙양洛陽 무뢰武牢 사람이다. 낙양 용문의 향산香山에서 출가하여 여러 곳으로 다니면서 불교와 유교를 배우고, 32세에 향산에 돌아와 8년 동안 좌선하였다. 40세에 숭산嵩山 소림사少林寺로 보리달마菩提達磨를 찾아가서 눈 속에 앉아 가르침을 구하였으나 허락하지 않자 마침내 왼팔을 끊어 그 굳은 뜻을 보여 마침내 허락을 받고 크게 깨달았다. 552년 제자 승찬僧璨에게 법을 전하고, 업도鄴都에 34년 동안 머물렀다. 뒤에 관성현 광구사에서『涅槃經』을 강하여 여러 사람들이 깊이 그를 추종하였으나, 변화辨和의 참소로 인해 수隋나라 개황開皇 13년 적중간翟仲侃의 혹형으로 107세를 일기로 입적하였다. 당 태조가 '정종보각대사正宗普覺大師'라는 시호諡號를 내려 주었다.

84 육조六祖(638~713) : 중국 당唐나라 승려. 광동성廣東省 출생이며, 법명은 혜능慧能이고 속성은 노盧씨이다. 선종禪宗의 제6조로 남종南宗을 열었다. 어려서 아버지를 여의고 집이 가난하여 나무를 팔아 어머니를 봉양하였는데, 어느 날 장터에서 어떤 사람이『金剛經』읽는 소리를 듣고 출가할 뜻을 세워 어머니의 허락을 얻어 당 함형咸亨 때(670~674) 소양韶陽으로 갔다가 무진장無盡藏 비구니가『涅槃經』을 독송하는 소리를 듣고 그 뜻을 요해了解하였으며, 뒤에 제5조 홍인弘忍에게 찾아가서 8개월 동안 행자 노릇을 한 뒤 "보리가 본래 나무가 아니며, 맑은 거울 또한 거울이 아니다. 본래 아무 것도 없는데, 어디서 티끌이 생긴단 말인가?(菩提本無樹. 明鏡亦非臺. 本來無一物. 何處惹塵埃.)"라는 게송偈頌을 지어 불교의 이치를 터득했음을 보이자 홍인이 그에게 선법禪法을 전수하고 법의法衣를 주었다. 676년 남방으로 가서 교화를 펴다가 광동廣東 지방 조계산曹溪山에 들어가 정혜불이定慧不二를 설하고, 좌선보다 돈오법문頓悟法門(한꺼번에 깨닫는 가르침)을 크게 열어 견성성불見性成佛을 선양하였다. 무武 태후가 효화 황제의 글을 보내어 초청하였으나 병을 핑계 대고 가지 않았으며, 당나라 선천先天 2년 8월에 76세를 일기로 입적하였다. 동문수학한 신수神秀가 편 북종선北宗禪에 맞서 남종선南宗禪을 열었는데, 후세의 오가칠종五家七宗은 모두 남종선에서 발전하였다. 그의 뒤를 이어서 신회神會·혜충慧忠·현각玄覺·행사行思·회양懷讓 등이 남

종선을 더욱 발전시켰다. 제자 법해法海 등에 의해 편찬된 그의 어록 『六祖壇經』은 오늘날까지 선·교를 막론하고 귀중한 책으로 평가된다.

85 백장百丈(720~814) : 복건성福建省 장락현長樂縣 사람으로, 성姓은 왕王씨이고 백장百丈은 호이며 이름은 회해懷海이다. 20세에 서산 혜조에게 나아가 머리를 깎고 남악南嶽의 법조法照 율사에게 구계具戒를 받았다. 뒤에 마조를 참알하여 인가를 받고 홍주 신오계의 대웅산大雄山에 가람을 세워 그곳에 거주하면서 크게 종풍宗風을 선양하니, 납자衲子들이 사방에서 모여들어 마침내 그 절을 백장산 대지성수선사大智聖壽禪寺라 하고 대사를 백장 선사百丈禪師라 하였다. 814년(당 원화元和 9) 1월 17일에 나이 95세로 입적하였다. 821년(장경長慶 원년)에 황제로부터 '대지선사大智禪師'라는 시호諡號를 내려 받았다. 저서로『百丈淸規』1권과『語錄』1권,『廣錄』1권이 전한다.

86 마조馬祖(709~788) : 속성은 마馬씨이고 법명은 도일道一이다. 사천성泗川省 성도부成都部 십방什放에서 출생하였으며 어려서 출가하였다. 남악南嶽에게 가서 좌선하고 있는데 하루는 회양懷讓 선사가 묻기를 "무엇을 하고 있는가?" 하니, "좌선을 합니다." 하였다. 또 "좌선은 해서 무엇 하려는가?"라고 하니, "부처가 되려고 좌선하지요."라고 하였다. 그 다음 날 회양 선사가 도일의 앞에 가서 숫돌에 벽돌을 갈고 있었다. 도일이 이상하여 묻기를 "스님, 벽돌은 갈아서 무엇 하렵니까?"라고 하니, "거울을 만들려네."라고 하였다. "벽돌을 갈아서 어떻게 거울을 만들 수 있습니까?"라고 하니, "그래 앉아만 있으면 부처가 될 줄 아는가?"라고 하였다. "그럼 어떻게 해야겠습니까?"라고 하니, "우차牛車가 가지 않을 때에는 수레를 때려야 되겠는가, 소를 때려야 되겠는가? 선은 앉거나 눕거나 상관없는 것이며, 부처는 가만히 있는 것이 아니다. 다만 집착이 없고 취사取捨가 없는 것이 선이다."라고 하였다. 이 말을 듣고 크게 깨쳤다. 그의 법을 받아 가지고 강서성 남창부 종릉鍾陵 개원사開元寺에서 교화하니, 그의 법을 받은 제자가 139인이나 되었다. 그의 제자 남전 보원南泉普願에게서 신라의 도균道均 선사와 철감撤鑑 국사가 나왔다. 당唐나라 정원貞元 4년에 80세로 입적하였다.

87 황벽黃蘗(?~850) : 법명은 희운希運으로, 복건성 복주부 민현성에서 출생하였다. 어려서 신동이라 불렸고, 강서성 서주부 황벽산에 가서 출가하였다. 백장百丈 스님으로부터 마조馬祖의 '할喝'에 깨친 사연을 듣고 그 자리에서 크게 깨치고 나서 백장의 법을 이었다. 그 뒤 재상 배휴裵休의 청을 받고 여러 곳에서 교화하였으나, 가는 곳마다 산 이름을 처음 출가한 산 이름 그대로 '황벽산'이라 하였다. 선종宣宗이 그에게 '단제 선사斷際禪師'의 호를 내려 주었다 한다.

88 현장玄奘(602~664) : 중국 당唐나라 때의 학승. 낙주洛州 지방 출신. 속성은 진陳씨, 이름은 위禕다. 인도와 서역을 순례한 뒤『大唐西域記』를 저술하였으며, 그 밖에도 수많은 경론을 한역하여 대大역경가로서 이름을 떨쳤다.

89 육합六合 : 주 53 참조.

90 도안道安(314~385) : 동진東晋 시대 때 생존. 상산常山 부류扶柳 출신. 12세 때 출가하여, 불도징佛圖澄에게서 사사하였다. 385년 2월, 72세 때 입적했다. 세간에서는 '미천彌天 도안道安'이라 불렸다. 인도 경전의 번역 및 주석 작업과 한역 경전의 목록 작성, 승단의 규율 제정 따위로 중국 초기 불교를 개척하였다.

91 삼대절三大節 : 설날(元旦)·동지冬至·성탄일聖誕日을 말한다.

92 고명한 판별은~학자들과 부합하니 : 사마천司馬遷의『史記』에 "미천(도안 법사)의 안

• 523

목 높은 판단이 서역(인도)의 학자들과 부합된다.(彌天高判。暗符西域。)"라는 말로 미천 석도안을 소개하고 있다.

93 청량淸凉(?~839) : 화엄종華嚴宗의 제4조. 속성은 하후夏候씨이고 이름은 징관澄觀이며, 자는 대휴大休이다. 오대산 청량사에 있었으므로 '청량 대사'라 한다. 불교의 교학과 내외 백반의 학예를 널리 연구하였고, 주로 화엄에 관한 저술과 종의宗義를 밝히는 데 힘썼다. 796년(당 정원貞元 12)에 반야 삼장이 40권『華嚴經』을 번역하는 데 참여하고, 뒤에 그 소疏 10권을 지었다. 경을 내전에서 강하는데, 그 묘법이 임금의 마음을 청량케 했다 하여 덕종이 '청량 법사'라 하고 교수 화상敎授和上으로 삼았다. 헌종이 화엄법계의 뜻을 물어 활연히 깨닫고 '대통청량국사大統淸凉國師'의 호를 내려 주었다. 키가 9척 4촌이며, 손을 드리우면 무릎 아래까지 닿았다 한다. 당 9조 7제의 문사文師를 지내고 839년(당 개성 4) 3월 6일 나이 102세로 입적하였다. 또는 원화 때(806~820)에는 나이 70여 세로 입적하였다고도 한다. 저서는『華嚴經註疏』·『華嚴經隨疏演義鈔』·『華嚴略義』·『法界玄鏡』·『三聖圓融觀』등 4백여 권이 전한다. 사법제자가 백여 인으로 그 가운데 종밀宗密·승예僧叡·보인寶印·적광寂光을 '4철哲'이라 하였다. 『宋高僧傳』권5,『佛祖統紀』권29 참조.

94 오주사분五周四分 : 오주五周는 '오주인과五周因果'의 준말로『華嚴經』을 뜻에 따라서 다섯 개의 원인과 결과로 나눈 것이다. 즉 소신인과주所信因果周(1~6품)·차별인과주差別因果周(7~35품)·평등인과주平等因果周(36~37품)·성행인과주成行因果周(38품)·증입인과주證入因果周(39품)이다. 사분四分은『華嚴經』을 신信·해解·행行·증證의 네 가지로 내용을 분류한 것으로서 7처 9회 중 제1회를 거과권락생신분擧果勸樂生信分(信)이라 하고, 제2회부터 제7회까지를 수인계과생해분修因契果生解分(解)이라 하며, 제8회를 탁법진수성행분託法進修成行分(行)이라 하고, 제9회를 의인증입성덕분依人證入成德分(證)이라 하여 내용을 분류한 것이다.

95 육상십현六相十玄 : 화엄교학華嚴敎學의 중심 요지要旨는 법계연기法界緣起이며, 이 법계연기의 원리가 육상六相이다. '육상'이란 총상總相·별상別相·동상同相·이상異相·성상成相·괴상壞相을 말하는데 그 연원은『華嚴經』23권「十地品(六十華嚴)」에 있으며, 이 원리에 의거하여 연기緣起되는 실태實態를 말한 것이 곧 '십현十玄'이다.

96 조백 대사棗栢大師(635~730) : 하북河北 창주滄州(지금의 하북성河北省 창현滄縣) 출신으로 이통현李通玄 장자長者를 말한다. 송宋 휘종徽宗에게 '현교묘엄장자顯敎妙嚴長者'의 시호諡號를 받아, '이 장자李長者'라고도 불린다. 키가 7척 2촌에 이르렀으며 붉은 피부에 긴 수염 등 독특한 풍모를 지녔던 것으로 전해진다. 유교와 불교 서적에 두루 능통했으며, 특히『易經』에 대한 이해가 깊었다. 40여 세 무렵부터 불교 경전을 본격적으로 연구하기 시작했으며, 특히『華嚴經』연구에 몰두하였다. 당唐 측천무후則天武后 때인 695년부터 699년까지 실차난타實叉難陀가『華嚴經』을 80권으로 새로 번역했는데, 이통현은『華嚴經』의 한역漢譯을 바로잡았고, 719년에는 고산노高山奴의 집에 머무르며『華嚴經』에 대한 논서論書를 저술하였다. 당시 3년 동안 집을 나서지 않고 매일 대추 열 개와 잣나무 잎으로 만든 떡만 먹으며 저술에만 몰두하여, 사람들이 그를 '조백 대사棗栢大士'라고 불렀다고 전해진다. 그 뒤 태원太原 우양현盂陽縣의 방산方山에 흙으로 감실龕室을 짓고 거처하며『華嚴經』연구를 꾸준히 계속하여 마침내『新華嚴經論』40권을 완성하였다. 그리고 뒤이어『略釋新華嚴經修行次第決疑論』4권,

『華嚴經會釋論』7권,『解迷顯智成悲十明論』1권 등을 저술하였다. 그 밖에『十玄六相』·『百門義海』·『普賢行門』·『華嚴觀』·『十門玄義排科釋略』·『眼目論』등의 저술과 시부詩賦 등도 있었다고 하지만, 오늘날에는 전해지지 않는다. 730년 3월 28일에 96세의 나이로 죽었다고 전해지지만,『稽古略』에는 740년에 죽었다고 기록되어 있다.『新華嚴經論』등은 그가 죽은 뒤에 광초廣超와 도광道光의 필사筆寫로 전해졌고, 당 선종宣宗 때에 복주福州 개원사開元寺의 지녕志寧은 실차난타의『華嚴經』과 이통현의 논서를 합하여 120권으로 개편하였다. 이것을『華嚴經合論』이라고 한다. 이통현은 신역『華嚴經』에 대한 주석서를 처음으로 완성했을 뿐만 아니라, 법장法藏과 동시대의 인물이면서 그와는 구분되는 독특한 화엄학華嚴學을 제시하였다. 그의 해석은 화엄학의 발달에 크게 기여했을 뿐만 아니라, 고려의 의천·지눌 등의 사상에도 큰 영향을 끼쳤다.

97 구마라집鳩摩羅什(343~413) : ⓢ Kumārajīva. 인도 스님. 또는 '구마라집究摩羅什·구마라시바鳩摩羅時婆·구마라기바拘摩羅耆婆'라고도 하며, 줄여서 '라집羅什·집什'이라고도 한다. 의역하여 '동수童壽'라 한다. 구마라염鳩摩羅炎(Kumārāyana)을 아버지로, 구자국龜玆國 왕의 누이동생 기바耆婆(Jīvā)를 어머니로 구자국에서 태어났다. 부모의 이름을 합하여 그 이름으로 하였다. 7세 때 출가, 어머니를 따라 여러 곳에 돌아다녔다. 인도 북쪽의 계빈罽賓에서 반두달다槃頭達多에게 소승교를 배우고, 소륵국疏勒國에서는 수리야소마須梨耶蘇摩에게 대승교를 배우고, 구자에 돌아와서는 비마라차卑摩羅叉에게 율을 배웠다. 이때부터 구자에 있으면서 주로 대승교를 선포하였다. 383년(건원 19) 진왕秦王 부견符堅이 여광呂光을 시켜 구자국을 치게 되자, 여광은 구마라집을 데리고 양주凉州로 왔으나 부견이 패하였다는 말을 듣고 자기가 임금이 되었다. 그 뒤 후진後秦의 요흥姚興은 양凉을 쳐서, 401년(융안 5) 구마라집을 데리고 장안長安에 돌아와서 국빈으로 대우, 서명각西明閣과 소요원逍遙園에서 여러 경전을 번역케 하였다. 구마라집은 그 후『成實論』·『十誦律』·『大品般若經』·『妙法蓮華經』·『阿彌陀經』·『中論』·『十住毘婆沙論』등 경률론 74부 380여 권을 번역하였다. 다방면에 힘썼으나 그중에도 힘을 기울인 것은 삼론三論 중관中觀의 불교를 선전하였으므로, 그를 '삼론종三論宗의 조사祖師'라 한다. 그 제자 3천 명 가운데 도생道生·승조僧肇·도융道融·승예僧叡를 '집문什門의 4철哲'이라 한다. 413년(후진 홍시 15) 8월 장안의 대사大寺에서 71세에 입적하였다.『出三藏記集』권12~권14,『高僧傳』권2,『開元釋敎錄』권4,『晉書』권95 참조.

98 불도징佛圖澄(232~348) : 인도 구자국龜玆國 스님, 속성은 백帛씨. 어려서 출가하여 경문經文 수백만 자를 외우고 문리文理에 통달하였다. 310년 중국 낙양洛陽에 와서 대법大法을 펴기 위하여 여러 가지 신이神異한 일을 나타내어 교화하였다. 그때 후조後趙의 석륵石勒이 귀의하여 '대화상大和尙'이라 일컬으며 아들을 보내어 양육케 하였다. 석륵이 죽고 석호石虎가 왕이 되자 스승으로 섬기며 대전大殿에 올라 정사政事에 참여케 하였다. 348년(건무建武 14) 12월에 업궁사業宮寺에서 입적하였다. 나이 117세. 문하에 승랑僧郞과 도안道安이 특히 뛰어나다.『晉書』「列傳」,『高僧傳』권9 참조.

99 광명을 합하여 : '합벽슴璧'의 원뜻은 해·달·별이 구슬 꿰듯이 나란히 늘어서는 시기를 말하는데, 여기서는 분명하기가 해와 달의 빛을 합해서 드날리는 것 같음을 의미한다.

100 마치 솜을 빨듯(洴澼絖) : 자세한 내용은『莊子』「逍遙遊」편에 있다. 혜자惠子와 장자의 대화 중 장자는 "송宋나라 사람 가운데 손을 트지 않게 하는 약을 잘 만드는 사람

• 525

이 있었네. 이 약을 손에 바르고 빨래하는 일을 대대로 하고 있었지.(宋人有善爲不龜手之藥者。世世以洴澼絖爲事。)"라고 하였다. 다만, 『莊子』 원문에는 '纊'이 '絖'으로 되어 있다.

101 **규봉圭峰**(780~841) : 법명은 종밀宗密이고, 속성은 하何씨이다. 젊어서는 유교를 배웠고 28세에 과거 보러 가다가 수주 도원遂州道圓 선사를 만나 출가하여 참선하였다. 어느 날 신도의 재齋에 가서 『圓覺經』을 읽다가 깨쳤다. 그 뒤 징관澄觀에게 『華嚴經』의 깊은 이치를 전해 받아 화엄종의 5조가 되었으나, 항상 선禪과 교敎의 일치를 주장하였다. 저술로는 『圓覺經大疏』 3권과 『圓覺經釋義抄』 13권, 『華嚴經綸貫』 15권, 『禪源諸詮集都序』 2권, 『起信論疏』 4권, 『圓覺道場修證儀』 18권 등 모두 2백여 권이 있다. 당唐나라 회창會昌 1년에 62세로 입적하였다.

102 **장수長水**(965~1038) : 중국 송宋나라 스님 자선子璿. 수주秀州 사람이다. 처음 수주 홍민秀州洪敏에게 『楞嚴經』을 배우고, 낭야 혜각瑯耶慧覺을 뵙고 깨달음을 얻었다. 그 뒤 장수長水에 있으면서 『華嚴經』의 뜻을 크게 떨쳤다. 당唐나라 규봉圭峯 이후의 고승高僧으로 추앙받는데, 저서로는 『楞嚴經』과 『起信論義記』에 대한 주석서가 있다.

103 **지자智者**(538~597) : 중국 수隋나라 스님 지의智顗. 천태종天台宗의 개조開祖로서 자는 덕안德安이다. 속성은 진陳씨이고 형주荊州 화용현華容縣 사람이다. 18세 때 과원사果願寺에서 법서法緖에게 출가하였다. 혜광惠曠에게 율학律學과 대승교大乘敎를 배우고, 560년(진陳나라 천가天嘉 1)에 광주廣州 대소산大蘇山의 혜사慧思를 찾아가서 심관心觀을 받았다. 30세에 혜사의 명으로 금릉金陵에서 전도傳道하다가 32세에 와관사瓦官寺에서 『法華經』을 강하였다. 38세에 천태산에 들어가 수선사修禪社를 창건하고, 『法華經』을 중심으로 불교를 통일하여 천태종을 만들었다. 585년(수隋나라 개황開皇 5)에 다시 금릉에 가서 진소주陳少主의 청으로 태극전太極殿에서 『智度論』・『法華經』을 강설하였다. 591년 여산廬山에 있으면서 진왕 양광楊廣에게 보살계를 주고, '지자대사智者大師'의 호를 받았다. 당양현에 옥천사玉泉寺를 창건하고 『法華玄義』・『摩訶止觀』 등을 강하였다. 개황 17년 천태산 석성사石城寺에서 나이 60세로 입적하였다. 후주後周 세종世宗이 '법공보각존자法空寶覺尊者'라는 시호諡號를, 송宋나라 영종寧宗이 '영혜대사靈慧大師'라는 시호를 내렸다. 살아 있을 때에 절과 탑을 세운 것이 36곳이요, 불상을 조성하기를 80만, 대장경 쓰기를 15장藏에 달하며, 법을 전한 제자가 32인이다. 장안 관정章安灌頂이 그 상수 제자이다. 저서로는 『法華玄義』・『法華文句』・『摩訶止觀』・『觀音玄義』・『觀音義疏』・『金光明玄義』・『金光明文句』・『觀無量壽經疏』 등 30여 부가 있다. 대부분의 저술은 관정이 필수筆授한 것이다.

104 **천연天然**(739~824) : 당唐대 스님으로 석두 희천石頭希遷의 법사法嗣이다. 그는 장안長安에 관리가 되려고 갔다가 한 선승禪僧을 만나 담화를 나눈 뒤, 마조馬祖에게 찾아가서 승려가 된 뒤에 석두의 법을 이었다. 그가 낙양洛陽의 혜림사慧林寺에 머물 때 추운 겨울날 법당의 목불木佛을 꺼내 불을 지피자 원주院主가 말하기를 "어찌 그럴 수가 있느냐?" 하니, 선사가 답하기를 "나는 부처님을 태워서 사리舍利를 얻으려고 하오."라고 하였다. 그러자 원주는 "목불인데 어찌 사리가 있겠는가?"라고 하니, 선사가 말하기를 "사리가 안 나올 바에야 나무토막이지 무슨 부처이겠는가?"라고 하였다. 말년에 그는 등주鄧州 단하산丹霞山에 살다가 86세에 문인들에게 목욕하게 하고 갓 쓰고 지팡이를 들고 나앉으며, "자, 나는 간다. 신을 신겨 다오." 하고는

신 한 짝을 발에 걸친 채 땅에 내려서는 순간 입적하였다.『宋高僧傳』권11,『祖堂集』권4,『傳燈錄』권14,『五燈會要』권19,『五燈會元』권5 참조.

105 대혜大慧(1089~1163) : 법명은 종고宗杲이고 자는 대혜大慧이며, 법호는 호선好善이다. 열일곱에 출가하여 선주宣州의 명교明敎 선사에게서 깨쳤다. 조동종曹洞宗의 장로들을 많이 찾아다니다가 변경汴京(북송北宋의 서울. 현재의 河南省 開封)의 천녕사天寧寺에서 원오圜悟 선사의 법을 받아 가지고 경산徑山 능인사能仁寺에서 크게 교화하였다. 1141년에 나라의 정사를 비판했다는 혐의로 승적僧籍에서 제명되고 유배되었다가, 10여 년 만에 석방되었다. 이후 75세로 입적하였다. 저술로는『五法眼藏』6권,『大慧語錄』30권,『法語』3권,『大慧普覺禪師普說』5권,『宗門武庫』1권,『書狀』2권 등이 있고, 법을 이은 제자가 90여 명이나 되었다. 교화한 가운데 특히 애쓴 것은 천동정각天童正覺이 주장한 묵조선默照禪를 격파하고 활구선活句禪을 강조한 것이다.

106 고봉高峰(1238~1295) : 원元나라 때 스님으로 남악南嶽 문하 제21세 설암 조흠雪巖祖欽의 제자이다. 속성은 서徐씨이고 휘諱는 원묘原妙이며, 소주蘇州 오강吳江 사람이다. 15세에 출가하였고 18세에 천태교天台敎을 공부하다가, 20세에 정자사淨慈寺에 들어가 3년을 기한으로 삼아 단교斷橋 화상에게 묻고 북간사北磵寺로 가서 설암을 처음으로 참방하였다. 1261년 삼탑사三塔寺에서 깨달아 설암의 법을 이었다. 1279년에 천목산天目山 서봉西峰에 거주하면서 선풍禪風을 드날려 수백 명의 제자를 길렀다. "올 때도 죽음의 관문에 들어오지 않았고, 갈 때도 죽음의 관문을 벗어나지 않았도다. 무쇠 뱀이 바다를 뚫고 들어가 수미산을 쳐 무너뜨리네.(來不入死關。去不出死關。鐵蛇鑽入海。撞倒須彌山。)"라는 임종게를 남기고 좌망坐亡하였다. 저서는 『高峰語錄』1권이 있다.

107 태전太顚(732~824) : 선사는 석두石頭 화상의 법을 이었고, 조주潮州에서 살았다. 그 외는 자세한 기록이 없어 상고할 수가 없다.

108 선각善覺 : 생몰 연대나 자세한 기록을 알 수 없으나, 당唐나라 때 배휴裵休(791~870) 정승과 교분이 있었다는 점으로 미루어 보아 활동 시기를 대충이나마 짐작하여 알 수 있다. 선각 스님은 늘 대공大空과 소공小空이라는 호랑이 두 마리를 시자侍者로 데리고 다녔다고 한다.

109 황벽黃蘗 : 주 87 참조.

110 조주趙州(778~897) : 남전 보원南泉普願의 제자. 당唐대의 산동성山東省 조주부曹州府 출신으로, 속성은 학郝씨이고 법명은 종심從諗이다. 어려서 조주의 호통원扈通院으로 출가하여 남전 보원에게 가니 남전이 마침 누워 있다가, "어느 곳에서 왔는가?" 하고 묻자 "서상원瑞像院에서 왔습니다."라고 대답하였다. 남전이 다시 "상서로운 형상(瑞像)을 보았는가?" 하자 대답하기를 "상서로운 형상은 보지 못했고 누워 있는 부처를 보았습니다."라고 하였다. 남전이 다시 "너는 주인이 있는 사미냐, 주인이 없는 사미냐?" 하고 물으니 대답하기를 "주인이 있는 사미입니다."라고 대답하였다. 다시 "주인이 어디 있느냐?" 하고 묻자 조주가 대답하기를 "동짓달이 매우 춥사온데 체후體候 만복萬福하시나이까?" 하니 입실을 허락하였다. 또 황벽黃蘗·보수寶壽·염관鹽官·협산夾山 등을 80세가 되도록 두루 참방參訪하였다. 대중들의 청에 의해 조주의 관음원觀音院에 거주하면서 40여 년을 독자적인 선풍을 드날렸다. 그는 학인을 제접하는 방편이 뛰어나 많은 공안이 있다. 897년(당唐나라 소종昭宗 건녕乾寧 4)

에 120세로 입적하였다. 시호諡號는 '진제대사眞際大師'이고, 『眞際大師語錄』(趙州錄) 3권이 남아 있으며, 그의 교화가 크게 떨쳐 '조주고불趙州古佛'이라 일컬어졌다. 『宋高僧傳』 권11, 『祖堂集』 권18, 『傳燈錄』 권10, 『會要』 권6, 『五燈會元』 권4 참조.

111 고추古錐 : '묵은 송곳'이란 뜻이니, 덕이 높은 이는 아무리 숨어 있어도 그 덕화德化가 밖으로 나타나게 마련인 것이 마치 송곳을 아무리 주머니 속에 깊이 두어도 언젠가는 그 끝이 밖으로 나오는 것과 같다는 뜻이다. 따라서 덕이 높은 스님을 가리키는 말이다.

112 혜원惠遠(慧遠, 334~416) : 염불의 결사結社인 백련사白蓮社의 개조開祖. 속성은 가賈씨이고, 시호諡號는 변각辨覺 또는 원오圓悟라 한다. 산서성山西省 영무寧武 출생. 여산廬山에 살았기 때문에 '여산 혜원廬山慧遠'이라고 불러 수隋대 지론종地論宗의 학장學匠인 정영사淨影寺의 혜원慧遠과 구별하고 있다. 장안長安에 온 구마라집鳩摩羅什과 불교 교의에 대하여 문답하고, 불자는 제왕을 예배할 필요가 없다고 주장하여 『沙門不敬王者論』을 저술, 국가 권력에도 저항하였다. 또 승가바제僧伽婆提에게 청하여 『阿毘曇心論』·『三法度論』을 재번역케 하고, 담마류지曇摩流支로 하여금 『十誦律』을 완역하게 하는 등 중국 불교를 학문적으로 확립한 사람이다.

113 일행一行(683~727) : 본명은 장수張遂로, 지금의 하남성河南省에 위치한 위주魏州의 창락昌樂에서 태어났다. 어려서부터 총명하여 경사經史와 역상歷象, 음양오행의 학문에 정통하였다. 출가하여 숭산嵩山의 보적 선사普寂禪師에게 선요禪要를 배웠고, 지금의 호북성湖北省인 형주荊州 상양산常陽山의 오진悟眞에게서 율장律藏을 배웠다. 그 뒤 천태산天台山에 올라가 천태종天台宗의 진리를 터득하였다. 716년과 720년에 선무외善無畏와 금강지金剛智가 인도에서 당唐나라로 와서 밀교경전 번역 사업을 시작하였는데, 일행은 선무외로부터 밀교를 전수받고 그를 도와 『大日經』을 번역하였다. 또, 선무외의 지도를 받으면서 『大日經疏』 20권을 완성하였다. 717년 현종玄宗의 부름을 받고 장안長安에 갔는데, 현종은 그로부터 많은 영향을 받고 밀교에 귀의하였다. 721년 이순풍李淳風이 만든 인덕력麟德曆에 의한 일식의 예보가 자주 틀리게 나오자 현종은 일행에게 신력新曆을 편찬하도록 명하였다. 일행은 먼저 양영찬梁令瓚과 협력하여 황도유의黃道遊儀를 만들어 태양·달·5행성의 운행 및 항성의 위치를 측정하였다. 또, 수력으로 움직이는 천구의天球儀를 제작하였다. 723년부터는 남궁설南宮說과 더불어 대규모의 자오선 측정을 실시하여 1도가 당唐나라의 척도로 351리 80보(123.7km²)에 해당한다는 결과를 얻었다. 724년에 역법曆法 개편 작업을 시작하여 역법에 역易의 형이상학을 결부한 『大衍曆』 52권을 완성하였다. 이 역법에 의하여 계산된 태음력은 그의 사후인 729년부터 전국에 배포되었다. 일행은 일대의 영재로서 존경을 받았으나 45세의 젊은 나이에 죽었다. 현종이 직접 탑록塔錄을 썼다고 한다. 일행은 밀교사상 위대한 업적을 남긴 사람이지만, 현대 중국에서는 오히려 천문역법의 과학자로서 높이 평가되고 있다. 시호諡號는 '대혜선사大慧禪師'이다.

114 도선道詵(827~898) : 통일신라 시대의 승려로 혜철惠徹에게서 무설설무법법無說說無法法을 배웠다. 그의 음양지리설, 풍수상지법風水相地法은 조선에 이르기까지 민족의 가치관에 큰 영향을 끼쳤다. 저서에 『道詵秘記』 등이 있다.

115 지공指空(?~1363) : 인도 스님. 제납박타提納薄陀(Dhyānabhadra)를 말하며 '선현禪

賢'이라 번역한다. 호가 지공指空이다. 가섭존자迦葉尊者로부터 108대 선사이며, 인도 마갈타국 만왕滿王의 제3 왕자이다. 8세에 나란타사 율현律賢에게 출가하였다. 19세에 남인도 능가국 길상산 보명普明에게 참배하여 의발을 전해 받고, 서역을 떠나 중국에 이르렀다. 1328년(고려 충숙왕 15)에 우리나라에 와서 금강산 법기도량法起道場에 예배하였고, 7월에 연복정延福亭에서 계를 설하고, 곧바로 연도燕都에 돌아가 법원사法源寺를 짓고 머물다가, 지정至正 23년 귀화방장貴化方丈에서 입적하였다. 1368년에 다비茶毘한 후 대사도大司徒 달예達叡가 유골을 받들고 우리나라에 오자, 1372년(공민왕 21) 그 부도를 양주 회암사에 세웠다.『于悲捉沙毘左野陀羅尼』외 2부를 번역하였다.

116 나옹懶翁(1320~1376) : 고려 말의 고승高僧. 법명은 혜근慧勤이고, 속성은 아牙씨이다. 속명은 원혜元惠, 호는 나옹懶翁 또는 강월헌江月軒이다. 선관서령膳官署令 서구瑞具의 아들이다. 21세 때 친구의 죽음으로 인하여 무상을 느끼고, 공덕산 묘적암妙寂庵에 있는 요연 선사了然禪師를 찾아가 출가하였다. 그 뒤 전국의 이름 있는 사찰을 편력하면서 정진하다가, 1344년(충혜왕 5) 양주 천보산 회암사檜巖寺에서 대오大悟하였다. 1347년(충목왕 3) 원나라로 건너가서 연경燕京 법원사法源寺에 머물렀다. 그곳에서 인도승 지공指空의 지도를 받으며 4년 동안 지내다가, 1358년(공민왕 7)에 귀국하였다. 1371년(공민왕 20)에 왕으로부터 금란가사金襴袈裟 등을 하사받고 '왕사王師 대조계종사大曹溪宗師 선교도총섭禪敎都摠攝 근수본지勤修本智 중흥조풍重興祖風 복국우세福國祐世 보제존자普濟尊者'에 봉해졌다.

117 북면北面 : 북쪽을 향함, 즉 북면은 신하가 임금을 대하는 예이다. 임금은 반드시 남쪽을 향하여 앉으므로 신하는 북쪽을 향하여 예를 올리는 데서 유래한 말이다.

118 무학無學(1327~1405) : 고려 말기 조선 초기의 큰스님. 법명은 자초自超이다. 속성은 박朴씨이고 삼기三岐 사람이다. 당호堂號는 계월헌溪月軒. 18세에 소지小止에게 출가하여 승려가 되었다. 용문산 혜명慧明 국사에게 법을 묻고, 진주鎭州 길상사와 묘향산 금강굴로 다니면서 공부하였다. 고려 공민왕 때 연도燕都에 가서 지공指空을 뵙고, 다음 해 법천사에 나옹懶翁을 찾으니 매우 소중히 대하였다. 그 뒤 무령산과 오대산 등으로 다니다가 서산 영암사에서 나옹을 만나 몇 해를 함께 지내고 1356년에 돌아왔다. 몇 년 뒤에 천성산 원효암에 돌아와 있던 나옹을 찾아가 뵈었더니, 불자拂子를 주었고 오래지 않아 의발을 전해 받았다. 1364년 나옹이 회암사에서 낙성회落成會를 베풀 때에 스님을 청하여 수좌首座를 삼았다. 나옹이 죽은 뒤에는 여러 곳으로 다니면서 자취를 감추고, 고려 말년에 왕사王師로 봉해졌으나 사퇴하였다. 1392년(조선 태조 1), 태조는 그를 송경松京으로 청하여 왕사를 삼고, '대조계종사大曹溪宗師 선교도총섭禪敎都摠攝 전불심인傳佛心印 변지무애辯智無碍 부종수교扶宗樹敎 홍리보제弘利普濟 도대선사都大禪師 묘엄존자妙嚴尊者'라 호하고, 회암사에 머물게 하였다. 1393년부터 왕도王都 옮길 곳을 고를 적에 계룡산과 한양으로 같이 다녔다. 1398년 늙음을 평계로 하직하고, 용문사·회암사·금강산·진불암 등으로 다니다가 태종 5년 4월 금장암에서 나이 79세, 법랍 61세를 일기로 입적하였다. 서산西山이 지은『釋王寺記』에는 태조가 왕이 되기 전에 설봉산 토굴에서 무학을 만나 꿈 해석을 하고, 이 자리에 절을 짓고 3년 기한으로 오백성재五百聖齋를 베풀라 하므로, 태조가 그곳에 석왕사를 짓고 그대로 하였다 한다.

119 중금重金 : 금대金帶에 패어佩魚까지 차는 고관의 복식服飾을 말한다.
120 아도阿度 : 고구려 스님. 아도阿道·아도我道·아두阿頭. 어머니는 고도령高道寧. 240~248년(위魏나라 정시正始 연중)에 위魏나라 사람 아굴마我崛摩가 왕명으로 고구려에 왔다가 고도령과 통정하여 아도가 태어났다. 5세에 출가. 16세에 위나라에 가서, 아굴마를 만나고 현창玄彰에게 수학하였다. 19세에 귀국하여 다시 어머니 명으로 신라에 가서 왕성王城의 서리西里에 거주하였다. 263년(신라 미추왕 2)에 궁궐에 나아가 불교 선전하기를 청하다가 그때 사람들의 미움을 받고 속림續林(일선현一善縣) 모록毛祿(모례毛禮)의 집에서 3년 동안 은거하였다. 마침 공주가 병이 나서 사방으로 의사를 구할 때에, 스님이 왕성에 들어가 병을 치료하니 왕이 기뻐하며 절을 짓고 불교를 일으키게 하였다. 그때 신라 풍속이 검소하여 초가로 흥륜사興輪寺를 처음 짓고 스님이 설법하니 하늘 꽃이 떨어졌다 한다. 모례의 누이 사씨史氏도 비구니가 되어 삼천기三川岐에 영흥사永興寺를 지었다. 후에 미추왕이 죽으니, 백성들이 스님을 해치려 하므로 모례의 집에 돌아와서 무덤을 만들고 들어가 다시 나타나지 아니하였다. 『三國遺事』·『三國史記』에는 아도가 신라 소지왕 때 시자 3인을 데리고 일선군 모례 집에 가서 있다가 수년 후에 병 없이 죽었고, 시자 3인은 경률을 강독하니, 가끔 믿는 이가 있었다고 하였다.
121 방포方袍 : 비구比丘가 입는 세 종류의 가사袈裟를 말하는데, 모두 네모진 옷이므로 이렇게 칭한다.
122 자장慈藏(590~658) : 신라 스님. 속성은 김金씨, 속명은 선종善宗이다. 신라의 진골眞骨 소판무림蘇判茂林의 아들. 부모를 여의고 세상을 싫어하여 처자를 버리고 땅을 내놓아 원녕사元寧寺를 만들고 고골관枯骨觀을 닦았다. 선덕여왕이 정승을 삼으려 불렀으나, "하루 동안 계를 지니다 죽을지언정, 계를 파하고 백 년 살기를 원치 않노라."라고 하며 응하지 않았다. 636년(선덕여왕 5)에 제자 승실僧實 등 10여 인을 데리고 당唐나라 청량산에 가서 문수보살상 앞에 기도하고 가사袈裟와 사리舍利를 받았다. 643년 장경藏經·당번幢幡·화개華蓋 등을 가지고 돌아와 분황사芬皇寺에 있으면서 왕궁에서 대승 경론을 강하며 황룡사皇龍寺에서 보살계본菩薩戒本을 설하니, 나라에서 대국통大國統을 삼아 승려들의 일체 규법을 맡게 하였다. 통도사通度寺를 창건, 계단戒壇을 세워 가사와 사리를 모시고 사부대중을 교화하였으며, 여러 곳에 절과 탑을 세웠다. 649년(진덕여왕 3)에는 임금께 말하여 당나라 복식을 따르게 하고, 650년부터는 신라의 연호年號를 폐하고 당나라 연호를 쓰도록 하였다. 그 뒤에는 강릉군에 수다사水多寺를 창건하면서 『諸經戒疏』 10여 권과 『出觀行法』 1권을 지었다. 당나라에서 공부하고 돌아온 원승圓勝이 스님을 도와서 율부律部를 넓혔고, 태백산에 석남원石南院(지금의 정암사淨巖寺)을 창건하였다. 남산 율종南山律宗의 우리나라 개조開祖이다. 『四分律羯磨私記』·『十誦律木叉記』·『阿彌陀經疏』·『阿彌陀經義記』 등의 저서가 있다.
123 원효元曉(617~686) : 신라 스님. 이름은 서당誓幢, 속성은 설薛씨이다. 잉피공仍皮公의 손자이자, 담내내말談㮈乃末의 아들이다. 압량군(장산) 남불지촌南佛地村의 북쪽, 율곡栗谷 사라수娑羅樹 아래에서 태어났다. 출가(29세에 황룡사皇龍寺에서 출가하였다고도 함)할 때 집을 희사하여 절을 만들고, 여러 곳을 다니면서 교리를 연구하였는데, 글을 잘 하고 변론이 놀라웠다. 하루는 장안 거리로 다니면서 "자루 없는 도

끼를 빌려주면, 하늘 받칠 기둥을 찍으련다.(誰許沒柯斧。我斫支天柱。)"라고 크게 외쳤다. 무열왕이 듣고 "이는 귀부인을 얻어 훌륭한 아들을 낳겠다는 것이니, 나라에 큰 성현이 있으면 그보다 이로움이 없으리라." 하고, 사신을 보내어 원효를 맞아 과공주寡公主의 요석궁瑤石宮에 들게 하였다. 사신이 스님을 문천蚊川의 다리에서 만나 일부러 물에 떠밀어 옷을 젖게 하여 스님을 맞아 궁으로 모시고 왔다. 스님은 젖은 옷을 말리느라고 유숙케 되었다. 뒤에 공주는 아들을 낳았으니 그가 곧 설총薛聰이다. 그 후부터 파계파계하였다고 속복으로 바꾸어 입고 '소성 거사小性居士'라 자칭하였다. 우연히 광대들이 가지고 노는 큰 박을 보고 도구를 만들어 '무애無碍'라 이름 짓고, 촌락으로 다니면서 춤추고 노래하였다. 일찍 분황사芬皇寺에 있으면서 『華嚴經疏』를 지어 제40권 「十廻向品」에 이르러 그만두었고, 또 『金剛三昧經疏』 5권을 지었다가 도적에게 빼앗기고, 다시 『略疏』 3권을 지어 황룡사에서 강설하였다. 『略疏』는 중국에서 유행되어 『金剛三昧經論』이라 한다. 신문왕 6년 3월 30일 혈사穴寺에서 나이 70세로 입적하였다. 『指月錄』에는 "원효가 당唐나라에 가서 도를 구하려고 여러 곳으로 다니다가 어느 날 밤에 무덤이 많은 데서 잤다. 자다가 목이 말라 물을 찾다가 어떤 구멍에서 물을 얻어먹었더니 시원하기가 비길 데 없었다. 아침에 깨어 보니 해골바가지에 있는 물이었다. 이때 크게 깨닫고는 말하기를 '마음이 나면 여러 가지 법이 나고 마음이 없어지면 여러 가지 법이 없어진다 하더니, 마음이 없으면 해골도 없는 것이로구나. 부처님 말씀에 삼계가 마음뿐이라 하셨으니 어찌 나를 속였으랴!' 하고 본국으로 돌아왔다."라고 하였다. 고려 숙종 6년에는 '대성화쟁국사大聖和諍國師'라 시호諡號가 내려졌다. 저서에 『華嚴經疏』10권, 『華嚴經宗要』1권, 『華嚴經綱目』1권, 『涅槃經疏』5권, 『大般涅槃經宗要』1권, 『法華經宗要』1권, 『法華要略』1권, 『法華經略述』1권, 『法華經方便品料簡』1권, 『無量義經宗要』3권, 『入楞伽經疏』7권, 『楞伽經宗要』1권, 『維摩經疏』3권, 『維摩經宗要』1권, 『金光明經疏』8권, 『般若三昧經疏』1권, 『金剛般若經疏』3권, 『般若心經疏』1권, 『大慧度經宗要』1권, 『金剛三昧經論』3권, 『金剛三昧經記』, 『金剛三昧經私記』, 『勝鬘經疏』2권, 『不增不減經疏』, 『般舟三昧經疏』, 『般舟三昧經略記』1권, 『解深密經疏』3권, 『大無量壽經疏』, 『大無量壽經宗要』1권, 『大無量壽經私記』1권, 『小阿彌陀經疏(일명 소무량수경소)』1권, 『小阿彌陀經通讚疏』2권, 『小阿彌陀經義疏』, 『彌勒上生經疏』, 『彌勒上生經宗要』1권, 『方廣經疏』1권, 『梵網經疏』2권, 『梵網經宗要』1권, 『梵網經略疏』1권, 『菩薩戒本私記』, 『菩薩戒本持犯要記』1권, 『瓔珞本業經疏』3권, 『瓔珞本業經別記』2권, 『四分律羯磨疏』4권 등이 있다.

124 일관一貫 : 『論語』「里仁」에서 "나의 도는 하나로써 모든 것을 꿰뚫느니라.(吾道一以貫之)"라고 한 말에서 나온 것으로, '일이관지一以貫之'의 준말이다. 즉, 한 이치로써 모든 일을 꿰뚫음을 일컫는다.

125 구류九流 : 한漢나라 때의 아홉 종류의 학파. 유가류儒家流·도가류道家流·음양가류陰陽家流·법가류法家流·명가류名家流·묵가류墨家流·종횡가류縱橫家流·잡가류雜家流·농가류農家流 등이다.

126 하늘을 이야기할 만한 말(談天之辯) : '담천조룡지변談天彫龍之辯'의 준말로 천상天象을 말하는 것처럼 망막하고 용을 조각한 것과 같이 화려한 변설辯舌이라는 뜻으로, 언변言辯이 굉박宏博함을 이른다.

127 의상義湘(625~702) : 신라 스님. 속성은 김金씨로, 644년(선덕여왕 13)에 황복사皇福

寺에서 출가하였다. 당唐나라의 불교가 성함을 듣고, 650년 원효와 함께 중국에 가려고 요동까지 가서, 원효는 무덤 사이에서 자다가 해골에 고인 물을 먹고 유심唯心의 도리를 깨달아 돌아오고, 스님은 당나라에 갔다는 설화가 전해진다. 처음 양주에 있다가 662년 종남산 지상사至相寺 지엄智儼에게서 현수賢首와 함께『華嚴經』을 연구하였다. 신라의 사신 김흠순金欽純을 당나라에서 가두고 신라를 치려 하자, 스님이 670년 본국에 돌아와 그 사실을 보고하였는데, 왕이 신인종神印宗의 명랑明朗 법사를 청하여 기원을 드리자 무사하였다. 676년(문무왕 16) 태백산에 부석사浮石寺를 창건, 현수가『華嚴搜玄記』를 짓고 부본副本을 보내면서 편지한 것이 지금 유전된다. 화엄종의 10찰刹을 짓고,『華嚴經』을 널리 전하였다. 태백산 부석사, 원주 비마라사毘摩羅寺, 가야산 해인사海印寺, 비슬산 옥천사玉泉寺, 금정산 범어사梵魚寺, 지리산 화엄사華嚴寺 등에 주석하였다. 저서로『華嚴一乘法界圖』・『入法界品抄記』・『大華嚴十門看法觀』・『白華道場發願文』 등이 있다. 성덕왕 1년, 나이 78세로 입적하였다. 해동 화엄종의 초조初祖이며, 제자로는 오진悟眞・지통智通・표훈表訓・진정眞定・진장眞藏・도융道融・양원良圓・상원相源・능인能仁・의적義寂 등이 유명하다.

128 윤필尹弼 : 관악산 삼막사三幕寺 사적에 "신라의 원효・의상・윤필이 집을 짓고 도를 닦았으므로 산 이름을 삼성산三聖山이라고 한다."라고 하였다.

129 무착無著 : 4세기 때 북인도 바라문 출신의 유식불교의 대성자. ⓢ Asaṅga. 음역해서 '아승가阿僧伽'라고 부르고, '무착無着' 혹은 '무장애無障礙'로 의역하기도 한다. 원래 3형제인데 첫째가 무착이고 둘째가 세친世親이다. 세친은 바로 유명한 불교학자로 '바수반두婆藪槃豆'라 부른다. 형제가 모두 불교교학의 대단한 업적을 남겼다. 무착도 처음에는 설일체유부說一切有部에 출가해서 소승 공관空觀을 공부했다. 그러나 만족하지 못하자 신통력을 발휘해 도솔천으로 올라갔다. 미륵보살을 만나기 위함이었다. 여기에서 대승 공관을 배웠다. 생각하면 불가사의한 일이 아닐 수 없다. 자칫하면 혹세무민惑世誣民한다는 소리도 들을 수 있는 상황인 것이다. 원래 종교란 신비주의와 어느 정도 어우러지게 되어 있다. 이러한 사실을 사람들이 믿을 리 없었다. 그러자 미륵이 직접 내려와서『十地經』을 설했다고 한다. 그때부터 사람들이 믿기 시작했다는 것이다. 역시 종교는 이적異蹟과 신비가 뒤따라야 한다. 이후 무착은 소승에 빠져 있던 동생 세친을 대승으로 인도했다. 이것만으로도 무착의 공덕은 헤아릴 수 없는 것이다. 75세까지 살다가 왕사성王舍城에서 입적했다고 한다. 저서로는『瑜伽師地論』・『攝大乘論』・『顯揚聖敎論』・『金剛般若經論』・『順中論』・『大乘阿毘達磨集論』 등이 있다. 참고로 이 대목은 고려 시대 인물이 소개되는 자리로서 무착을 인도 스님으로만 보기에는 약간의 의문이 따른다. 편제가 뒤섞여 있거나 혹 다른 인물일 가능성도 없지 않다.

130 대각大覺(1055~1101) : 고려 스님. 이름은 후煦, 자는 의천義天. 문종의 넷째 아들. 교선일치敎禪一致를 역설하며 천태종天台宗을 개창하였다. 저서에『新編諸宗敎藏總錄』과『釋苑詞林』등이 있다.

131 일선一禪(1488~1568) : 조선 시대 스님. 호는 휴옹休翁이고 당호堂號는 경성慶聖(敬聖) 또는 선화자禪和子이다. 속성은 장張씨이고 울산 출신이다. 어려서 부모를 여의고 13세에 출가, 단석산의 해산海山을 3년 동안 섬기고 16세에 구족계具足戒를 받았다. 24세에 묘향산에서 고행하고, 지리산의 벽송 지엄碧松智儼에게 밀지密旨를 얻

었다. 금강산 표훈사·천마산·오대산·백운산·능가산 등지를 유행하였으며, 1564년 묘향산 보현사普賢寺 관음전에 머물 때에는 고사석덕高士碩德이 팔방에서 운집하였다. 1568년(선조 1)에 나이 81세, 법랍 65세로 입적하였다. 참고로 이 대목은 고려 시대 인물이 소개되는 자리로서 조선 스님이 여기에 소개되는 것에 약간의 의문이 따른다. 편제가 뒤섞여 있거나 혹 다른 인물일 가능성도 없지 않다.

132 보조普照(1158~1210) : 고려의 승려로 호는 목우자牧牛子, 법명은 지눌知訥. 속성은 정鄭씨이고 경서京西의 동주洞州 사람이다. 불자의 수행법으로 돈오점수頓悟漸修와 정혜쌍수定慧雙修를 주장하였다. 선禪으로써 체體를 삼고 교敎로써 용用을 삼아 선·교의 합일점을 추구했다. 저서에 『眞心直說』과 『牧牛子修心訣』 등 다수가 있다.

133 혜철慧徹(785~861) : 신라 스님. 자는 체공體空. 속성은 박朴씨이고 경주 사람이다. 15세에 출가하여 부석산에서 『華嚴經』을 듣고, 22세에 구족계具足戒를 받았다. 814년 당唐나라에 가서 서당 지장西堂智藏에게서 심인心印을 받고, 서당이 죽은 뒤에 사방으로 다니다가 서주西州의 부사사浮沙寺에서 3년 동안 대장경을 열람하였다. 839년에 귀국하여 무주의 쌍봉난야雙峰蘭若에서 여름 안거를 하고, 곡성 동리산의 대안사大安寺에서 법회를 여니 학자들이 사방에서 모여들었다. 문성왕이 사신을 보내어 나라를 다스리는 요도要道를 물었다. 신라 경문왕 1년에 나이 77세로 입적. 시호諡號는 적인寂忍, 탑호塔號는 조륜청정照輪淸淨. 동리산파桐裏山派의 개조開祖로 평가된다.

134 함허당涵虛堂(1376~1433) : 조선 스님. 법명은 기화己和, 법호는 득통得通이고 당호堂號는 함허涵虛이며, 옛 법명은 수이守伊이고 옛 법호는 무준無準이다. 속성은 유劉씨이고 충주 사람이다. 21세에 관악산 의상암義湘庵에서 승려가 되었다. 이듬해 회암사檜巖寺에 가서 무학왕사無學王師를 뵙고 법요法要를 들은 뒤, 여러 곳으로 다니다가 다시 회암사에 가서 한 방에 혼자 있으면서 크게 깨달았다. 그 뒤부터 공덕산 대승사, 천마산 관음굴, 불회사에 있으면서 학인을 교도하였다. 자모산 연봉사烟峰寺에서 작은 방을 차지하여 '함허당涵虛堂'이라 이름하고 3년을 부지런히 수도에 정진하였다. 1420년(세종 2)에 오대산에 가서 여러 성인에게 공양하였다. 영감암靈鑑庵에서 이상한 꿈을 꾸고, 월정사月精寺에 있을 때 세종 임금이 청하여 대자어찰大慈御刹에 4년 동안 머물렀다. 1431년(세종 13)에는 희양산 봉암사鳳巖寺를 중수하였다. 세종 15년에 봉암사에서 입적하였다. 저서는 『圓覺經疏』 3권, 『般若經五家解說誼』 2권, 『顯正論』 1권, 『般若懺文』 2질, 『綸貫』 1권 등이 있다. 비는 봉암사에 있고, 부도는 가평군 현등사懸燈寺에 있다.

135 하어下語 : 선종에서 고측古則·공안公案·수시垂示·상당上堂 등의 법어에 대하여, 자기의 견해를 드러낼 때에 하는 말이다.

136 지남指南 : 주 71 참조.

137 태고太古(1301~1382) : 속성은 홍洪씨이고 본관은 홍주洪州이다. 초명初名은 보허普虛, 법명은 보우普愚, 호는 태고太古, 시호諡號는 원증圓證, 탑호塔號는 보월승공寶月昇空이다. 13세에 출가, 양주군 회암사檜巖寺 광지廣智에게서 불경을 배우고 가지산에서 도를 닦았다. 1325년(충숙왕 12)에 승과僧科에 급제했으나 출사하지 않고, 용문산 상원암上院庵과 성서城西의 감로사甘露寺에서 고행한 끝에 삼각산 중흥사重興寺 동쪽에 절을 짓고 '태고사太古寺'라고 하였다. 1346년(충목왕 2)에 중국에 가

서 호주湖州 하무산霞霧山 청공清珙의 법을 계승하고, 임제종臨濟宗을 열어 그 시조가 되었다. 1348년에 귀국, 용문산의 소설사小雪寺에서 불도를 닦았다. 공민왕이 광명사廣明寺에 원융부圓融府를 짓자 왕사王師가 되어 그곳에 머물다가 신돈辛旽의 횡포가 심해지자 소설사로 돌아갔다. 신돈이 죽은 뒤 국사國師가 되고, 우왕이 즉위하자 영원사瑩源寺에 있다가 소설사에 가서 입적하였다. 북한산에 보월승공의 탑비가 있다. 선교일체론禪敎一體論을 주장, 선과 교를 다른 것으로 보던 당시의 불교관을 바로잡고, 일정설一正說을 정리하여 불교와 유교의 융합을 강조하였다. 저서로는 『太古和尙語錄』,『太古遺音』 등이 있다.

138 **단전**單傳 : 말이나 글자에 의지하지 않고, 다만 마음에서 마음으로 전하는 법을 말한다.

139 **환암**幻庵(1320~1392) : 고려 스님. 법명은 혼수混修, 자는 무작無作이다. 속성은 조趙씨이고 풍양현豊壤縣 사람이다. 대선사大禪師 계송繼松에게 출가하여, 내외의 경전을 배우고 선시禪試에서 상상과上上科에 올랐다. 금강산에서 2년 동안 마음 밝히는 공부를 하다가, 늙은 어머니를 위하여 경산京山에서 5, 6년을 지내고, 어머니가 세상을 뜨자 『大字法華經』을 써서 어머니의 명복을 빌었다. 선원사禪源寺의 식영감息影鑑 화상에게서 『楞嚴經』을 배우고, 충주 청룡사靑龍寺의 서북쪽에 연회암宴晦庵을 짓고 지냈다. 공민왕이 회암사檜巖寺에 있게 하였으나 가지 않고, 오대산 신성암神聖庵에 있으면서 고운암孤雲庵의 나옹懶翁에게 도요道要를 물었다. 왕이 또 궐내로 불렀으나, 중도에 도피하여 산속으로 자취를 감추었다. 1370년에 나라에서 공부선장功夫選場을 열고 나옹으로 하여금 선禪 · 교敎의 납자衲子들을 시취試取할 때에, 나옹의 한마디에 여러 납자들이 능히 대답하지 못하였고 오직 이 스님만이 답하여 합격되었으나 또 도피하여 위봉산에 숨었다가, 뒤에 왕명으로 불호사佛護寺에 있게 되었다. 임금이 내불당內佛堂으로 청하여 자주 법요法要를 물었다. 우왕 때 송광사松廣寺로 옮기고, 1383년에 국사國師가 되어 '대조계종사大曹溪宗師 선교도총섭禪敎都總攝 오불심종悟佛心宗 흥자운비興慈運悲 복국이생福國利生 묘화무궁妙化無窮 도대선사都大禪師 정변지웅존자正遍智雄尊者'라는 호를 받았다. 공양왕 말년에 나이 73세, 법랍 60세로 입적하였다. 글과 글씨에 능하였고, 비와 탑은 충주 청룡사 터에 있다.

140 **구곡당**龜谷堂 : 고려 고종 때의 승려인 각운覺雲으로, 진각 국사眞覺國師의 제자이다. 스승이 지은 『禪門拈頌集』 30권을 받아 정밀히 연구한 후 주해를 붙인 『禪門拈頌說話』 30권을 펴내어 처음 선을 공부하는 사람들에게 도움을 주었다고 전한다. 공민왕에게 존경을 받아 '구곡각운龜谷覺雲'이라는 네 자 친필을 하사받았다. 『傳燈錄』을 중간重刊하였으며, 대사의 인격에 대한 이색李穡의 칭송이 유명하다.

141 **눈에는 온전한 소가 없으셨네**(目無全牛) : 주 52 참조.

142 **등계**登階 : 생몰년 미상. 조선 초기의 스님. 호는 벽계碧溪이고 이름은 정심正心(淨心)이다. 속성은 최씨로 금산 사람이다. 구곡 각운龜谷覺雲의 법을 잇고, 또 명明나라에 가서 총통摠統 화상의 법인法印을 전해 왔다. 조선 태종 때 극심한 불교 탄압을 피해, 머리를 기르고 황간 황악산에 들어가 고자동 물한리에 숨었다. 뒤에 선을 벽송 지엄碧松智儼에게, 교를 정련 법준淨蓮法俊에게 전하였다.

143 **벽송당**碧松堂(1464~1534) : 조선 스님. 호는 야로埜老(野老), 법명은 지엄智儼, 당호

堂號는 벽송碧松이다. 속성俗姓은 송宋씨이며 부안 사람이다. 28세에 허종許琮의 군대에 들어가서 야인野人(여진)들과 싸워 공을 세우고 탄식하되 "심지心地를 닦지 못하고 싸움터에만 쫓아다니는 것은 헛된 이름뿐이다." 하고, 계룡산 와초암臥草庵에 가서 조계祖溪에게 출가하였다. 연희衍熙에게 『능엄경楞嚴經』을 묻고, 정심正心에게 전등傳燈의 비밀한 뜻을 수학하였다. 지리산에 있으면서 지견知見이 더욱 밝아지고 계행戒行이 청정하여 총림叢林의 종사宗師가 되었다. 『선원집禪源集』과 『별행록別行錄』으로 초학자들을 지도하여 여실한 지견을 세우게 하고, 다음 『선요禪要』와 『어록語錄』으로 지해知解의 병을 제하고 활로를 열어 주었다. 중종 29년에 제자들을 수국암壽國庵에 모아 『법화경法華經』을 강하다가 「방편품方便品」에 이르러 "제법諸法의 적멸상寂滅相은 말로 선설宣說할 수 없다." 하는 부분을 설명하다가 문을 닫고 고요히 입적하였다.

144 부용당芙蓉堂(1485~1571) : 조선 전기의 승려. 법명은 영관靈觀이고 호는 부용芙蓉·은암隱庵·연선도인蓮船道人이며, 삼천포 사람이다. 8세 때 아버지가 데리고 고기를 잡으면서 고기 바구니를 맡겼더니, 산 것을 모두 물에 놓아 주었다. 아버지가 성내며 종아리를 치니 울면서 "사람이나 고기나 목숨을 아끼기는 마찬가지니 바라옵건대 용서하소서."라고 하였다. 1498년 14세에 혼자 덕이산에 가서 고행苦行 선사에게 의지하여 3년 동안 공부하다가 출가하였고, 17세에 신총信聰에게서 교학을 배우고 위봉威鳳에게서 선리禪理를 얻었다. 그 뒤 구천동에 가서 손수 집을 짓고 9년을 지냈고, 1509년 용문산에 가서 조우祖愚를 방문하였다. 1514년 청평산에서 학매學梅에게 현미한 뜻을 묻고, 1519년 금강산 대존암大尊庵에서 조운祖雲과 함께 두 여름을 지내고, 미륵봉 내원암內院庵에서 9년 동안 참선한 후, 두류산에서 벽송 지엄碧松智儼을 찾아 20년 동안 가졌던 의심을 풀고 3년 동안 모셨다. 후에 40년 동안 여러 곳으로 다니다가 선조 4년 입적하였다.

145 사명당泗溟堂(四溟堂, 1544~1610) : 속성은 임任씨이고 본관은 풍천豊川이다. 자는 이환離幻이고 호는 사명당泗溟堂·송운松雲·종봉鍾峯이며, 시호諡號는 자통홍제존자慈通弘濟尊者이다. 유정惟政은 법명이며, 경남 밀양 출생이다. 어려서 조부 밑에서 공부를 하고 1556년(명종 11) 13세 때 황여헌黃汝獻에게 『맹자孟子』를 배우다가 황악산 직지사直指寺의 신묵信默을 찾아 승려가 되었다. 1561년 승과僧科에 급제하고, 1575년(선조 8)에 봉은사奉恩寺의 주지로 초빙되었으나 사양하고 묘향산 휴정休靜(서산 대사)의 법을 이어받았다. 금강산 등 명산을 찾아다니며 도를 닦다가, 상동암上東庵에서 소나기를 맞고 떨어지는 낙화를 보고는 무상을 느껴 문도門徒들을 해산하고, 홀로 참선에 들어갔다. 1589년(선조 22) 정여립鄭汝立의 역모 사건에 관련된 혐의로 투옥되었으나 무죄 석방되었고, 1592년 임진왜란 때 승병을 모집, 휴정의 휘하로 들어갔다. 이듬해 승군도총섭僧軍都摠攝이 되어 명明나라 군사와 협력, 평양을 수복하고 도원수 권율權慄과 의령宜寧에서 왜군을 격파, 전공을 세우고 당상관堂上官의 위계를 받았다. 1594년(선조 27) 명나라 총병摠兵 유정劉綎과 의논, 왜장 가토 기요마사(加藤淸正)의 진중을 세 차례 방문, 화의 담판을 하면서 적정을 살폈다. 정유재란丁酉再亂 때 명나라 장수 마귀麻貴와 함께 울산의 도산島山과 순천의 예교曳橋에서 전공을 세우고, 1602년 중추부동지사中樞府同知使가 되었다. 1604년 국왕의 친서를 휴대하고, 일본에 건너가 도쿠가와 이에야스(德川家康)를 만나 강화를 맺고 조선인 포로 3천5백 명을 인솔하여 귀국했다. 선조가 죽은 뒤 해인사海印寺에 머물

다가 그곳에서 죽었다. 초서를 잘 썼으며 밀양의 표충사表忠祠, 묘향산의 수충사酬忠祠에 배향되었다. 저서에『泗溟堂大師集』과『奮忠紓難錄』등이 있다.

146 허응당虛應堂(1509~1565) : 조선 중기의 승려. 법명은 보우普雨이고 호는 허응虛應 또는 나암懶庵이며, 강원도 백담사 스님이다. 명종의 모후母后 문정왕후文定王后가 섭정할 때에 강원 감사의 천거로 광주 봉은사奉恩寺에 있으면서 봉은사를 선종禪宗, 봉선사奉先寺를 교종敎宗의 수사찰首寺刹로 정하여 선禪·교敎 양종을 부활시키고 나라의 공인公認 정찰淨刹을 지정하게 하며, 과거에 승과僧科를 회복하고 승려에게 도첩度牒을 주며 억불정책抑佛政策에 맞서 불교를 부흥시켜 전성기를 누리게 하였으나, 문정왕후가 죽은 뒤 유신儒臣의 참소로 1565년(명종 20) 제주에 유배되었다가 목사牧使 변협邊協에게 피살되었다. 저서로는『虛應堂集』·『懶庵雜著』등이 있다.『雜著』에 송운松雲이 발跋을 지었는데, "대사가 동방의 작은 나라에 나서 백세百世에 전하지 못하던 법을 얻었는지라, 지금의 학자들이 대사로 말미암아 나아갈 곳을 얻었고, 불도가 마침내 끊어지지 아니하였으니 대사가 아니었다면 영산靈山의 풍류風流와 소림少林의 곡조曲調가 없어질 뻔하였다."라고 했다. 이것으로써 스님의 사람됨을 짐작할 수 있다.

147 선불장選佛場 : 원래는 부처님을 만들어 내는 장소라는 뜻으로, 선원에 있어서 수행자가 좌선하는 곳, 계율을 일러 주는 곳, 교법敎法을 닦는 곳 등을 가리키지만, 여기에서는 승과僧科 시험을 보는 장소를 말하고 있다.

148 심공급제心空及第 : 마음이 허공처럼 광대하면서도 아무런 장애를 받지 않는 대자유의 경지에 올라간 것을 말한다. 즉 마음이 비어서 그 자리를 아는 것이다.

149 청매당靑梅堂(1548~1623) : 조선 스님. 법명은 인오印悟이고 호는 청매靑梅이다. 지리산 연곡사鷰谷寺 스님. 1617년(광해군 9)에 왕명으로 벽계碧溪·벽송碧松·부용芙蓉·청허淸虛·부휴浮休 5대사의 초상을 그려 조사당祖師堂에 모시고 제문祭文을 지어 봉사奉祀하였다. 또〈十無益頌〉을 지었는데, 그 내용은 첫째, 마음을 반조하지 않으면 경 보는 것이 무익함(心不返照看經無益), 둘째, 자성이 공한 줄을 알지 못하면 좌선이 무익함(不達性空坐禪無益), 셋째, 정법을 믿지 않으면 고행이 무익함(不信正法苦行無益), 넷째, 아만을 꺾지 못하면 법을 배워도 무익함(不折我慢學法無益), 다섯째, 스승 노릇할 덕이 없으면 중생 제도가 무익함(欠人師德濟衆無益), 여섯째, 참다운 덕이 없으면 겉치레가 무익함(內無實德外儀無益), 일곱째, 마음이 진실하지 못하면 말 잘하는 것도 무익함(心非信實巧言無益), 여덟째, 인을 짓지 않고 과보만 희망하면 구도가 무익함(輕因望果求道無益), 아홉째, 뱃속에 든 것이 없으면 아만이 무익함(心腹無識我慢無益), 열째, 일생토록 괴각만 부리면 대중에게 있어도 무익함(一生乖角處衆無益) 등이다. 저서로『靑梅集』이 있다.

150 함흡含吸 : 입에 머금고 있다는 뜻으로, 도가道家에서 공기를 들이마시고 침을 입에 머금고 있다가 삼키는 복기服氣 연진嚥津과 같은 수련법을 말한다. 즉 공기를 마시고 이슬을 머금는다(餐風吸露)와 노을을 마시고 이슬을 머금는다(餐霞吸露)는 등의 의미이다.

151 부휴浮休(1543~1615) : 조선 스님. 법명은 선수善修이고 호는 부휴浮休이며, 속성은 김金씨이다. 지리산 신명信明에게 출가하여 부용 영관芙蓉靈觀의 법을 이었다. 글씨를 매우 잘 썼으며, 임진왜란 때 덕유산 바위굴에서 피란하다가 난리가 평정된 후 해

인사에 있으면서 명장名將 이종성李宗城을 만나고, 구천동에서 『圓覺經』을 읽다가 큰 구렁이를 제도하였다고 한다. 1614년(광해군 6)에 송광사松廣寺를 거쳐 칠불암에 갔다가 이듬해 73세로 입적하였다. 저서로 『浮休堂集』 5권이 있으며, '홍각등계弘覺登階'라 추증追贈되었다.

152 벽암당碧巖堂(1575~1660) : 법명은 각성覺性이고 호는 벽암碧巖이며, 속성은 김金씨이다. 충북 보은에서 출생하였으며, 9세에 아버지를 잃자 출가할 뜻을 품고 10세에 화산華山에 들어가 설묵雪默을 스승으로 삼아 공부했으며, 14세에 보정寶晶에게서 구족계具足戒를 받은 후 경전 공부를 시작하였다. 이때 선수善修(1543~1615)가 화산에 들어오자 그의 제자로 속리산·덕유산·가야산·금강산 등 명산에서 수도하였다. 임진왜란이 일어나자 해전海戰에 참가하였고, 1612년에 스승인 선수가 광승狂僧의 무고誣告로 화를 입자 그도 감옥에 갇혔으나, 광해군이 친국親鞫하다가 그의 위의威儀에 감복하여 오히려 하사품을 내려 방면하면서 판선교도총섭判禪敎都摠攝의 직함을 내렸다. 1615년에 스승이 죽자 지리산·태백산 등에 은거하였고, 1624년에 조정에서 남한산성을 쌓을 때 그에게 팔도도총섭八道都摠攝의 직위를 주어 승군僧軍을 거느리고 성을 쌓는 일을 맡게 하였는데, 3년 후에 완공하자 '보은천교원조국일도대선사報恩闡敎圓照國一都大禪師'라는 호를 주었다. 1632년에 구례 화엄사華嚴寺를 중수하고, 1635년 병자호란 때 의승義僧 3천 명을 규합하여 '항마군降魔軍'이라 칭하고 북상하던 중 강화가 성립되자 지리산으로 되돌아갔다. 1640년 쌍계사雙磎寺로 옮겨 가 절을 수리하고, 규정도총섭糾正都摠攝이 되어 무주茂朱의 적상산성赤裳山城에 있으면서 사고史庫를 보호하였다. 1641년 6월 해인사에서 머물 때, 조정에서 일본에 사신으로 파견하고자 하였으나 서울로 가던 중 병으로 갈 수 없게 되어 다시 백운산 상선암上仙庵으로 들어가 은거하였다. 1642년 보개산으로 들어가서 법석法席을 베풀었으며 이때 왕자였던 효종은 그를 만나 화엄종지華嚴宗旨를 배웠다. 1646년에 속리산으로 다시 돌아와 동문同門인 고한 희언孤閑熙彦과 가까이 살면서 아침저녁으로 도담道談을 즐기다가, 고한이 화엄사로 돌아가 죽자 그도 화엄사로 들어가 여생을 보내다가 '도업道業에 힘써 국은에 보답할 것'과 '사후에 비를 세우지 말 것'을 유언하고 앉은 채로 입적하였다. 대표적인 제자로는 수초守初·처능處能이 있다. 저서에 『禪源集圖中決疑』 1권, 『看話決疑』 1권, 『釋門喪儀抄』 1권이 있다. 그는 수행에 통달하였고, 원융무이圓融無二한 이념의 한국불교 전통성을 깊이 익혀 정혜쌍수定慧雙修·교관겸수敎觀兼修를 실천하였으며, 무자간화선無字看話禪을 크게 중요시하고 화엄사상에도 해박하였다.

153 소요당逍遙堂(1562~1649) : 조선 스님. 법명은 태능太能이고 호는 소요逍遙이며, 속성은 오吳씨이고 담양 사람이다. 15세에 백양산에서 출가하였으며, 부휴浮休에게 장경藏經을 배우고, 서산 대사에게 나아가 선지禪旨를 깨달았다. 인조 27년에 나이 88세, 법랍 73세로 입적하였다. 연대사에 비가 있고, 보개산 심원사深源寺·지리산 연곡사鷰谷寺·두륜산 대둔사大芚寺에 부도가 있다.

154 작가作家 : 일반적으로는 문학이나 예술의 창작 활동을 전문으로 하는 사람을 말하나, 불교에서는 숙달된 선사나 제일가는 선승禪僧을 일컫는다.

155 편양당鞭羊堂(1581~1644) : 조선 중기의 스님. 법명은 언기彦機이고 호는 편양鞭羊이며, 속성은 장張씨이고 죽산 사람이다. 어려서 현빈玄賓에게서 구족계具足戒를 받

• 537

고, 자라서 서산西山(휴정)에게서 심법心法을 받았다. 남방으로 다니면서 여러 선사에게 참학參學하였으며, 금강산 천덕사天德寺・구룡산 대승사大乘寺・묘향산 천수암天授庵 등에서 개당開堂하고 선禪과 교敎를 강론講論하여 명성을 얻었다. 인조 22년 묘향산 내원內院에서 입적하였다. 저서로는 『鞭羊堂集』이 있다. 서산 대사 문하 사대파의 하나인 편양파鞭羊派 개조開祖이다.

156 중관당中觀堂(1567~?) : 조선 중기의 스님. 법명은 해안海眼이고 호는 중관中觀이며, 속성은 오吳씨이고 무안 사람이다. 어려서 총명하여 신동이라 일컬어졌다. 출가한 뒤에 서산西山의 법석法席에 참예하여 묘리妙理를 깨달아 임제종臨濟宗의 정맥正脈을 전하였다. 1592년 임진왜란 때에는 영남 지방에서 승의병僧義兵을 일으켜 왜적을 막아 전공을 세움으로써 총섭에 임명되었다. 전란이 끝난 후에는 대화엄종주大華嚴宗主 등을 역임하고, 만년에는 지리산 대은암大隱庵에서 참선 수도하였다. 저서로는 『中觀集』등이 있다.

157 뇌동雷同 : 천둥이 치면 모든 사물이 덩달아 같이 울리듯, 제 주견이 없이 남이 하는 대로 그대로 좇아 따르거나 같이 행동함을 이르는 말이다.

158 진묵당震默堂(1562~1633) : 조선 스님. 법명은 일옥一玉이고 호는 진묵震默이며, 만경현萬頃縣 불거촌佛居村 사람이다. 7세에 전주 서방산 봉서사鳳棲寺에서 출가하였다. 내전內典을 배울 적에 한번 보기만 하면 외웠다고 한다. 봉곡鳳谷 김동준金東準과 친분이 두터웠는데 한번은 봉곡이 『通鑑』한 질을 빌려주고 동자로 하여금 따라가게 하였더니, 스님이 길을 가다가 한 권씩 빼어 보고는 길에 던지는 것을 동자가 주워 모았다는데 절까지 가는 동안에 한 질을 다 보았다 한다. 후에 봉곡이 책을 던진 일을 물으니 "고기를 잡고는 통발을 버리는 것 아닌가?" 하였고, 봉곡이 한 권씩 내어 시험하니 한 자도 틀리지 않았다 한다. 변산의 월명암月明庵과 전주 대원사大院寺・원등암遠燈庵에 있었는데, 신중단神衆壇에 분수焚修하던 일, 창원 마산포의 아가씨가 죽어서 기춘奇春이 되어 시봉하던 일, 늙은 어머니가 있던 왜막촌倭幕村의 모기 쫓던 일, 술 거르던 중이 금강신의 철퇴를 맞던 일, 월명암에서 시자를 속가에 보내고 능엄삼매楞嚴三昧에 들었던 일, 청량산 목부암木鳧庵의 인등불이 월명암에 비치던 일, 공금을 흠포한 전주 아전으로 하여금 나한전羅漢殿에 재공齋供하고 빚 갚게 한 일, 나한이 사미로 화신하여 낙수천樂水川을 건너던 일, 소년들 천렵하는 데 갔다가 고기죽을 먹고 배변하던 일, 부곡婦谷의 사냥꾼에게 소금 보내 주던 일, 쌀뜨물을 뿜어서 해인사의 불을 끄던 일, 대둔사大芚寺 중의 발우에 밥을 담아 보내어 공양하던 일, 송광사松廣寺・무량사無量寺 불사에 주장자와 염주를 보내어 증명하던 일 등 신기한 일이 많았다 한다. 어머니가 죽은 뒤에 만경 북면 유앙산에 묻었는데 그 분묘를 소제하고 향화하면 그해 농사가 잘된다고 하여, 이웃 마을 사람들이 춘추로 와서 벌초하고 보토하므로, 지금까지도 향화가 끊이지 않는다고 한다. 인조 11년에 나이 72세로 입적하였다. 저서로는 『語錄』이 있다. 1929년에 신도 이순덕화李順德華가 분묘 곁에 조사전祖師殿을 짓고, 비를 세웠다.

159 취미당翠微堂(1590~1668) : 조선 스님. 법명은 수초守初이고 호는 취미翠微이며, 자는 태혼太昏이다. 속성은 성成씨이고 서울에서 출생하였다. 어려서 제월 경헌霽月敬軒에게 출가하였고, 두류산에 가서 부휴浮休를 뵈니, 부휴가 벽암碧巖에게 말하기를 "다음 날에 우리 도를 크게 할 사미니 잘 보호하라."라고 하였다고 한다. 그리하여 각

성각性覺의 제자로 법을 이었다. 1629년 옥천 영취사靈鷲寺에서 개당開堂하고 강론講
論을 펼치니, 영외嶺外의 선학禪學이 이 스님에게서 비롯되었다. 유학儒學에도 통달
하여 당시 유학자들로부터 높은 평가를 받았으며, 후학의 교도에도 힘을 썼다. 조선
현종 9년, 나이 79세로 입적하였다. 저서로는 『취미시집翠微詩集』이 있다.

160 **풍담당楓潭堂**(1592~1665) : 조선 중기의 선승禪僧. 속성은 유柳씨이고 본관은 문화
文化이다. 법명은 의심義諶이고 호는 풍담楓潭이며, 경기도 통진 출신이다. 14세에
출가하여 묘향산 성순性淳의 문하에서 시봉하다가 득도하여 구족계具足戒를 받았
다. 환속還俗하라는 아버지의 권유를 뿌리치고 천관산에 있는 원철圓澈을 찾아가서
『서장書狀』·『도서都序』·『절요節要』·『선요禪要』 등 사집四集을 배워 대의大意를 파악하였고, 다시 묘향
산으로 들어가 언기彦機의 문하에서 선禪을 닦아 묘지妙旨를 깨치고 법맥을 이었다.
그 뒤 남방으로 내려가서 기암奇巖·소요逍遙·호연浩然·벽암碧巖 등을 방문하여 선
지禪旨를 검증받고 금강산에 머무르면서 후학들을 지도하였다. 1644년(인조 22)에 법
사인 언기가 병환을 치르자 묘향산으로 가서 병시중을 들었다. 언기는 『화엄경華嚴經』·『원
각경圓覺經』 등의 제소諸疏가 방치되어 잔결殘缺된 부분이 많은 것을 발견하고 그것들을
정리하다가 병이 든 것이었기 때문에 그에게 이들을 완성하도록 하였다. 그는 백 수
십 권에 이르는 『화엄경華嚴經』·『원각경圓覺經』 등의 제소를 면밀하게 살펴 6년 만에 그 잘못을 바
로잡아 음석音釋을 지어 여러 총림叢林에 보내었다. 1665년 3월 금강산 정양사正陽
寺에서 입적하였는데, 안색은 살아 있을 때와 다름이 없었다고 한다. 제자는 5백 명
이 넘었고, 이름이 알려진 70명의 제자 중 정원淨源·설제雪霽·도안道安·명찰明察·
자징自澄·도정道正·법징法澄·장륙莊六 등은 종지宗旨를 선양하여 각각 일파를 이
루었다.

161 **원융문圓融門** : '원융상섭문圓融相攝門'의 준말. 화엄교의華嚴教義에서 보살이 수행
하여 나아가 불과佛果를 얻는 지위에 대하여 항포문行布門에서 1위位를 얻으면 일체
위를 얻어 단박에 성불한다고 하는 것을 말한다.

162 **항포문行布門** : '차제항포문次第行布門'의 준말. 이문二門의 하나. 화엄종에서 수행
하는 계급에 십주·십행·십회향·십지 등을 세워서, 이 차례를 지내서 마지막 궁극의
경지인 불지佛地에 이른다고 보는 관찰 방법이다.

163 **백암당栢巖堂**(1631~1700) : 조선 중기의 스님. 법명은 성총性聰이고 호는 백암栢庵
이며, 속성은 이李씨이고 남원 사람이다. 13세에 순창淳昌의 취암사鷲岩寺로 출가하
여 법계法戒를 받았다. 18세에 방장산 취미翠微에게 9년 동안 법을 전해 받고, 그의
법을 이었다. 30세부터 승주 송광사松廣寺, 낙안 징광사澄光寺, 하동 쌍계사雙磎寺
등에서 강석講席을 펼쳤으며 시詩를 잘했다. 1681(숙종 7) 큰 배가 임자도荏子島에
표류하였는데, 배 안에서 명明나라 평림섭平林葉 거사가 교간校刊한 『화엄경소초華嚴經疏鈔』·
『대명법수大明法數』·『회현기會玄記』·『금강경간정기金剛經刊定記』·『기신론필삭기起信論筆削記』 등 190권을 발견, 15년 동안에
5천 판板을 새겨서 징광사·쌍계사에 진장珍藏하였다. 숙종 26년 쌍계사 신흥암新興
庵에서 나이 70세로 입적하였다. 저서로는 『주해치문경훈註解緇門警訓』 3권, 『대승기신론소필삭
기大乘起信論疏筆削記』 4권, 『백암정토찬栢庵淨土讚』 1권, 『사경지험기四經持驗記』 4권, 『백암집栢庵集』 2권 등이 있다.

164 **용사龍蛇** : 글씨의 획을 표현한 것이다.

165 **백곡당白谷堂**(1617~1680) : 조선 스님. 법명은 처능處能이고 호는 백곡白谷이며, 자
는 신수愼守이다. 속성은 김金씨이며, 12세에 의현義賢에게 글을 배우다가 출가하였

다. 신익성申翊聖에게 외전外典을 배워 글과 시에도 능했다. 지리산 쌍계사雙磎寺의 벽암碧巖에게 나아가, 23년 동안 수선修禪과 내전內典을 익혀 그의 법을 전해 받았다. 김좌명金佐明의 주청으로 남한도총섭南漢都摠攝이 되었으나 곧 사퇴하고, 속리산·청룡산·성주산·계룡산 등에서 법석法席을 열고, 대둔사大芚寺의 안심암安心庵에 오래 머물렀다. 숙종 6년 봄 금산사金山寺에서 대법회를 열고, 7월에 나이 64세로 입적하였다. 저서로는 『白谷集』 2권이 있다.

166 금낭錦囊 : 비단으로 만든 주머니로, 주로 시고詩稿나 중요한 문서를 넣는 주머니를 말한다. 당唐나라 시인 이하李賀가 매일 아침 아이 종에게 오래된 비단 자루(古錦囊)를 등에 메고 따라오게 하면서 시상詩想이 떠오르는 대로 시를 지어 그 자루 안에 집어넣었던 고사에서 전해진 말이다. 『新唐書』 권203 「文藝傳」 하 「李賀」조 참조.

167 황명黃鳴 : 정확한 의미는 미상이다.

168 영월당詠月堂(1570~1654) : 조선 스님. 법명은 청학淸學이고 호는 영월詠月이다. 속성은 홍洪씨이고 장흥 출신이다. 청허淸虛의 법을 이었으며, 효종 5년에 나이 85세로 입적하였다. 저서로는 『詠月集』이 있다.

169 침굉당枕肱堂(1618~1684) : 조선 스님. 법명은 현변懸辯이고 호는 침굉枕肱이며, 자는 이눌而訥이다. 속성은 윤尹씨이고 나주 사람으로, 오도자悟道者의 칭호를 받았다. 천풍산 탑암塔庵에서 보광葆光에게 출가하여 중이 되었고, 소요逍遙의 법을 이었다. 숙종 10년에 입적하였으며, 저서로는 『枕肱集』이 전해지는데 그의 가사 세 편이 실려 있다.

170 월저당月渚堂(1638~1715) : 조선 스님. 법명은 도안道安이고 호는 월저月渚이다. 속성은 유劉씨이고 평양 사람이다. 처음에는 천신天信의 제자가 되어 계를 받고, 풍담楓潭에게 가서 서산西山의 밀전密傳을 받았다. 1664년 묘향산에 들어가 『華嚴經』의 대의大意를 강구하였다. 종풍宗風을 드날릴 적에 청중이 많아서 그 당시에 처음 보는 법회라 하였다. 대승 경전을 간행하여 도속道俗에 펼쳤다. 1697년(숙종 23), 무고誣告로 구금되었으나 왕명으로 특사되었다. 숙종 41년, 78세에 입적하였다. 저서로는 『月渚集』 2권 등이 있다.

171 미천彌天 : 온 하늘에 가득하다는 뜻이나, 여기에서는 월저月渚 스님을 가리킨다. 『晉書』 권82 「習鑿齒傳」에 진晉나라 고승高僧 석도안釋道安이 습착치習鑿齒와 서로 만나 자랑을 할 때 습착치가 '사해四海의 습착치'라고 하자, 석도안이 '미천彌天 석도안'이라 한 데서 유래된 말인데 월저당의 법명도 도안이기 때문에 이렇게 말한 것이다.

172 월담당月潭堂(1632~1704) : 조선 스님. 법명은 설제雪霽, 호는 월담月潭이다. 속성은 김金씨이며 창화 사람이다. 13세에 출가하여 설악산 숭읍崇揖에게 귀의하고, 16세에 승려가 되어 비구계를 받았다. 일여一如와 더불어 발심하고, 보개산의 설청說淸에게서 학업을 배웠다. 영평 백운사白雲寺의 풍담楓潭을 뵈오니 풍담이 한번 보고 기이하게 여겨 칭찬하여 가르쳐 주고, 함께 묘향산에 가면서 선禪·교敎의 종지宗旨를 가는 데마다 해석하였다. 문장에 능하고, 더욱 『華嚴經』·『拈頌』을 좋아하여 늘 외우며, 후학을 교도하여 묘한 뜻을 깨닫게 하였다. 금강산 정양사正陽寺에 있다가 만년에 금화산 징광사澄光寺로 옮겨 가서 숙종 30년에 할喝을 하고, 나이 73세로 입적하였다. 탑비는 징광사에 있다.

173 무용당無用堂(1651~1719) : 조선 스님. 법명은 수연秀演이고 호는 무용無用이며, 속성은 오吳씨이다. 13세에 어버이를 여의고, 조계에 갔다가 혜관惠寬에게 출가하였다. 22세에 침굉 현변枕肱懸辯을 뵙고 그의 부촉을 받아 조계의 은적암隱寂庵에 갔더니, 백암栢庵이 한번 보고 기이하게 여겨 경전을 가지고 문난問難함에 계합契合하지 않는 것이 없었다고 한다. 숙종 45년에 입적하니, 나이 69세이고 법랍은 51년이다. 저서로는 『無用堂遺稿』 2권이 있다.

174 환성당喚惺堂(1664~1729) : 조선 스님. 법명은 지안志安이고 호는 환성喚惺(喚醒)이다. 속성은 정鄭씨이고 춘천 사람이다. 15세에 미지산 용문사龍門寺에서 출가, 상봉 정원霜峯淨源에게서 구족계具足戒를 받고, 17세에 월담 설제月潭雪霽의 법을 이었다. 경전을 힘써 연구하였는데, 27세에 모운慕雲이 직지사直指寺에서 법회를 열었다는 소식을 듣고 찾아가자, 모운은 수백 명의 학인을 스님께 맡기고 다른 곳으로 갔다. 스님이 대중을 거느리고 종풍을 떨치니 많은 학인들이 모여들었다. 스님의 강연하는 뜻이 깊고 묘하여 일찍이 듣지 못하던 것이므로 의심을 품는 사람들도 없지 않았으나, 그 뒤에 경론을 많이 실은 빈 배가 우리나라에 와서 그 경전이 낙안 징광사澄光寺로 옮겨졌는데, 육조六祖 이후의 여러 가지 주해가 있어 그것이 스님이 말한 것과 다르지 않으므로 모두 탄복하였다. 스님이 명산을 다니다가 지리산에 머물렀는데 어느 날 어떤 도인이 와서 "스님은 빨리 다른 데로 가라. 얼마 뒤에 재난이 있으리라." 하니, 수일 후에 그 절이 불에 탔다. 또 금강산 정양사正陽寺에 있다가 큰 비가 한창 쏟아지는데 행장을 꾸려 가지고 떠나가다가, 어떤 부잣집에서 자고 가라는 것도 듣지 않고 어느 오막살이집에서 잤는데, 그날 밤 정양사와 그 부잣집이 물에 잠겼다고 한다. 1725년에 금산사金山寺에서 화엄 대법회를 베푸니, 모인 학인이 1천4백인에 달하였다. 1729년에 어떤 사람이 이번 법회에서 음모를 꾸몄다고 모함하여 지리산에서 체포되어 호남의 옥에 갇혀 있다가, 마침내 제주도로 귀양을 가서 7일 만에 세상을 떠났다. 저서로는 『禪門五宗綱要』와 『喚惺詩集』이 있다.

175 설암당雪巖堂(1651~1706) : 조선 스님. 법명은 추붕秋鵬이고 호는 설암雪巖이다. 속성은 김金씨이고 강동 사람이다. 종안宗眼에게 출가하였고, 벽계 구이碧溪九二에게 경經과 논論을 배워 통달하였으며, 월저 도안月渚道安의 법을 이었다. 계행戒行이 엄정嚴淨하고, 언변言辯이 유창하여 많은 학인들이 모여와서 심복心腹하였다. 숙종 32년에 나이 56세로 입적하였으며, 저서로는 『雪巖集』과 『雪巖亂藁』 등이 있다.

176 오유향烏有鄕 : 주 8 참조.

177 영해당影海堂(1668~1754) : 조선 스님. 법명은 약탄若坦이고 호는 영해影海이며, 자는 수눌守訥이다. 속성은 김金씨이고 고흥 출신이다. 18세에 출가하였으며, 저서로는 『影海大師詩集抄』가 있다.

178 회암당晦庵堂(1685~1741) : 조선 스님. 법명은 정혜定慧이고 호는 회암晦庵이다. 속성은 김金씨이고 창원 사람이다. 9세에 범어사梵魚寺 자수自守를 찾아가니, 총명함을 기특하게 여겨 충허沖虛에게 보냈다. 가야산의 보광葆光에게서 구족계具足戒를 받고, 호남에 가서 설암雪巖에게 참배하고 돌아오자 이름이 여러 지방에 널리 퍼져 학인이 많이 찾아오므로 강석講席을 펴니, 그때 나이 27세였다. 어느 날 "날마다 남의 돈만을 세면 무슨 이익이 있으랴?"라며 한탄하고, 금강산에 들어가 좌선하였으며, 다시 석왕사·명봉사·청암사·벽송사 등 여러 곳에서 후학을 지도하였다. 영조

17년, 청암사에서 나이 57세로 입적하였다. 저서로는 『華嚴經疏隱科』· 『諸經論疏句絶』· 『禪源集都序著柄』· 『別行錄私記畫足』 등이 있다.

179 청량 국사淸凉國師(?~839) : 주 93 참조.

180 호암당虎巖堂(1687~1748) : 조선 스님. 법명은 체정體淨이고 호는 호암虎巖이며, 속성은 김金씨이고 본관은 홍양興陽이다. 16세에 출가하여, 환성喚惺의 법을 이었다. 해인사海印寺와 통도사通度寺에 오래 있으면서 학자들을 제접하였다. 사방에서 모여드는 학인들이 항상 수백 명이나 되었으며, 만년晚年에는 학인들을 보내고 주로 선정禪定을 익히다가, 영조 24년 금강산 표훈사表訓寺의 내원통에서 나이 62세를 일기로 입적하였다. 대흥사 13대 종사 중 제10대 종사이다.

181 남악당南嶽堂(?~1732) : 조선 후기의 고승高僧. 법명은 태우泰宇이고 호는 남악南岳이며, 전라도 용성(남원) 출신이다. 자세한 전기는 전하지 않으나 참판 오광운吳光運이 찬한 비문에 의하면, 이덕수李德壽와 매우 친하였고 이덕수는 그를 호남의 종승宗乘이라 평하였다. 청허淸虛의 6세 법손인 추붕秋鵬의 법을 이었으며, 앉아서 입적하자, 서기가 나타나며 사리舍利가 나왔으므로 부도를 금산金山에 세우고 비를 세웠다. 문인에는 재초在初·응상應祥·팔오八悟·획성獲成 등이 있으며, 저서로는 『南岳集』 1권이 있다.

182 보불黼黻 : 보불은 관복官服에 수놓은 무늬이다. 전하여 유창하고 화려한 문장文章의 비유로 쓰인다.

183 상월당霜月堂(1687~1767) : 조선 스님. 법명은 새봉璽封이고 호는 상월霜月이다. 속성은 손孫씨이고 순천 사람이다. 11세에 조계산 선암사仙巖寺 극준極峻 스님에게 가서 15세에 승려가 되고, 다음 해에 세진 문신洗塵文信에게서 구족계具足戒를 받았다. 18세에 설암雪巖에게 참학參學하여 도를 통하고 유명한 스님들을 찾아다니며 공부하다가 1713년 본향本鄕에 돌아오니, 사방에서 모여 오는 학자가 많았다. 설암의 법을 이었고, 항상 "학자가 반관返觀하는 공부가 없으면 날마다 1천 말을 외운다 하더라도 아무런 이익이 없다."라고 하며, 또, "하루라도 착실히 공부하지 않으면 밥이 부끄러우니라."라고 말하였다 한다. 1748년에 '선교도총섭규정팔로치류사禪敎都摠攝糾正八路緇流事', 2년 후에 '주표충원장겸국일도대선사主表忠院長兼國一都大禪師'에 임명되었다. 영조 43년에 나이 81세, 법랍 70세로 입적하였다. 저서로는 『霜月大師詩集』이 있다.

184 원참元旵 : 생몰 연대는 나와 있지 않으며, 1298년(충렬왕 24)에 저술한 정토신앙에 관한 책으로 『現行西方經』이 전해 온다. 고려 말기의 스님이라고 추정된다. 참고로 이 대목은 조선 후기의 승려를 소개하는 자리인데, 편차가 뒤섞여 있는 듯하다.

185 상봉당霜峰堂(1627~1709) : 조선 스님. 법명은 정원淨源이고 호는 상봉霜峰이다. 속성은 김金씨이고 평안도 영변에서 태어났다. 선천善天에게서 구족계具足戒를 받았으며, 완월玩月·추형秋馨에게서 경론을 배우고, 30세에 풍담楓潭에게서 법을 받았다. 그 뒤로 나라 안 명승지와 선지식을 찾아다니니, 따르는 학인들이 많았다. 해인사海印寺에서 『涅槃經』 등 3백여 부의 경전에 토를 달고, 봉암사鳳巖寺에서는 『都序』·『節要』의 과문科文을 지었다. 더욱이 『華嚴經』에 정통하여 경의 4과목科目 중 전하지 않는 3과목을 지었는데, 그 후에 당본唐本과 참교參校하니 틀리지 않았다. 숙종 35년에 지평 용문사龍門寺에서 나이 83세, 법랍 64세를 일기로 입적하였다.

186 설봉당雪峰堂(1678~1738) : 조선 스님. 법명은 회정懷淨이고 호는 설봉雪峰이다. 속성은 조曹씨이고 낭주朗州(지금의 영암) 사람이다. 9세에 달마산의 조명照明에게 나아가 16세에 출가하고, 그 뒤 화악 문신華岳文信의 법을 전해 받았다. 겉을 꾸미지 않는 성품이어서 옷이 해져도 깁지 않으며, 머리와 수염도 자주 깎지 않고 지냈다. 영조 14년에 61세로 입적하였다.

187 관려자關棙子 : 올가미, 함정 혹은 장치의 뜻을 가진 중국 고어古語이다. 여기서는 조사祖師의 공안公案을 말하고 있다.

188 함월당涵月堂(1691~1770) : 조선 스님. 법명은 해원海源이고 호는 함월涵月이다. 속성은 이李씨이고 함흥 출신이다. 14세에 도창사道昌寺에서 출가하여 선지식을 두루 찾아다니고, 뒤에 환성喚惺을 섬겨 종문宗門의 묘한 뜻을 얻었다. 영조 46년에 나이 80세, 법랍 65세로 입적하였다. 탑과 비가 석왕사釋王寺 동쪽에 있으며, 저서로는 『天鏡集』2권이 있다.

189 용담당龍潭堂(1700~1762) : 조선 후기의 고승高僧. 법명은 조관慥冠이고 호號는 용담龍潭이다. 속성은 김金씨이고 전북 남원 출신이다. 16세에 아버지를 여의고 3년 상을 치르고 나서 출가를 결심하였다. 1718년(숙종 44)에 지리산 감로사甘露寺(현재의 천은사)의 상흡尙洽에게 출가하여 머리를 깎았고, 태허 칙간太虛就侃에게서 구족계具足戒를 받았다. 1721년(경종 1)에 화엄사華嚴寺 상월 새봉霜月璽封의 제자가 되었고, 1723년에는 영남과 호남 지방의 고승들(영해·낙암·설봉·남악·회암·호암 등)을 찾아다니며 선종과 교종의 묘리妙理를 배웠다. 그 뒤 지리산 견성암見性庵에서 좌선하다가 『起信論』을 읽고 크게 깨달았다고 한다. 이후 명진 수일冥眞守一을 만나 신기神機가 서로 계합契合하였으며, 1732년(영조 8)에는 지리산 영원암靈源庵으로 가서 토굴을 지어 '가은암佳隱庵'이라 이름 붙이고 만년의 안식처로 삼으려 했으나, 승려들의 만류로 그 뜻을 이루지 못하였다. 그 후 회문산 심원사深源寺, 동락산 도림사道林寺와 지리산 여러 암자에서 20년 동안 『禪門拈頌』과 천태종의 교법인 원돈교圓頓教를 전파하였다. 1749년에 상월의 의발衣鉢을 전해 받고, 1762년(영조 38)에 남원 실상사實相寺에서 나이 63세, 법랍 44세로 입적하였는데, 다비茶毘 후에 수습된 5과顆의 사리舍利는 감로사와 실상사 등에 나누어 보관되었다.

190 설파당雪坡堂(1707~1791) : 조선 스님. 법명은 상언尙彦이고 호는 설파雪坡이다. 속성은 이李씨이고 무장 사람이다. 어려서 어버이를 잃고, 1725년 19세에 고창 선운사禪雲寺 희섬希暹에게 출가하여 승려가 되어 호암虎巖의 법을 잇고, 33세에 용추사龍湫寺 판전版殿에서 개강開講하였다. 오교五教 삼승三乘에 다 능통했지만, 그중에서 화엄학을 더욱 잘하여 청량清凉의 『華嚴鈔』에 소과疏科가 드러나지 않은 것을 찾아서 그림으로 표시하고, 또 해인사海印寺에 있으면서 『大經鈔』가운데 인문引文을 교정하였다. 금강산·묘향산·두류산으로 다니면서 좌선에 정진하였는데, 1770년에는 징광사澄光寺에 불이 나서 『華嚴經』 판본板本이 불타매 시주의 연緣을 모아 다시 새겨 영각사靈覺寺에 장경각을 지어 봉안하고, 그 절에 있다가 하루는 사주寺主에게 말하기를 "절을 옮기지 않으면 수재水災에 무너지게 되리라." 하니, 얼마 뒤에 홍수가 나서 절이 무너졌다. 만년에 영원사靈源寺에서 10여 년 동안 염불로 정업淨業을 닦다가 일생을 마쳤다. 나이 85세, 법랍 66세로 입적하였으며, 저서로는 『鉤玄記』가 있다.

191 해봉당海峰堂 : 법명은 성찬聲贊이고 호號는 해봉海峰이다. 전주 출생으로, 원암산 원등암遠燈庵에 살았다.
192 낭간琅玕 : 중국에서 나는 경옥의 한 가지. 어두운 녹색 또는 청백색이 나는 반투명의 아름다운 돌로, 예로부터 장식에 많이 쓰인 아름다운 돌인데 전하여 아름다운 문장文章에 비유한다.
193 해주海珠 : '진주眞珠'를 가리킨다.
194 용암당龍巖堂(1783~?) : 조선 스님. 법명은 혜언慧彦이고 호는 용암龍巖이다. 속성은 조趙씨이고 나주 사람이다. 출가한 뒤 율봉栗峰을 따라 금강산 유점사楡岾寺에 가서 백일기도를 하고 목소리가 좋아져 설법을 잘하였고, 그의 제자 포운 윤취布雲潤聚와 대운 성기大雲性起도 변재辯才가 유창하여 설법을 잘하였다. 지금 제방諸方에서 설법하는 이들이 법상에서 설법하다가 선禪·교敎의 중요한 대목에 이르러서는 으레 게송偈頌을 한 구절 읊고, "나무아미타불"을 높은 소리로 부르는 것이, 이 스님과 그의 제자들에게서 시작된 것이라 한다.
195 환암당喚庵堂 : 경암 응윤鏡巖應允(1743~1804)의 스승. 생몰연대 미상. 1772년(영조 48)에 문곡 대사文谷大師와 함께 경상남도 함양의 지리산 기슭에 있는 영원암靈源庵에서 만일회萬日會를 개최한 바 있다.「文谷大師碑銘」(「梵巖集」권57) 참조.
196 천봉당天峯堂(1710~1793) : 조선 후기의 승려. 속성은 김金씨, 법명은 태흘泰屹이고 자는 무등無等이며, 호는 천봉天峯이다. 황해도 서흥 출신으로, 아버지는 두필斗弼이며 어머니는 조趙씨이다. 16세에 유덕사有德寺로 출가하여 명탁明琢의 제자가 되었고, 도원道圓으로부터 구족계具足戒를 받았다. 20세에 우점雨霑에게 불경을 배운 뒤, 여러 선지식을 찾아 공부하였다. 뒤에 백천의 호국사護國寺에 돌아가 참선·정진하였으며, 해숙海淑의 법을 받았다. 입적하기 직전에 어떤 승려가 묻기를 "스님이 항상 고공무상苦空無常을 말씀하시는데 또한 생사에 끄달리면 좌탈坐脫을 하지 못하겠습니다."라고 하니, 태흘이 말하기를 "앉는 것이 반드시 앉는 것 아니며, 눕는 것 또한 반드시 눕는 것 아니로다."라고 하였다. 다시 묻기를 "스님이 이제 입멸入滅을 보이는데, 어찌 멸하지 않고 그대로 있다 하십니까?"라고 하자, 말없이 고개를 끄덕이며 입적하였다. 안색은 평상시 입정入定할 때와 같았으며, 다비茶毘한 뒤 정골頂骨 2편과 사리舍利 64매가 출현하였다. 제자들이 백천 호국사와 문화 월정사月精寺, 양주 망월사望月寺에 탑을 세우고 사리를 봉안하였다. 대표적인 제자로는 환열幻悅·묘일妙一·낭규朗奎 등 10여 명이 있으며, 계율을 받은 승려는 수백 명에 이른다.
197 대원당大圓堂(1714~1791) : 조선 후기의 선승禪僧. 법명은 무외無外이고 호는 대원大圓이다. 속성은 문文씨로, 아버지는 수원壽遠이며 어머니는 김金씨이다. 어려서부터 흙이나 돌로 탑을 만들어서 예배하고 노는 것을 즐겨 하였다. 15세 때 무신국란이 일어나자 남한산성을 방어하는 데 공을 세워 포상을 받았고, 벼슬하기를 권유받았으나 사양하고 출가할 뜻을 품었다. 그러나 부모가 출가를 만류하였으므로, 한밤중에 집을 나와 설악산 신흥사神興寺로 들어가서 정이精頤를 은사로 삼아 승려가 되었다. 그 뒤 선禪과 교敎를 함께 닦고 불경과 유서를 탐독하였으며, 은사의 뒤를 이어 후학들을 지도하였다. 중년에 이르러 다시 면벽面壁하면서 선을 닦아 깊은 경지에 이르렀다. 신흥사의 암자인 극락암極樂庵에서 입적하였다. 다비茶毘하는 날 밤에 서광이 하늘에 뻗쳤으며, 사리舍利 1과顆를 얻어 부도를 세워서 안치하였다. 이듬해 규장각

奎章閣 제학提學 유언호兪彦鎬의 글을 받아 신흥사에 비를 세웠다. 저서로는『大圓堂文集』1권이 있다.

198 묵암당默庵堂(1722~1795) : 조선 스님. 법명은 최눌最訥이고 호는 묵암默庵이다. 자는 이식耳食이며, 흥양 사람이다. 14세 때 징광사澄光寺에서 출가하여 만리萬里에게서 구족계具足戒를 받고, 19세에 조계산의 풍암楓巖에게서 경을 배우며, 호암虎巖·회암晦庵·용담龍潭·상월霜月을 찾아 학업을 익히고, 명진明眞에게서 선지禪旨를 얻었다. 7, 8년 동안 선禪과 교敎를 연구·통달하여 옛사람이 알지 못하던 것을 많이 발견하였다.『華嚴經』의 대의大意를 총괄하여『華嚴品目』1편을 만들고, 또 4교의 행상行相을 모아『諸經問答盤着會要』1편을 만들었다.『華嚴品目』과 합하여 새긴 판이 승주군 송광사松廣寺에 있다. 정조 19년에 나이 74세로 입적하였다. 저서는『內外雜著』10권,『心性論』3권,『默庵集』3권 등이 있다.

199 참착參錯 : ① 뒤섞이어 가지런하지 못하다. ② 잘못되고 빠진 것이 있다. 여기에서는 ①의 뜻으로 보인다.

200 연담당蓮潭堂(1720~1799) : 조선 스님. 법명은 유일有一이고 자는 무이無二이며, 호는 연담蓮潭이다. 속성은 천千씨이고 본관은 화순和順이다. 1737년(영조 13) 18세에 법천사法泉寺 성철性哲을 찾아가서 출가하였으며, 승려가 되어 이듬해 안빈심安貧諶에게서 구족계具足戒를 받았다. 1741년 해인사海印寺의 호암 체정虎巖體淨에게 가서 수년 동안 모시면서 선지禪旨를 배우고, 또 설파 상언雪坡尙彦의 문하에서 교리를 통달하였다. 그 후 1750년 보림사寶林寺에 들어가 30여 년을 강설講說하는 동안 언제나 100여 명의 제자가 따랐다. 장흥 보림사寶林寺 삼성암三聖庵에서 나이 80세로 입적하였으며, 저서로는『楞嚴私記』·『諸經會要』·『書狀私記』·『都序私記』·『禪要私記』·『節要私記』·『圓覺私記』·『起信蛇足』·『金剛蝦目』·『玄談私記』2권,『蓮潭林下錄』5권,『大敎遺忘記』5권,『拈頌着柄』2권,『都序科目幷入私記』등이 있다.

201 응암당應菴堂 : 미상. 조선 말기 대흥사 승려인 응암 학성應菴學性(1829~1886)이 있으나 같은 인물인지 확실치 않다.

202 제해提海 : 이 단어는 아무 곳에서도 찾아볼 수 없어서 무슨 의미인지를 자세히 알 길이 없으며, 혹 오자가 섞여 있는지 이해할 수 없어서 '면강勉强'의 대對로 보아 한자 그대로 두었다.

203 면강勉强 : 하기 싫은데 억지로 애를 쓴다는 뜻이다.

204 완월당玩月堂 : 조선 후기의 고승인 완월 궤홍翫月軌泓(1714~1770)으로 보인다. 속성은 한韓씨이다. 12세 때 평강 보월사寶月寺로 출가하였고, 해원海源에게 불법을 배운 뒤 법맥을 이었으며, 항상 스승을 따라 수도하였다. 만년에는 석왕사釋王寺에 머물면서 후학들을 지도하다가 입적하였다. 제자 각웅覺雄 등이 다비茶毘한 뒤 사리舍利를 얻어서 부도를 세웠으며, 비문은 대제학 황경원黃景源이 지었다.

205 비 갠~날의 바람 : '광풍제월光風霽月'을 말하는 것으로, 훌륭한 인품을 비유하여 쓰인다. 이는 북송北宋의 황정견黃庭堅이 주돈이周敦頤의 인품을 추앙하면서 쓴 글에 "용릉 주무숙은 그 인품이 고상하고 마음이 대범한 것이 마치 맑은 날의 바람과 비 갠 날의 달과 같다.(舂陵周茂叔. 其人品甚高. 胸懷灑落. 如光風霽月.)"라고 한 말에서 나온 것으로, 황정견의『豫章集』『濂溪詩序』에 나온다.

206 영파당影波堂(1728~1812) : 조선 후기의 승려. 법명은 성규聖奎이고 호는 영파影波,

자는 회은晦隱이다. 속성은 전주全씨로, 아버지는 만기萬紀이며 어머니는 박朴씨이다. 화엄학華嚴學과 선禪·염불 등에 모두 밝았던 대강사大講師이며, 대흥사大興寺 13대 강사大講師 중 1인이다. 15세에 청량암淸凉庵에서 승려들이 불공드리는 모습을 보고 출가할 결심을 하였고, 1747년(영조 23)에 용천사湧泉寺 환응喚應 장로의 제자가 되었다. 그 뒤 해봉海峯·연암燕巖·용파龍坡·영허影虛 등을 찾아 도를 물었다. 하루는 돈오頓悟를 결심하고 금강대金剛臺에 머물면서 이포성공척결도량伊蒲盛供滌潔道場을 설하여 관세음보살觀世音菩薩의 법력을 구하였다. 9년 뒤 황산黃山의 퇴은退隱으로부터 『화엄경華嚴經』 전질全帙을 받아 30년 동안 연구하여 현리玄理와 묘오妙悟를 체득하였다. 그는 선을 공부할 때도 『화엄경華嚴經』을 탐독했고, 보현보살普賢菩薩과 관세음보살을 『화엄경華嚴經』에 입각하여 원원願佛로 삼았다. 또한, 상언尙彦과 해원海源을 찾아가 화엄의 종지宗旨와 선의 진수를 체득하여 해원으로부터 법맥法脈을 이어받았다. 그 뒤 등단登壇하여 대흥사·은해사銀海寺 등에서 많은 제자들을 지도하였다. 또한, 1777년(정조 1)부터 1781년 동안 대비주大悲呪 10만 번을 염송하였는데, 그것을 하루의 일과로 삼았다. 1812년 7월 27일 입적하였는데, 나이 85세, 승랍 66세였다. 연담蓮潭 이후 다문多聞으로도, 덕망德望으로도 가장 뛰어난 승려로 평가를 받았던 그는 결코 희로喜怒를 얼굴에 나타내는 일이 없었고, 뜻을 일찍부터 정토淨土에 두어 세속에 물드는 일이 없었다. 항상 자비로써 병든 자를 보면 지극히 간호하였고, 재력에 따라 가난한 자를 보살폈다. 그러나 자신에게는 게으름을 용서하지 않았고, 몸단속을 단정히 하여 가부좌를 흩뜨리는 일이 없었다. 평생토록 남의 시비를 말하지 않고 의가 아니면 티끌 하나도 남에게 취하지 않았으며, 불경 1천 상자를 배에 싣고 동해와 남해의 명찰을 편력하면서 대중을 교화하였다. 저술이나 제자들은 알려지지 않고 있다.

207 추파당秋波堂(1718~1774): 조선 중기의 승려. 법명은 홍유泓宥이고 호는 추파秋波이다. 속성은 이李씨이고 광주 출신이다. 효령대군孝寧大君의 후손이며, 화순현감和順縣監을 지낸 석관碩寬의 손자이다. 10세에 이미 수백 권의 글을 읽어 천재라고 일컬어졌으며, 19세에 남해의 방장산方丈山에 들어가 승려가 되었다. 처음에는 편양문파鞭羊門派의 조관慥冠에게 배웠으나 그 뒤 여러 사찰을 다니면서 선지식의 지도를 받았고, 나중에 벽암문파에 속하는 성안性眼의 법을 이었다. 선종禪宗과 교종敎宗에 두루 통하였으나, 만년에는 주로 염불에 귀의하여 후학을 가르쳤다. 또, 유교에도 밝아 불교의 '여如'를 『중용中庸』의 '비은費隱'에 대비하는 등 유석儒釋의 동이同異를 밝히는 데 관심을 보였다. 세속을 싫어하고 마음을 늘 서방정토에 두었으며, 인자함과 정열과 성의를 갖춘 선사로서 제자들의 존경을 받았다. 또한 빼어난 문장으로 이름을 얻었으며, 청암사淸巖寺 심적암深寂庵에서 입적하였다. 법맥은 선수善修 — 각성覺性 — 진언震言 — 정혜定慧 — 성안 — 홍유로 이어진다. 제자로는 문연文演·천제天濟·관식慣拭 등이 있다. 제자들이 영정影幀을 심적암에 안치하였고, 탑을 옥류동玉流洞에 건립하였다. 저서로 『추파집秋波集』 3권이 있다.

208 나암당懶菴堂: 생몰년 미상. 조선 말기의 승려. 법명은 승제勝濟이고 법호는 나암懶菴이다. 능주 쌍봉사雙峯寺로 출가하여 설담 자우雪潭自優의 제자가 되었고, 자우의 밑에서 『대승기신론大乘起信論』·『능엄경楞嚴經』·『금강경金剛經』·『원각경圓覺經』 등 사교과四敎科를 수료한 뒤, 설파 상언雪坡尙彦을 찾아가서 『화엄경華嚴經』을 수학하고 그의 인가를 받았다. 그러나 상언

의 법맥을 잇지 않고 은사인 자우에게 돌아와서 법맥을 이었다. 그 뒤 대둔사大芚寺에서 불경을 강하자, 학도가 크게 모여 물었다. 그때 춘담春潭·화담花潭·운담雲潭이 다 그 문하에서 수강하였는데, 이들을 '삼담三潭'이라고 한다. 이들 삼담은 모두 대강사로서 이름을 날렸는데, 당시에 삼남 지방의 학인이 모두 삼담에게로 돌아간다고 일컬어지기도 하였다. 법을 전한 제자는 5인이 있으며, 적암翟庵이 그 수제자이다. 저서로는 『懶庵集』이 있다.

209 운손雲孫 : 먼 손자(孫子). 자신으로부터 제8대가 '잉손仍孫'이고, 잉손의 아들 곧 제9대 손자가 '운손'이다.

210 소진蘇秦 : 전국戰國 시대 말엽의 종횡가縱橫家. 주周나라의 도읍 낙양洛陽 사람. 근처의 귀곡鬼谷에 은거하던 수수께끼의 종횡가 귀곡鬼谷 선생에게 배웠다. 따라서 소진이 죽은 뒤 연횡책連橫策을 펴 합종책合縱策을 깨뜨린 장의張儀와는 동문이 되는 셈이다. 제齊나라에서 살해되었다.

211 장의張儀 : 전국戰國 시대 위魏나라 사람. 유명한 변사辯士로서 6국을 유세遊說하여 진秦나라를 섬기게 하였다. 합종책으로 6국의 재상을 겸임했던 소진과 함께 수수께끼의 종횡가인 귀곡 선생에게 종횡의 술책을 배웠다. 위나라의 재상으로 있다가 진나라 혜문왕惠文王의 신임을 받아 진나라의 재상이 되었다. 소진이 제나라에서 살해되자, 6국을 순방·유세하여 소진의 합종책을 깨고 연횡책을 성사시켜 6국으로 하여금 개별적으로 진나라를 섬기게 하였다. 혜문왕이 죽은 후 참소讒訴를 당하여 위나라에서 객사客死하였다.

212 설송당雪松堂(1676~1750) : 조선 중기의 고승高僧. 법명은 연초演初이고 호는 설송雪松이다. 속성은 백白씨이고 경상북도 자인 출신이다. 13세에 청도 운문사雲門寺로 출가하여 송운문파松雲門派의 제4세 국사인 석제釋霽 밑에서 배우고, 뒤에 편양문파鞭羊門派인 지안志安의 법을 이었다. 당시 휴정休靜 문하에는 송운松雲·편양鞭羊·소요逍遙·무염無染의 4대파가 있었는데, 송운은 교教를 이었고 편양은 선禪을 이었다. 이들 문파는 사자상승師資相承의 독특한 전법방식에 의하여 승풍僧風의 차이를 보여 주고 있고, 이러한 차이에서 생겨난 폐단이 많았는데, 연초는 송운문파의 교와 편양문파의 선을 합일하여 그 법맥을 하나로 통일하였다. 그는 정定이 곧 혜慧이고 혜가 곧 정이므로, 선·교를 따로 나눌 수가 없고 도를 동動·정靜으로 나눌 수 없다고 주장하였다. 외모는 거칠었으나 심성이 순하였고, 불경에 두루 밝아 따르는 문도들이 많았다고 한다. 그러나 노년에는 문인들을 모두 보내고 참선 정진하였다. 하루는 시자에게 차를 가져오라고 하여 차 한 잔을 마신 뒤 임종게臨終偈를 쓴 다음 염불을 하고 나이 75세, 법랍 62세로 입적하였다. 다비茶毘한 뒤 나온 사리舍利는 통도사通度寺와 운문사에 나누어 안치되었으며, 4년 뒤 이천보李天輔가 비문을 지어 운문사에 비를 세웠다.

213 한 삼태기에~무너지지 않게 : 아홉 길의 산을 만드는 사람이 한 삼태기를 더 보태지 못해서 그 공이 모두 헛되어진다(爲山九仞。功虧一簣)는 고사에서 나온 말이다.

214 취암당翠巖堂 : 생몰년 미상. 조선 말기 스님. 법명은 금환錦還이고 법호는 취암翠庵이며, 응화 유한應化有閑의 법제자이다.

215 제봉당霽峯堂 : 생몰년 미상. 법명은 운봉雲峯이고 호는 제봉霽峰이며, 또 다른 칭호로는 '제산운사霽山雲史'라고도 한다. 구담 전봉九潭展鵬 선사의 법을 이었으며, 전

• 547

주 위봉사威鳳寺에 머무르면서 후학들을 지도하였다. 뛰어난 문장력으로 그 명성이 초의草衣·해붕海鵬·초엄草广 등과 이름을 나란히 하였다. 초의 스님과 함께『西山震默祖師語錄』을 교정하여 간행·유포하기도 했다.

216 호랑이 싸움을 말린 석장(解虎錫):『續高僧傳』권16『釋僧稠傳』에 "승조 대사가 회주懷州의 서쪽에 있는 왕옥산王屋山으로 가서 이전에 전해 받은 선정의 법문을 닦고 익혔는데, 전해 오는 소문에 의하면 두 마리의 호랑이가 서로 싸우면서 으르렁대는 메아리 소리가 험한 산골을 뒤흔들었는데, 그가 곧 석장錫杖으로 그 호랑이들을 화해시키자 호랑이는 제각기 흩어져 갔다고 한다."라고 한 데서 유래되는 말로, 진리를 크게 깨친 선승禪僧의 신통 묘용한 대기대용大機大用을 비유하는 말이다.

217 용을 항복 받은 발우(降龍鉢): 육조 대사 당시 못에 물을 마구 휘젓고 다니며 바람을 일으키는 용이 있었다. 그런데 육조 대사께서 "너 이놈, 몸을 키우고 재주를 부릴 줄은 알지만 몸을 작게 나툴 줄은 모르는구나."라고 법문을 하자 그 용이 어떻게 알아들었는지 몸을 작게 해 가지고 육조 대사 앞에 나타났다. 이때 육조 대사께서 발우대로 딱 덮어서 용을 항복 받은 일이 있다는 고사에서 유래된 말이다.

218 율봉당栗峯堂(1738~1823): 조선 후기의 승려. 법명은 청고靑杲이고 자는 염화拈花이며, 호는 율봉栗峯이고 순천 출신이다. 속성은 백白씨로서, 아버지는 호皓이고 어머니는 문文씨이다. 어려서부터 총명하여 사람들이 칭찬하였다. 19세에 출가하여 대준大俊의 제자가 되었고, 이듬해 숙민淑敏에게서 구족계具足戒를 받았다. 그 뒤 탁계卓戒로부터 선禪을 지도 받았으며, 거안巨岸에게 법을 물어 삼장三藏의 깊은 뜻을 정통하고『華嚴經』의 묘한 뜻을 깨우쳤다. 그러나 교리에만 집착하지 않고 별전선지別傳禪旨를 깨달았으므로, 스승 거안이 "나는 사구死句를 강하는데, 그대는 활구活句를 터득하였구나."라고 하며 심법心法을 전수하였다. 그 뒤 "금강산은 지상정토이니 그곳이 법을 천명할 곳"이라 하고, 금강산 마하연摩訶衍으로 들어가 많은 학도를 지도하였으며, 가르침을 받은 자가 수천 명에 이르렀다. 또한, 소승을 매우 지탄하였으므로, 아라한阿羅漢의 희롱으로 속임수에 떨어졌던 일화도 전한다. 도력이 뛰어나서, 사람들이 '활불活佛'이라고 불렀다. 문인에게 본원本源에 돌아감을 말하고, 나이 86세로 입적하였다.

219 화악당華岳堂(1629~1707): 법명은 문신文信이고 호는 화악華岳이며, 대흥사大興寺 13대종사大宗師의 한 사람이다. 속성은 김金씨이고 전라남도 해남 화산 출신이다. 어렸을 때 출가하여 대둔사大芚寺 고권顧權의 제자가 되었다. 그러나 배운 것이 없어서 경전을 공부하지 못하고 농사일을 하면서 지냈다. 어느 날 대둔사 상원루上院樓 아래 지게를 내려놓고 쉬고 있다가, 누각 위에서 취여醉如가 강론講論하는『華嚴經』의 종지宗旨를 듣고 홀연히 깨달은 바가 있었다. 그 뒤 취여의 가르침을 따라서 화엄을 배웠으며, 솔방울을 주워서 불을 밝히고 온종일 독경하며 3년을 공부한 뒤 취여의 법을 전수받았다. 그때부터 전국 각지의 고명한 선사들을 찾아다니면서 지도를 받다가 다시 대둔사로 돌아와서 취여의 뒤를 이어 후학들을 지도하였다. 그의 설법이 있을 때면 언제나 승속僧俗 수백 명이 참여하였다. 그때 묘향산에 머물렀던 월저月渚가 대둔사로 찾아왔는데, 그들은 함께 선지禪旨를 담론하고『華嚴經』의 묘의妙義를 겨루어 서로의 도력을 인정하였다. 그때 월저가 능히 대중을 지도할 수 있는 능력이 있음을 간파한 문신은 제자와 학인들을 모두 월저에게 위탁하고 뒷방으로 물

러나서, 두문불출하고 면벽面壁 참선하였다. 그 뒤 월저는 묘향산으로 돌아가서 문도들에게, "나는 남방에서 육신 보살肉身菩薩을 보았다."라고 하면서 문신의 도력을 널리 알렸다. 6월 26일 나이 79세로 죽었으며, 다비茶毘한 뒤 사리舍利 2과顆를 얻어 대흥사에 부도와 비를 세웠다.

220 뇌묵당雷默堂 : 생몰년 미상. 조선 선조 때의 승려로서 의승장義僧將이기도 하다. 법명은 처영處英이고 호는 뇌묵雷默이며, 휴정休靜의 제자이다. 1592년(선조 25) 임진왜란이 일어나 선조가 의주로 피란했을 때, 휴정은 팔도의 승려에게 격문을 보내어 의승으로 궐기할 것을 호소하였다. 이때 처영은 천 명의 승병을 모집하여 권율權慄과 함께 금산 배고개전투(梨峙戰鬪)에 참여하여 크게 전공을 세웠다. 1593년 2월 권율과 함께 북진하여 수원 독왕산성禿旺山城에 진을 치고 왜적 우키타(宇喜多秀家)의 공격을 물리쳤다. 그리고 권율이 3천8백 명의 병력을 이끌고 한강을 건너 행주산성에 주둔하였을 때, 7백 승병을 이끌고 한 방면을 담당하여 적병 3만과 대전하여 2만 4천 명의 사상자를 내게 함으로써 임진왜란 이후 최대의 승첩을 거두었다. 이에 조정에서는 절충장군折衝將軍이라는 직함을 내렸다. 그 뒤 1794년(정조 18) 왕명으로 휴정·유정惟政·처영의 진영眞影을 해남 대흥사大興寺의 표충사表忠祠와 묘향산 수충사酬忠祠에 봉안하고, 관에서 춘추로 제관과 제수를 보내어 향사하게 하였다. 또한 그 공덕을 찬송하여 '방가주석邦家柱石 선문목탁禪門木鐸 동시임란同時臨亂 공존사직功存社稷 일체거의一體擧義 보제군생普濟群生 의병부장義兵副將 가선대부嘉善大夫 중추부사中樞府使 뇌묵당대선사雷默堂大禪師'라는 찬호贊號와 직품職品을 추증하였다. 『金山寺誌』에는 그가 어릴 때에 금산사로 출가하고, 뒤에 휴정을 참방하여 선지禪旨를 받았다는 기록과 함께, 임진왜란 때의 공으로 '국일도대선사國一都大禪師 부종수교扶宗樹敎 보광현랑葆光玄朗 뇌묵雷默'의 법호를 받았다고 하였다.

221 성곡당聖谷堂 : 생몰년 미상. 조선 말기의 승려. 법명은 유척惟倜이고 법호는 성곡聖谷이며, 용암 혜언龍巖慧彦의 법제자이다.

222 연파당蓮波堂(蓮坡堂, 1772~1811) : 조선 후기의 승려. 법명은 혜장惠藏이고 자는 무진無盡이며, 호는 연파蓮坡 또는 아암兒庵이다. 속성은 김金씨이고 속명은 팔득八得이다. 색금현塞琴縣 화산방花山坊 출신. 어려서 출가하여 해남 대둔사大芚寺의 월송화상月松和尙으로부터 구족계具足戒를 받았다. 그 뒤 춘계春溪와 천묵天默으로부터 내전과 외전을 배웠는데, 총명하여 불경은 물론 세속의 학문까지 통달하였으므로 그의 명성은 승도들 사이에 자자하였다. 그 뒤 당대의 대강사인 유일有一과 정일鼎馹로부터 불교공부를 계속하였다. 27세 때 정암晶巖의 밑에서 선리를 터득하여 문신文信의 적손嫡孫이 되었다. 30세 때 두륜대회頭輪大會(두륜산 내의 승려대회)를 주도하였음을 보면, 그 나이에 선禪·교敎 양종의 거목이 되었음을 알 수 있다. 1801년(순조 1) 전라도 강진에 유배된 정약용丁若鏞과 깊은 교우관계를 맺게 되었다. 정약용은 그의 비명碑銘에서, "『論語』 또는 율려律呂·성리性理의 깊은 뜻을 잘 알고 있어 유학의 대가나 다름없었다."라고 칭찬하였다. 그는 특히 『首楞嚴經』과 『大乘起信論』을 가장 잘하였다. 35세 때부터 시주詩酒를 즐기다가 1811년 가을, 병을 얻어 두륜산 북암北庵에서 입적하였다. 제자에 색성賾性·자굉慈宏·응언應彦·법훈法訓 등이 있었으며, 모두 불교계의 거장이었다. 저서에는 『兒庵集』 3권이 있다.

223 바다에 들어갔을~것과 같도다 : 『莊子』「秋水」편에 의하면, 가을 물이 황하黃河로 몰

려들어 황하가 잔뜩 벌창해지자, 황하의 신인 백伯이 천하의 미관美觀을 다 지녔다고 자부했다가, 이윽고 북해 가에 이르러 바라보니 북해는 아예 끝도 가도 보이지 않으므로, 이에 황하의 신은 비로소 얼굴빛을 고치고 북해의 신을 바라보면서 탄식하며 말하기를 "속담에 이르기를 백 가지 도리를 알고는 자기만 한 사람은 없다고 생각하는 자가 있다고 하였는데, 저를 두고 한 말인 것 같습니다.(聞道百以爲莫己若者。我之謂也。)"라고 한 것에서 인용한 말인 듯하다. 그런데 문장이 매끄럽게 이어지지 않는 듯하다.

224 해붕海鵬(?~1826) : 본서의 저자. 조선 후기의 고승高僧. 법명은 전령展翎이고 자는 천유天遊이며, 호는 해붕海鵬이다. 순천 출신으로 선암사仙巖寺에서 출가하고, 최눌最訥의 법인法印을 받았다. 선·교에 정통하고 문장이 뛰어났으며, 덕德이 높아 그 명성이 자자하였다. 노질盧質·이학전李學傳·김각金珏·심두영沈斗永·이삼만李三萬·의순意恂 등과 더불어 호남칠고붕湖南七高朋의 한 사람이다. 1826년 10월 1일 선암사에서 입적하였다. 저서로는 『壯遊大方錄』 1권이 있다고 전하는데 이는 『海鵬集』의 다른 이름으로 보인다.

225 대수大樹 : 후한後漢 광무제光武帝 때의 장수 풍이馮異가 유수劉秀를 도와 전쟁을 치른 뒤 서로들 공을 자랑하는 제장諸將과는 달리 홀로 큰 나무 아래 물러가 있곤 하였으므로, 군중軍中에서 '대수 장군大樹將軍'이라고 불렀다는 고사가 전한다. 『後漢書』 권17 「馮異傳」.

226 장주莊周 : 춘추春秋 시대 송宋나라의 사상가이자 도학자道學者. 만물일원론萬物一元論을 주창, 인생은 사생死生을 초월하여 절대 무한의 경지에 소요逍遙함을 목적으로 하였고, 또 인생은 모두 천명天命이라는 숙명설宿命說을 주장하였다.

227 천유天遊 : 『莊子』「外物」에 "사람의 몸에는 텅 빈 공간이 있고 마음은 그 속에서 천유한다. 마음에 천유가 없으면 육착이 서로 빼앗을 것이다.(胞有重閬。心有天遊。心無天遊。則六鑿相攘。)"라고 한 데에서 나온 말로 정신이 세속을 초탈하여 자연 속에서 노니는 것을 뜻한다. 즉, 사물에 구애되지 아니하고 마음에 막힌 데 없이 자연 그대로 자유로운 삶을 말한다.

228 자운子雲 : 한漢나라 양웅揚雄의 자字이다.

229 초현草玄 : 『太玄經』을 초함. 한漢나라 양웅揚雄이 『周易』을 본떠서 『太玄經』을 지었다. 『漢書』「揚雄傳」에 "양웅이 바야흐로 『太玄經』을 초하면서 스스로 몸 갖기를 깨끗이 하였다."라고 한 말이 있다.

230 인악당仁嶽堂(仁岳堂, 1746~1796) : 조선 후기 편양문파鞭羊門派의 선승禪僧. 법명은 의침義砧이고 혹은 의첨義沾이라고도 하며, 자는 자의子宜이고 호는 인악仁岳이다. 속성은 이李씨이고, 경상북도 달성군 인흥촌仁興村 출신이다. 8세에 『小學』을 배워 그대로 실천하였으며, 15세에 이미 삼경三經을 독파하고 문장을 잘 짓기로 이름이 높았다. 18세에 비슬산 용연사龍淵寺로 출가하여 벽봉碧峯으로부터 구족계具足戒를 받고 『金剛經』·『楞嚴經』 등을 배웠다. 23세에 상언尙彦이 화엄학의 대가임을 알고 그에게 찾아가 『華嚴經』과 『禪門拈頌』을 배웠다. 그 뒤 밤에는 참선에 몰두하고, 낮에는 설강設講하여 제자를 지도하였다. 또한 외전外典에도 박통하여 찾아오는 유생들에게 역易의 뜻을 설하기도 하였다. 만년에는 교에서 선으로 나아가, 강의를 폐하고 오로지 참선에만 열중하였다. 1790년(정조 14) 수원 용주사龍珠寺 창건 시 불상

의 개안의식開眼儀式을 주재하고 「佛腹藏願文」을 지었는데, 정조가 그 문장을 보고 크게 칭찬하였다. 제자로는 성안聖岸 등이 있으며, 저서로는 『華嚴私記』·『仁岳集』 3권 등이 있다.

231 쇄쇄낙락灑灑落落 : 물을 뿌려 씻은 듯이 깨끗하여 욕기欲氣가 없는 모습을 말한다.
232 민운장閩雲將 : 이 말은 정확하게 무슨 뜻인지 알 수 없다.
233 기오寄傲 : 세속을 떠나 초연한 자유인의 경지를 마음껏 펼친다는 말이다. 도연명陶淵明의 「歸去來辭」에 "남쪽 창에 기대어 멋대로 즐긴다.(倚南窓以寄傲)"라는 구절이 있다.
234 천은天隱 : 명明나라 엄과嚴果를 지칭한 듯하다. 엄과의 호가 천은자天隱子이다. 양생술養生術에 뛰어났다고 한다.
235 공화불사空花佛事 : 참선하고 염불하고 법당 짓고 재를 지내는 등 일체의 불사. 이런 불사를 행하되 허공의 꽃같이 하여, 일체 마음을 상相에 두지 말고 불사를 하라는 뜻이다.
236 입관入觀 : 산란한 마음을 진정하여, 제법諸法의 이치를 관조觀照하는 경지로 들어가는 것을 말한다.
237 수월도량水月道場 : 불교 의식을 거행하는 장소.
238 진나라 채찍(秦鞭) : 진시황이 돌다리를 놓고 바다를 건너가 해 돋는 곳을 보려고 하였다. 그때 신인神人이 나와 돌을 내몰아 바다에 내려가게 하였는데, 돌이 가는 것이 빠르지 않으면 그 신인이 번번이 채찍질을 하여 얻어맞은 돌에서는 다 피가 흘렀다는 고사가 있다.
239 우임금 도끼(禹斧) : 우임금이 가지고 있던 도끼를 말한다. 『淮南子』에 의하면 우임금이 천하 하천河川의 물길을 다스릴 적에 이 도끼로 용문산龍門山을 끊어 물길이 통하게 하였다고 하며, 중국 전체를 구주九州로 나누어 다스렸다고 한다.
240 병 속의 별유천지別有天地 : 호중천壺中天은 호로壺蘆(호리병) 속에 있는 별천지로 신선의 세계를 말한다.
241 천유天遊 : 사물事物에 구애되지 않고 마음에 막힌 데 없이 자연 그대로 자유로움을 말한다. 주 227 참조.
242 호랑이 싸움 말린 석장(解虎錫) : 주 216 참조.
243 용을 항복 받은 발우(降龍鉢) : 주 217 참조.
244 충천대장衝天大將 : 주 35 참조.
245 보토소補土所 : 조선 시대 비보裨補사상에 의하여 땅의 기운을 돋우기 위하여 흙을 메워 지대를 높이는 작업을 하였던 관청 혹은 그렇게 쌓아 올린 곳. 삼각산으로부터 백악에 이르는 지맥의 중요한 지점인 현 북악터널에 보토소를 두고 총융청이라는 담당 관청에서 국가적으로 관리하였으며, 도읍의 지기가 빠져 나가는 곳인 청계천 수구 부위에는 양쪽으로 가산假山을 조성함으로써 기氣를 모으고자 의도했다. 또한 관악산의 화기를 다스리기 위해서 해태뿐만 아니라 남대문 앞에 남지南池라는 못을 파기도 하였다.
246 삼대 춤(三臺舞) : 당唐나라의 궁정 무용이며 '파진씨무破陳氏舞'라고도 하는 칠덕무七德舞(태종의 공덕을 칭송하는 내용이 주를 이루고 있음)와 구공무九功舞와 상원무上元舞를 가리킨다.

• 551

247 관허당寬虛堂 설훈雪訓 : 18세기 말 경기 지역 최고의 화승으로 알려져 있다.
248 귤리橘裡 : 신선의 세계를 가리킨다. 촉蜀나라 사람이 귤원橘園이 있어 가을에 귤을 수확했는데, 크기가 항아리 같은 대귤大橘이 있어 그것을 쪼개 보니 그 속에서 두 노인이 바둑을 두고 있었다고 한다. 『幽怪錄』.
249 채호彩毫 : 오색의 붓이라는 뜻으로, 문장의 재능이 뛰어난 것을 비유할 때 쓰는 표현인데, 남조南朝 양梁나라의 시인 강엄江淹이 꿈속에서 이 붓을 받고는 문명文名을 떨치다가, 만년에 다시 꿈속에서 그 붓을 돌려주고 나서는 좋은 시를 짓지 못하였다는 고사가 전한다. 『南史』 권59 「江淹列傳」.
250 방포方袍 : 주 121 참조.
251 양강襄江 : 중국의 하천 이름. 한수漢水를 가리킨다. 한수가 양양襄陽을 지난 다음 남쪽으로 흘러 장강으로 들어가는 부분을 양강이라 부른다.
252 초협楚峽 : 중국의 지명. 사천성四川省 무산현巫山縣 동쪽에 있는 무산巫山을 이른다.
253 여섯 가지 상서(六瑞) : 법화육서法華六瑞를 말하는데, ①『無量義經』을 설한 설법의 상서, ② 무량의처 삼매에 들어가는 입정의 상서, ③ 하늘에서 네 가지 종류의 꽃비가 내리는 우화雨花의 상서, ④ 여섯 가지 대지가 진동한 지동의 상서, ⑤ 부처 미간의 백호가 빛을 내어 동방의 일만 팔천 불국토를 비추는 방광의 상서, ⑥ 대중이 보고 환희가 생기는 심희心喜의 상서 등이다.
254 네 가지 꽃(四花) : 법화의 육서六瑞 가운데 우화서雨花瑞의 네 가지 꽃인 만다라화曼陀羅花, 마하만다라화摩訶曼陀羅花, 만수사화曼殊沙花, 마하만수사화摩訶曼殊沙花를 가리킨다.
255 뼈를 바꾸고 창자 씻으니(換骨洗腸) : 환골탈태換骨奪胎와 같은 의미로, 용모가 환하게 뜨이고 아름다워져서 전혀 다른 사람처럼 됨을 말한다.
256 귤 속 : 주 248 참조.
257 삼도三島 : 전설 속의 신선이 산다는 바다 가운데 있는 세 섬. 즉 봉래산蓬萊山, 영주산瀛洲山, 방장산方丈山을 말한다.
258 십주十洲 : 신선이 산다는 바다 가운데의 열 군데 선경仙境.
259 죽수에 와혈(竹水窩) : '수와水窩'는 풍수지리학에서 명당혈明堂穴 중의 하나이다.
260 사미四美 : 시詩 모임에 갖추어야 할 네 가지 아름다운 것으로, 좋은 때(良辰), 아름다운 경치(美景), 마음에 유쾌한 것(賞心), 즐거운 일(樂事)을 말한다.(왕발王勃의 「滕王閣序」)
261 삼가三佳 : 산과 물과 정자를 말한다.
262 동군東君 : 봄의 별칭. 봄의 신神. 봄이 오행五行상으로 동방東方과 목木과 청색靑色의 속성을 지니고 있기 때문에, 동제東帝·청제靑帝·청황靑皇·태호太皞 등으로 칭하기도 한다.
263 옥추玉樞 : 도가道家의 경전인 『玉樞經』을 말한다.
264 풍운제회風雲際會 : 『周易』 건괘乾卦의 "구름은 용을 따르고 바람은 범을 따른다.(雲從龍。風從虎。)"라는 말에서 나온 것으로, 명군明君과 양신良臣이 서로 만난 것을 말한다.
265 장군의 머리가 보배 : 사명 대사가 가등청정과 담판할 적에 가등이 "그대의 나라에 보배가 무엇인가?"라고 하자, 사명이 대답하기를 "그대의 머리가 보배이다. 왜 그런

가 하면 그대의 머리를 베는 이에게 황금의 상금이 걸려 있기 때문이다."라고 한 것을 일컫는다.

266 용정龍庭 : 원래는 흉노의 선우單于가 5월에 큰 회합을 갖고 천지 귀신에게 제사를 올리는 곳이다. 그런데 여기에서는 일본의 궁중을 가리킨다.
267 서불徐市 : 진시황秦始皇 때의 방사方士인데, 시황의 명령으로 동남童男 동녀童女 수천 명을 거느리고 바다에 들어가서 삼신산三神山의 불사약不死藥을 구하였다고 한다.
268 도도산桃都山 : 『述異記』에, "동남쪽에 도도산이 있는데, 그 위에 큰 나무가 있어서 이름을 도도桃都라고 한다. 가지와 가지 사이가 8천 리나 되는데, 그 위에 천계天鷄가 있다. 해가 처음 뜨면 먼저 이 나무를 비추어 천계가 울면 천하의 닭이 따라 운다."라는 이야기가 있다.
269 선리仙李 : 원래 노자老子를 칭하나, 여기서는 이씨 왕조李氏王朝의 조상을 말한다.
270 창오蒼梧 : 순舜임금을 장사 지낸 곳으로, 지하에 묻힌 성군聖君을 뜻한다. 『史記』 「五帝本紀」에 순임금이 39년 동안 제위帝位에 있다가 남쪽을 순수巡狩하던 중에 창오의 들판에서 죽은 고사가 전해진다.
271 여섯 상서(六瑞) : 주 253 참조.
272 네 가지 꽃(四花) : 주 254 참조.
273 부상扶桑 : 동해의 해가 뜨는 곳에 있다는 신령스러운 나무(神木), 또는 그것이 있다는 곳. 『山海經』「海外東經」에 "양곡暘谷에 부상이 있으니 열 해(日)가 멱감는 곳이다."라고 하였고, 『十洲記』에는 "부상은 푸른 바다 가운데 있으니 키가 몇천 길, 천여 아름인데 해 뜨는 곳이다."라고 하였다.
274 현명국玄冥國 : 원래는 형살刑殺을 담당하는 북방의 신神으로 동장군冬將軍을 가리키는데, 여기에서는 북방 신이 기거하는 나라를 말한다.
275 흑제黑帝 : 원래는 북방을 담당한 신神을 가리키는데, 여기에서는 겨울을 맡은 신을 말한다.
276 경음瓊音 : 맑고 고운 소리. 여기에서는 아름다운 글자 또는 문장을 미화하는 말.
277 선어仙語 : 신선의 말이라는 뜻으로, 문장의 아름다움을 미화하는 말.

찾아보기

가섭존자迦葉尊者 / 316
경암당鏡庵堂 / 447
계음당桂陰堂 / 384
고봉 화상高峰和尙 / 334
고운 선생孤雲先生 / 456
관송당觀松堂 / 401
관허당寬虛堂 설훈雪訓 / 484
구곡당龜谷堂 / 358
구마라집鳩摩羅什 / 327
구피 선사枸皮禪師 / 376
규봉 대사圭峰大士 / 329
금강암金剛菴 / 469
김 상사金上舍 / 450

나암당懶菴堂 / 419
나옹 화상懶翁和尙 / 343
낙허당樂虛堂 / 426
남명당南溟堂 전령 대사展翎大師 / 448
남악당南嶽堂 / 388
남악당南岳堂 / 397
납암당衲庵堂 / 431
농암당聾庵堂 / 411
뇌묵당雷默堂 / 434

다솔사多率寺 / 477
달마 대사達摩大師 / 319
대각 국사大覺國師 / 351
대원당大圓堂 / 403
대원사大源寺 / 476
대혜 대사大慧大士 / 333
도선 국사道詵國師 / 341
도솔암兜率庵 / 470
도안 법사道安法師 / 324
등계 선사登階禪師 / 359

마명 대사馬鳴大師 / 317
만암당萬嚴堂 / 445
명진당明眞堂 / 393
몽암당蒙庵堂 / 422
무용당無用堂 / 381
무착 조사無著祖師 / 350
무학 화상無學和尙 / 344
묵암당默庵堂 / 404
미타회彌陀會 / 512

방 거사龐居士 / 314

백곡당白谷堂 / 375
백암당栢巖堂 / 373
백장 화상百丈和尙 / 322
벽송당碧松堂 / 360
벽암당碧巖堂 / 366
보리암菩提菴 / 466
보조 국사普照國師 / 353
부용당芙蓉堂 / 361
부휴 대사浮休大師 / 365
불도징佛圖澄 / 328

사명당泗溟堂 / 362
사봉당獅峯堂 / 424
삼각산三角山 보토소補土所 / 481
상봉당霜峰堂 / 391
상월당霜月堂 / 389
상현천上玄天 / 264, 265
석천암石泉菴 / 457
선각 선사善覺禪師 / 336
선암사仙巖寺 / 455
선재동자善財童子 / 315
선탄 선사禪綻禪師 / 374
설봉당雪峰堂 / 392
설송당雪松堂 / 423
설암당雪巖堂 / 383
설파당雪坡堂 / 396
성곡당聖谷堂 / 435
소요당逍遙堂 / 367
순종 사미順宗沙彌 / 509
승가사僧伽寺 / 511

아도 화상阿度和尙 / 345
역암당櫟庵堂 / 416
연담당蓮潭堂 / 406
연파당蓮波堂 / 436
영월당詠月堂 / 377
영파당影波堂 / 414, 500
영해당影海堂 / 385
와운당臥雲堂 / 405
완월당玩月堂 / 413
용담당龍潭堂 / 395
용문사龍門寺 / 472
용수 대사龍樹大師 / 318
용암당龍巖堂 / 399
용암당聳巖堂 / 480
운월당雲月堂 / 409
원참 조사元昌祖師 / 390
원효 대사元曉大師 / 347
월담당月潭堂 / 380
월성당月城堂 / 427
월저당月渚堂 / 379
육조 대사六祖大師 / 321
윤필 대사尹弼大師 / 349
율봉당栗峯堂 / 430
응암당應巖堂 / 408
의상 대사義湘大士 / 348
의암당義庵堂 / 446
이악당而嶽堂 / 410
인악당仁嶽堂 / 443
일선 화상一禪和尙 / 352
일지당一指堂 / 432
일행 대사一行大師 / 340

자장 율사慈藏律師 / 346
장수 선사長水禪師 / 330
장유대방가壯游大方家 / 263
장제張濟 / 513
장타張沱 / 514
정명 거사淨名居士 / 313
정수암淨水庵 / 493
정암당靜庵堂 / 444
정암당靜菴堂 / 458
제봉당霽峯堂 / 429
조백 대사棗栢大師 / 326
조주 화상趙州和尙 / 338
중관당中觀堂 / 369
중암당中巖堂 / 467
지공 화상指空和尙 / 342
지자 대사智者大師 / 331
진묵당震默堂 / 370

천봉당天峯堂 / 402
천연 선사天然禪師 / 332
천유天遊 / 263, 439
철哲 스님 / 459
청량 국사淸凉國師 / 325
청매당靑梅堂 / 364
청파당靑坡堂 / 421
초의당草衣堂 의순意恂 / 465
추파당秋波堂 / 415
취미당翠微堂 / 371

취암당鷲巖堂 / 417
취암당翠巖堂 / 428
침굉당枕肱堂 / 378

태고 화상太古和尙 / 356
태전 선사太顚禪師 / 335
태현의 성인(太玄聖) / 266
통연당洞然堂 / 418
퇴암당退巖堂 / 420

편양당鞭羊堂 / 368
『표충록表忠錄』 / 504
풍담당楓潭堂 / 372

ㅎ

학송당鶴松堂 묘원妙圓 / 482
함월당涵月堂 / 394
함허당涵虛堂 / 355
해명당海溟堂 / 449
해봉당海峰堂 / 398
해붕海鵬 / 263, 437, 513
허곡당虛谷堂 / 407
허응당虛應堂 / 363
현장 법사玄奘法師 / 323
현허玄虛 / 441
혜가 대사慧可大師 / 320

혜암당惠庵堂 / 412
혜원 법사惠遠法師 / 339
혜월당慧月堂 / 425
혜철 국사慧徹國師 / 354
호암당虎巖堂 / 387
화림사花林寺 / 475
화방사花芳寺 / 474

화악당華岳堂 / 433
환성당喚惺堂 / 382
환암당喚庵堂 / 400
환암 대사幻庵大師 / 357
황벽 화상黃蘗和尙 / 337
회암당晦庵堂 / 386

한글본 한국불교전서

조·선·출·간·본

조선 1 작법귀감
백파 긍선 | 김두재 옮김 | 신국판 | 336쪽 | 18,000원

조선 2 정토보서
백암 성총 | 김종진 옮김 | 4X6판 | 224쪽 | 12,000원

조선 3 백암정토찬
백암 성총 | 김종진 옮김 | 4X6판 | 156쪽 | 9,000원

조선 4 일본표해록
풍계 현정 | 김상현 옮김 | 4X6판 | 180쪽 | 10,000원

조선 5 기암집
기암 법견 | 이상현 옮김 | 신국판 | 320쪽 | 18,000원

조선 6 운봉선사심성론
운봉 대지 | 이종수 옮김 | 4X6판 | 200쪽 | 12,000원

조선 7 추파집·추파수간
추파 홍유 | 하혜정 옮김 | 신국판 | 340쪽 | 20,000원

조선 8 침굉집
침굉 현변 | 이상현 옮김 | 신국판 | 300쪽 | 17,000원

조선 9 염불보권문
명연 | 정우영·김종진 옮김 | 신국판 | 224쪽 | 13,000원

조선 10 천지명양수륙재의범음산보집
해동사문 지환 | 김두재 옮김 | 신국판 | 636쪽 | 28,000원

조선 11 삼봉집
화악 지탁 | 김재희 옮김 | 신국판 | 260쪽 | 15,000원

조선 12 선문수경
백파 긍선 | 신규탁 옮김 | 신국판 | 180쪽 | 12,000원

조선 13 선문사변만어
초의 의순 | 김영욱 옮김 | 4X6판 | 192쪽 | 11,000원

조선 14 부휴당대사집
부휴 선수 | 이상현 옮김 | 신국판 | 376쪽 | 22,000원

조선 15 무경집
무경 자수 | 김재희 옮김 | 신국판 | 516쪽 | 26,000원

조선 16 무경실중어록
무경 자수 | 성재헌 옮김 | 신국판 | 340쪽 | 20,000원

조선 17 불조진심선격초
무경 자수 | 성재헌 옮김 | 신국판 | 168쪽 | 11,000원

조선 18 선학입문
김대현 | 성재헌 옮김 | 신국판 | 240쪽 | 14,000원

조선 19 사명당대사집
사명 유정 | 이상현 옮김 | 신국판 | 508쪽 | 26,000원

조선 20 송운대사분충서난록
신유한 엮음 | 이상현 옮김 | 신국판 | 324쪽 | 20,000원

조선 21 의룡집
의룡 체훈 | 김석군 옮김 | 신국판 | 296쪽 | 17,000원

조선 22 응운공여대사유망록
응운 공여 | 이대형 옮김 | 신국판 | 350쪽 | 20,000원

조선 23 사경지험기
백암 성총 | 성재헌 옮김 | 신국판 | 248쪽 | 15,000원

조선 24 무용당유고
무용 수연 | 이상현 옮김 | 신국판 | 292쪽 | 17,000원

조선 25 설담집
설담 자우 | 윤찬호 옮김 | 신국판 | 200쪽 | 13,000원

조선 26 동사열전
범해 각안 | 김두재 옮김 | 신국판 | 652쪽 | 30,000원

조선 27 청허당집
청허 휴정 | 이상현 옮김 | 신국판 | 964쪽 | 47,000원

조선 28 대각등계집
백곡 처능 | 임재완 옮김 | 신국판 | 408쪽 | 23,000원

조선 29 반야바라밀다심경략소연주기회편
석실 명안 엮음 | 강찬국 옮김 | 신국판 | 296쪽 | 17,000원

조선 30 허정집
허정 법종 | 성재헌 옮김 | 신국판 | 488쪽 | 25,000원

조선 31 호은집
호은 유기 | 김종진 옮김 | 신국판 | 264쪽 | 16,000원

조선 32 월성집
월성 비은 | 이대형 옮김 | 4X6판 | 172쪽 | 11,000원

조선 33 아암유집
아암 혜장 | 김두재 옮김 | 신국판 | 208쪽 | 13,000원

조선 34 경허집
경허 성우 | 이상하 옮김 | 신국판 | 572쪽 | 28,000원

조선 35 송계대선사문집·상월대사시집
송계 나식·상월 새봉 | 김종진·박재금 옮김 | 신국판 | 440쪽 | 24,000원

조선 36 선문오종강요·환성시집
환성 지안 | 성재헌 옮김 | 신국판 | 296쪽 | 17,000원

조선 37 역산집
영허 선영 | 공근식 옮김 | 신국판 | 368쪽 | 22,000원

조선 38 함허당득통화상어록
득통 기화 | 박해당 옮김 | 신국판 | 300쪽 | 18,000원

조선 39 가산고
월하 계오 | 성재헌 옮김 | 신국판 | 446쪽 | 24,000원

조선 40 선원제전집도서과평
설암 추붕 | 이정희 옮김 | 신국판 | 338쪽 | 20,000원

조선 41 함홍당집
함홍 치능 | 성재헌 옮김 | 신국판 | 348쪽 | 21,000원

조선 42 백암집
백암 성총 | 유호선 옮김 | 신국판 | 544쪽 | 27,000원

조선 43 동계집
동계 경일 | 김승호 옮김 | 신국판 | 380쪽 | 22,000원

조선 44 용암당유고·괄허집
용암 체조·괄허 취여 | 김종진 옮김 | 신국판 | 404쪽 | 23,000원

조선 45 운곡집·허백집
운곡 충휘·허백 명조 | 김재희·김두재 옮김 | 신국판 | 514쪽 | 26,000원

조선 46 용담집·극암집
용담 조관·극암 사성 | 성재헌·이대형 옮김 | 신국판 | 520쪽 | 26,000원

조선 47 경암집
경암 응윤 | 김재희 옮김 | 신국판 | 300쪽 | 18,000원

조선 48 석문상의초 외
벽암 각성 외 | 김재희 옮김 | 신국판 | 338쪽 | 20,000원

신·라·출·간·본

신라 1 인왕경소
원측 | 백진순 옮김 | 신국판 | 800쪽 | 35,000원

신라 2 범망경술기
승장 | 한명숙 옮김 | 신국판 | 620쪽 | 28,000원

신라 3 대승기신론내의약탐기
태현 | 박인석 옮김 | 신국판 | 248쪽 | 15,000원

신라 4 해심밀경소 제1 서품
원측 | 백진순 옮김 | 신국판 | 448쪽 | 24,000원

신라 5 해심밀경소 제2 승의제상품
원측 | 백진순 옮김 | 신국판 | 508쪽 | 26,000원

신라 6 해심밀경소 제3 심의식상품 제4 일체법상품
원측 | 백진순 옮김 | 신국판 | 332쪽 | 20,000원

신라 12 무량수경연의술문찬
경흥 | 한명숙 옮김 | 신국판 | 800쪽 | 35,000원

신라 13 범망경보살계본사기 상권
원효 | 한명숙 옮김 | 신국판 | 272쪽 | 17,000원

신라 14 화엄일승성불묘의
견등 | 김천학 옮김 | 신국판 | 264쪽 | 15,000원

신라 15 범망경고적기
태현 | 한명숙 옮김 | 신국판 | 612쪽 | 28,000원

신라 16 금강삼매경론
원효 | 김호귀 옮김 | 신국판 | 666쪽 | 32,000원

신라 17 대승기신론소기회본
원효 | 은정희 옮김 | 신국판 | 536쪽 | 27,000원

신라 18 미륵상생경종요 외
원효 | 성재헌 외 옮김 | 신국판 | 420쪽 | 22,000원

신라 19 대혜도경종요 외
원효 | 성재헌 외 옮김 | 신국판 | 256쪽 | 15,000원

신라 20 열반종요
원효 | 이평래 옮김 | 신국판 | 272쪽 | 16,000원

고 · 려 · 출 · 간 · 본

고려 1 일승법계도원통기
균여 | 최연식 옮김 | 신국판 | 216쪽 | 12,000원

고려 2 원감국사집
충지 | 이상현 옮김 | 신국판 | 480쪽 | 25,000원

고려 3 자비도량참법집해
조구 | 성재헌 옮김 | 신국판 | 696쪽 | 30,000원

고려 4 천태사교의
제관 | 최기표 옮김 | 4X6판 | 168쪽 | 10,000원

고려 5 대각국사집
의천 | 이상현 옮김 | 신국판 | 752쪽 | 32,000원

고려 6 법계도기총수록
저자 미상 | 해주 옮김 | 신국판 | 628쪽 | 30,000원

고려 7 보제존자삼종가
고봉 법장 | 하혜정 옮김 | 4X6판 | 216쪽 | 12,000원

고려 8 석가여래행적송·천태말학운묵화상경책
운묵 무기 | 김성옥·박인석 옮김 | 신국판 | 424쪽 | 24,000원

고려 9 법화영험전
요원 | 오지연 옮김 | 신국판 | 264쪽 | 17,000원

고려 10 남명천화상송증도가사실
□련 | 성재헌 옮김 | 신국판 | 418쪽 | 23,000원

※ 한글본 한국불교전서는 계속 출간됩니다.

월파집

월파 태율月波兌律
(1695~?)

전주 사람으로 선조는 대대로 관서에서 살았다. 15세에 묘향산 불지암佛智菴 삼변 장로三卞長老에게 『사기史記』를 배우고, 운봉雲峰에게 출가하여 구족계를 받았다. 환몽幻夢에게서 경전에 눈을 떴고, 남도의 여러 사찰 강석에서 무경無竟·남악南岳·호암虎巖·영해影海·상월霜月 대사를 모시고 경전을 공부하였다. 이후 묘향산에 돌아와 30여 년 동안 많은 법회를 열어 대중을 교화하였는데, 대사의 법회는 '북방北方의 거회巨會'라고 일컬어질 정도로 성대하였다고 한다.

옮긴이 이상현

전주 출생. 서울대학교 종교학과 졸업, 동국대학교 불교대학원 석사과정 수료. 민족문화추진회 국역연수원의 연수부, 상임연구원, 전문위원을 거친 뒤, 한국고전번역원의 수석연구위원으로 재직하였다. 한국불교전서의 역서로 『원감국사집』·『대각국사집』·『기암집』·『침굉집』·『부휴당대사집』·『사명당대사집』·『송운대사분충서난록』·『무용당유고』·『청허당집』 등이 있다.

교감 및 증의
박상준(한국불교전서 역주위원)

해봉집

해봉 전령海鵬展翎
(?~1826)

조선 후기의 고승. 법명은 전령展翎이고 자는 천유天遊이며 호는 해붕海鵬이다. 순천 출신으로 선암사에서 출가하고, 최눌最訥의 법인法印을 받았다. 선교에 정통하고 문장이 뛰어났으며 덕이 높아 그 명성이 자자하였다. 『동사열전』에서는 대사를 노질盧質·이학전李學傳·김각金珏·심두영沈斗永·이삼만李三萬·석의순釋意恂 등과 더불어 호남칠고붕湖南七高朋의 한 분으로 평가하였다. 1826년 10월 6일 선암사에서 입적하였다. 저서로 『해붕집』 1권이 전한다.

옮긴이 김두재

민족문화추진회와 동국대학교 교육대학원을 수료하고 동국역경원 역경위원을 역임하였다. 한글대장경 역서로 『능엄경』·『시왕경』·『제경요집』·『정본수능엄경환해산보기』·『광찬경』·『해동고승전』 등이 있고, 한국불교전서 역서로 『작법귀감』·『선문수경』·『천지명양수륙재의범음산보집』·『동사열전』·『석문상의초 외』 등이 있다.

교감 및 증의
이종찬(동국대학교 명예교수)